DELIUS KLASING

Rollo Gebhard

Freiheit auf dem Wasser

Über Flüsse und Meere von Paris nach St. Petersburg

Delius Klasing Verlag

Die Deutsche Bibliothek – CIP-Einheitsaufnahme

Freiheit auf dem Wasser: über Flüsse und Meere von Paris nach St. Petersburg /
Rollo Gebhard. [Fotos: Rollo und Angelika Gebhard.]. -
Bielefeld: Delius Klasing, 1998
ISBN 3-7688-1034-8

1. Auflage
ISBN 3-7688-1034-8

Siekerwall 21, 33602 Bielefeld

Fotos: Rollo und Angelika Gebhard
Alle Autorenfotos aufgenommen mit Leica R5 und neun Leica Spezialobjektiven
Schutzumschlaggestaltung: Ekkehard Schonart
Gesamtherstellung: Offizin Andersen Nexö Leipzig
Printed in Germany 1998

Inhalt

Einleitung

Good Old Europe

Die schnell hereinbrechende tropische Nacht begann eben, ihre tiefen Schatten über die von Hügeln umgebene Bucht zu legen, deren spiegelglatte Oberfläche zwischen dichten Palmwäldern zu uns heraufleuchtete. Blaß zeichneten sich die ersten Sterne am Himmel ab. Vereinzelt schrie ein Vogel, sonst herrschte Stille. Nicht einmal das Knistern der Palmblätter war zu hören, der Passatwind war eingeschlafen. Der unbeschreibliche Zauber einer Tropennacht in der Karibik hielt uns gefangen. Mit zwei in langjährigem Dienst ergrauten Beamten der britischen Verwaltung von St.Lucia saßen wir auf der Terrasse eines kleinen Hotels und blickten versonnen auf die unter uns liegende Marigot Bay. Wir hatten von England gesprochen, vom Krieg, von Deutschland damals und heute.

„Good old Europe", seufzte einer der beiden, während er gedankenvoll in sein Glas mit goldbraunem Barbados-Rum starrte. So in die Stille hineingesprochen, schienen mir seine leisen Worte von besonderem Gewicht zu sein. Ihre Bedeutung war klar: Selbst nach jahrzehntelangem Aufenthalt – oder gerade deshalb – in einem vermeintlichen Paradies blieb die Bindung zur Heimat erhalten, steigerte sich zur Bewunderung für die Alte Welt. Sogar manches Ungemach erschien in verklärtem Licht.

Dieses „good old Europe" hörte ich später noch öfter aus dem Mund alter Kolonialengländer – je nach den Lebensumständen in herablassendem oder sehnsüchtigem Ton. Auch für mich selbst erlangte unser „gutes altes Europa", aus der Distanz betrachtet, immer größere Bedeutung, je länger ich meine Fahrten im Pazifik und Atlantik ausdehnte. Meine Vorstellung, später einmal die im europäischen Bereich liegenden Gewässer ausgiebig zu befahren, nahm damals Gestalt an und steigerte sich zu einem festen Vorsatz. Auf vergleichsweise überschaubarem Raum würde ich – immer zu Wasser – eine unglaubliche Vielfalt an Eindrücken und Motiven aufnehmen.

Was sich in viertausend Jahren unserer Geschichte allein an kulturellen und künstlerischen Sehenswürdigkeiten angesammelt hat, ist kaum abschätzbar. Aus der Ferne erschienen mir die Städte Europas deshalb wie ein einziges gigantisches Monument aus unzähligen, tausendfach gegliederten historischen und modernen Bauten, Parkanlagen, Kunststätten und prächtigen Fassaden. Ebenso reich ist die Vielfalt der Landschaften, der Klimazonen und der Küstenformationen. Nicht ohne Grund besuchen jedes Jahr ganze Heere von Touristen aus aller Welt den Rhein, die Mosel, die Rhône, aber sicherlich nicht so zahlreich den Hudson River bei New York, obwohl auch dieser durchaus vergleichbare landschaftliche Reize zu bieten hat. Es fehlt ihm nur ein wichtiger Grundbestandteil: das aus der Geschichte erwachsene Wurzelgeflecht von Tradition und fortwirkenden Ereignissen.

Schon in grauer Vorzeit wurden die Meere Europas von Tausenden von Schiffen befahren, die einen regen Waren- und Kulturaustausch zwischen Ost und West, Süd und Nord in Gang hielten. Hafenanlagen entstanden, zusätzlich dienten die Flüsse als Transportwege für Güter aller Art und für ganze Heere. Ein Kanalnetz wurde ausgebaut, das sich über weite Festlandsflächen erstreckte und bedeutende Metropolen zu Schiff erreichbar machte. Betrachtet man Europas Binnenwasserwege auf einer Spezialkarte, so ist man sogleich versucht, mit dem Finger von Stadt zu Stadt, von Land zu Land zu wandern.

Schon bei der Routenplanung für meine zweite Weltumsegelung ging ich von dem Gedanken aus, die vierjährige Fahrt mitten im Kontinent, in Regensburg, zu beginnen und dann auf der Donau abwärts zum Schwarzen Meer zu gelangen. Am Ende der Weltumsegelung steuerte ich über Rhein und Main bis Nürnberg ins Herz Deutschlands zurück. Beide Flußfahrten wurden zu besonders eindrucksvollen Abschnitten der großen Reise, und ich nahm mir damals vor, wenn irgend möglich die Donau und weitere Binnengewässer in Europa später ausgiebig zu befahren. Allerdings war meine Segelyacht mit gelegtem Mast, offenem Cockpit und erheblichem Tiefgang keineswegs ein ideales Fahrzeug für die großen Flüsse mit ihrer oft starken Strömung und einem Labyrinth von Untiefen. So ließ ich den Gedanken zunächst fallen und nahm mir für später vor, auf einen Motorsegler oder ein reines Motorschiff umzusteigen und dann die Binnengewässer und Meeresküsten der alten Welt zu erkunden.

Ein entscheidendes Ereignis kam hinzu und ließ meine Überlegungen zu festen Plänen werden. Während meiner dritten Weltumsegelung (1983 bis 1991) veränderte sich das Gesicht Europas durch den Fall der Mauer und des Eisernen Vorhangs buchstäblich über Nacht. Die unüberwindlichen Grenzen für Schiffahrt und Wassersport verschwanden Zug um Zug, und schon nach wenigen Jahren waren die weitverzweigten und von der Natur besonders begünstigten Wasserstraßen des Ostens für Sportboote wieder ein beliebtes Fahrtziel. Schließlich erlebte das Jahrtausendwerk des Main-Donau-Kanals seine Vollendung, und die Durchquerung des gesamten Kontinents zu Wasser, dreitausend Kilometer von der Nordsee bis zum Schwarzen Meer, wurde dadurch möglich.

Ich begann, Pläne zu schmieden und Fahrtrouten zu entwerfen. Der Umstieg auf eine Motoryacht war beschlossene Sache. Meine alte Heimat Sachsen und die Insel Rügen lockten als Reiseziele. Unter der Devise „Kurs Ost“ unternahm ich 1993 mit dem neuen Boot, einer Linssen Sturdy, die erste längere Fahrt: nicht über Ozeane, wohl aber über Grenzen, die wenige Jahre zuvor noch schwerer zu überwinden waren als dreitausend Seemeilen offenes Wasser. Zwischen Elbe und Oder, zwischen der tschechischen Grenze und Rügen befuhr ich fast alle Flüsse, Kanäle und Seen, die in den neuen Bundesländern als wichtige Verbindung zwischen alten Städten und Schlössern, Ländern und Menschen dienen. Hierbei bestätigte sich in glücklicher Weise die besondere Tauglichkeit eines Kajütkreuzers mit wenig Tiefgang und viel Innenraum. Die Unternehmung hat meiner Frau Angelika und mir sehr viel Freude bereitet – nicht nur, weil ich nach vierzig Jahren ein bewegendes Wiedersehen mit meiner alten Heimat feiern konnte, sondern weil wir ganz neue Erfahrungen machten.

Nach so vielen positiven Eindrücken lag es nahe, über weitere Fahrtrouten in Europa nachzudenken. Zusätzlichen Anreiz gab mir das sogenannte Scheveninger Abkommen, in dem ein Wegfall der Grenzkontrollen zwischen den meisten Staaten der Europäischen Union vorgesehen war. Würde man mit dem Boot tatsächlich ohne jede Kontrolle oder Formalität von Staat zu Staat gelangen können? Vor nicht allzu langer Zeit wäre dies ein völlig unrealistischer Traum gewesen. Noch unvorstellbarer allerdings schien es mir, auch Häfen und Gewässer der ehemaligen Sowjetunion mit einem Sportboot ohne spezielle Genehmigung und langwierige Meldeverfahren anzulaufen. Beim Ausarbeiten der Route faszinierte mich der Gedanke, daß eigentlich alle Metropolen im Westen und Norden des Kontinents zu Wasser erreichbar sind. Auch Angelika war von der Vorstellung begeistert, Städte wie Paris, London, Amsterdam, Kopenhagen, Stockholm, Helsinki und St.Petersburg mit dem eigenen Boot anzusteuern.

Schon frühzeitig gingen wir daran, die benötigten Seekarten, Kanalkarten und zuverlässigen Handbücher mit Gewässerinformationen, Hafenplänen und Fahrvorschriften zu besorgen. Nach ersten groben Entfernungsberechnungen wurde mir klar, daß die enorme Distanz über Paris, London und Skandinavien nach St.Petersburg in einem Sommer nicht zu schaffen sein würde. Jedenfalls dann nicht, wenn wir uns an den einzelnen Plätzen gründlich umsehen und einen interessanten Bericht mit heimbringen wollten. Deshalb unterteilte ich die Strecke auf zwei Sommer: der erste Abschnitt bis Schweden, mit Stockholm als Zielhafen; der zweite und zugleich Höhepunkt der Reise sollten Finnland und Rußland werden.

Um uns genügend Spielraum für spontane Entscheidungen zu lassen, wurden nur die wichtigsten Eckpunkte, insbesondere die anzusteuernden Hauptstädte, festgelegt. Etwas erschrocken war ich, als sich bei genauerem Studium herausstellte, daß wir allein schon bis Paris fast zweihundert Schleusen zu überwinden haben würden. Schleusen konnten, das wußte ich aus Erfahrung, nicht nur ein Risiko für die Zeitplanung darstellen, sondern ebenso für Boot und Crew. Drei größere Strecken über die offene See mochten ebenfalls zu Verzögerungen führen, etwa wenn wir mehrere Tage auf ein Abflauen stürmischer Winde warten müßten. Überhaupt - das Wetter! Es sollte sich nur allzu bald als der unberechenbarste Faktor erweisen. Genügend Zeitreserve einzuplanen, war deshalb dringend geboten.

Bereits ein Jahr vor Beginn der Reise hatte ich Überlegungen angestellt, wie sich die Ausrüstung des Bootes den besonderen Anforderungen anpassen ließ. Unsere Kraftstofftanks waren reichlich genug bemessen, aber Sorgen machte ich mir um unseren Vorrat an sauberem Trinkwasser. In England bestellte ich deshalb für einen moderaten Preis die kleinste Salzwasser-Aufbereitungsanlage, die ich finden konnte, und ließ sie später in der Werft fachgerecht einbauen.

Das Boot selbst, eine robuste, von der Form her traditionelle und geräumige Stahlkonstruktion des erfahrenen holländischen Bootsbauers Jos Linssen, würde mit seinem starken Dieselmotor Wellen und Wind jederzeit standhalten. Was brauchte ich noch zu meinem Glück und einer hoffentlich erfolgreichen Reise? Viel Begeisterung, um schwierige Situationen ohne Bedenken und Zeitverlust zu meistern. Vielleicht auch einen starken Durchhaltewillen, denn nicht immer würde die Fahrt ein reines Vergnügen sein. Und vor allem die stets positiv gestimmte Angelika als Gefährtin an meiner Seite.

Hochwasser 1

Die Reise gleicht einem Spiel; es ist immer Gewinn und Verlust dabei, und meist von der unerwarteten Seite; man empfängt mehr oder weniger, als man hofft, man kann ungestraft eine Weile hinschlendern, und dann ist man wieder genötigt, sich einen Augenblick zusammenzunehmen.

Johann Wolfgang von Goethe

Am Morgen des 7. April 1995 rieb ich mir verschlafen die Augen, sah auf die Uhr, erkannte undeutlich, daß es schon nach acht Uhr war, und sprang aus der Koje. Heute sollte nach mehr als einjähriger Vorbereitungszeit eine neue Fahrt beginnen!

Nachdem ich die Decke über dem Bettzeug glattgezogen hatte, stieg ich fröstelnd in den Salon der SOLVEIG V und drehte den Schalter der Heizung auf voll. „Warum frieren, wenn ich nicht muß?" dachte ich, während ich das T-Shirt abstreifte und ein frisches Hemd überzog. Noch hing das Boot am Stromnetz der Werft. Um die Ladung der Akkus brauchte ich mir also keine Gedanken zu machen. Mein Bruder, der in der kleinen Gästekajüte schlief, hatte ohnehin über Kälte geklagt. Wenn ich ihn jetzt weckte, konnte er sich ein wenig wärmen.

Angelika war noch nicht an Bord, oder besser gesagt: nicht mehr. Sie war mit mir in die Werft nach Maasbracht gefahren, das Auto bis zum Dach vollgepackt mit Wäsche, Kleidung, Küchengerät, Büchern, Werkzeug und all den größeren und kleineren Habseligkeiten, die man glaubt, auf einer längeren Reise zu benötigen. Wir hatten die Ausrüstung an Bord gebracht, und danach war Angelika nach Hause zurückgekehrt, um in unserer Wohnung noch einmal gründlich Ordnung zu schaffen und letzte Arbeiten zu erledigen.

Deutsches Eck – Denkmal ruhmreicher Vergangenheit

Köln war als Treffpunkt verabredet, wo meine erfahrene Bordfrau dann für die kommenden Monate ihre Aufgabe als Erster Steuermann der SOLVEIG V übernehmen sollte. Mein um einige Jahre jüngerer Bruder Vidar blieb an Bord, um mit mir zusammen das Boot technisch auf den besten Stand zu bringen und alle die pingeligen Basteleien auszuführen, die vor dem Start zu einer Langfahrt nötig sind. Auf der ersten Etappe wollte er mich zudem als Deckshand begleiten. Heute, am letzten Tag im Ausrüstungshafen der Werft, durften wir keine Zeit verlieren. Früher als sonst bereitete ich das Frühstück. Wie immer vor größeren Fahrten, gab es noch eine Menge zu tun. Schließlich bestieg ich nicht ein gechartertes Fahrzeug, sondern war als Skipper allein für die Betriebsfähigkeit und die Sicherheit des Bootes verantwortlich. Dabei hatte ich ein aufregend kitzelndes Gefühl in der Magengegend, wie man es vor einem gewagten Sprung oder dem Gang über eine fremde, schwankende Brücke spürt. Während der letzten drei Tage hatten wir mit größter Sorgfalt alle Geräte und alle Kabelverbindungen überprüft, zusätzliche Meßinstrumente eingebaut, Werkzeuge geordnet und zum Schluß noch eine Mobilfunkantenne montiert. Vidar, der Physiker, hatte vor dem Start die Seewasser-Entsalzungsanlage probeweise in Betrieb genommen und die erforderlichen Einstellungen überprüft. Im Büro der Werft verabschiedeten wir uns von den Mitarbeitern und der Familie Linssen und erhielten zum Abschied einen großen selbstgebackenen Kuchen. Die Fahrt konnte beginnen!

Hannibal von Lüttichau, Burghauptmann der deutschen Burgenvereinigung, und der Autor

Die Marksburg – eine der besterhaltenen Burgen am Rhein

Der Maas-Kanal verläuft direkt vor dem Hafenbecken. Ich brauchte die SOLVEIG V nur zwischen den anderen Yachten, die dicht nebeneinander festgemacht waren, ins Fahrwasser der Maas zu manövrieren. Um 14.30 Uhr zogen wir den Stecker des Stromkabels aus der Dose, rollten es sorgfältig auf und warfen dann die vier Leinen los. Das Wetter war trübe, gelegentlich fielen ein paar Tropfen vom grauen Himmel, aber die große Regenperiode des Vormonats war vorbei. Damit schien auch die Bedrohung durch Hochwasser, das in diesem Jahr die Ufer von Rhein und Mosel bis in die Städte hinein überflutet hatte, gebannt. Die Maas war von der Katastrophe nicht betroffen gewesen, ich sah deshalb keine besonderen Schwierigkeiten voraus.
Doch mein Bruder warnte mich: „Ich habe keine Ahnung von Booten und weiß nicht, was ich in einer Schleuse tun soll. Du mußt mir jeden Handgriff zeigen oder erklären."
„Das kriegen wir schon hin", versuchte ich, ihn zu beruhigen. „Du brauchst nur eine Leine vom Vorschiff aus an einer Leiter oder einem Poller zu befestigen. Die Achterleine bediene ich selbst."

Auch Schleusen will gelernt sein

Die ersten Schleusen, die wir schon vor Venlo zu passieren hatten, bereiteten uns keine Schwierigkeiten. Dennoch empfand ich eine gewisse Unruhe. Seit über einem Jahr hatte ich das Ruder meines Bootes nicht mehr in der Hand gehabt, hatte auf jeden Kontakt zur See verzichten müssen. Um so berauschender war jetzt das Gefühl, weiches Wasser unter dem Kiel zu fühlen, das leise Rauschen der Bugwelle zu hören und im Hintergrund das lebendige Summen des Motors. Ich war einfach glücklich. Steuermann auf einem - nein, auf meinem! - Schiff zu sein und eine lange Reise vor mir zu wissen, das ist für mich der Beginn eines neuen Lebens. Wie recht hatten doch die großen Dichter der See, von Homer bis Joseph Conrad, die das Wasser als ein mystisches, von Göttern und Geistern belebtes Element schilderten! Das Wasser, die Urwiege allen Lebens auf unserem Planeten, besitzt für Menschen, die diesem Element auf geheimnisvolle Weise verbunden sind, eine schwer zu beschreibende Anziehungskraft. Jetzt, auf den ersten Meilen einer vor mir liegenden monatelangen Fahrt, empfand ich diese Kraft besonders stark und rätselhaft, obwohl der Kanal, auf dem ich mein Boot steuerte, sich wahrlich nicht als aufregendes Gewässer darbot.
In Venlo wollten wir übernachten und einen Stadtbummel unternehmen. Die Maas führte viel Wasser, die Strömung war entsprechend stark. Aber es gelang uns, an einer zur Hälfte überfluteten Anlegebrücke festzumachen. Dann trauten wir unseren Augen nicht: Auch das ganze Ufer war weithin überschwemmt und an einen Landgang nicht zu denken! Wir konnten die Stadt nicht erreichen. Statt dessen beobachteten wir fasziniert die Flut, die ruhig zwischen Bäumen und Büschen, über Kieswege und Rasen dahinfloß. Vier Jungen mit Fahrrädern machten sich einen Spaß daraus, so weit und so tief wie möglich durchs Wasser zu fahren. Offenbar hatten sie sich an diesem Spiel schon viele Abende ergötzt, denn sie besaßen erstaunliche Routine darin. Wir allerdings konnten auch auf Umwegen nicht in die Stadt gelangen. Und noch ein anderer Mangel bereitete mir Sorgen: Ich hatte bei der vielen Arbeit in der Werft völlig vergessen, vor der Abfahrt genügend Kraftstoff zu bunkern. Wenn ich nicht an Land kam, wenn die Wassertankstellen zu dieser frühen Jahreszeit noch nicht geöffnet hatten oder vom Hochwasser überflutet waren, dann konnte die Lage schwierig werden.
Mit solchen Gedanken beladen, schlief ich schlecht, und mein Bruder wegen der Kälte in seiner kleinen Kabine noch schlechter. Am

Morgen waren wir beide gereizt, nervös und unduldsam. Die nächsten Schleusen warteten. Ein harter Wind war aufgekommen, der in heftigen Böen über das Land und in die Schleusenkammern hinein wehte. Sowie ich vor dem Schleusentor die Fahrt verlangsamte, wurde das Boot vom Wind seitlich oder achteraus versetzt. Das Einfahren in die Schleusen wurde dadurch erschwert, das Festmachen an der Spundwand erforderte schwieriges Manövrieren. Vidar wollte nun Anweisungen von mir hören, verstand aber nicht immer, was ich mit meinen Erklärungen meinte, und hatte - mit Recht - Angst, über Bord zu gehen.
Es kam, wie es kommen mußte: Er konnte das Boot in einer der Schleusen nicht mehr halten, der Festmacher entglitt ihm, das Boot drehte sich und schrammte an der Spundwand entlang. Ich war verärgert und fing an zu schimpfen. Die Stimmung zwischen uns wurde gespannt und blieb es auch in den nächsten Tagen. Aufgeregtes Hantieren mit Tauwerk an Deck eines schweren Bootes ist für Landratten durchaus nicht ungefährlich. Vor Jahren hatte ich beobachtet, wie ein älterer Herr in einer der großen Schleusen des Mittellandkanals plötzlich über die Reling fiel und sofort im dunklen Schleusenwasser verschwand. Es folgten bange Minuten. Als er wieder auftauchte, warf ihm ein Mitglied seiner Crew einen rettenden Tampen zu, aber es bedurfte einiger Anstrengung, den Verunglückten wieder an Deck zu hieven. Zu zweit wäre uns ein ähnliches Manöver nicht möglich. Ich gab also vorsichtshalber meinem Bruder keine weiteren Anweisungen mehr, sondern ließ ihn selbst für seine Sicherheit sorgen. Lieber nahm ich ein paar Schrammen am Boot in Kauf, die ich später ausbessern konnte.
Jede weitere Schleuse wurde zur erneuten Nervenbelastung. Der Wind hatte noch mehr aufgefrischt, deshalb trieb das Boot rasch ab, sobald ich den Motor auskuppelte, um vom Cockpit aus die Achterleine zu bedienen. Vidar wurde immer aufgeregter und damit unbeweglicher. Ich sehnte die letzte Schleuse der Maas und den Übergang in den Rhein herbei.
Am Morgen des dritten Tages gelangten wir durch den Maas-Waal-Kanal endlich in den großen Strom, den Waal, wie der Rhein in den Niederlanden genannt wird. Bisher hatte ich keine Möglichkeit zum Bunkern von Diesel gefunden, und die Tankanzeige, schon lange im roten Bereich, näherte sich bedrohlich der Nullmarke. Dicht bei der Einmündung des Kanals mußte laut Karte ein Tankboot liegen, auf das ich alle Hoffnung setzte. Tatsächlich sahen wir auch bald die Tankstelle, und ich nahm Kurs darauf. Doch schon aus einiger Entfernung war im Fernglas zu erkennen, daß die Strömung dort besonders stark lief und daß der kräftige Wind steile, kurze Wellen vor der Bordwand aufwarf. Dennoch steuerte ich nahe heran, aber die Situation war hoffnungslos: Völlig ausgeschlossen, hier längsseits zu gehen, die Fender wären sofort abgerissen oder in die Höhe geschnellt.
Jetzt war guter Rat teuer. Der Gedanke, daß bei dem herrschenden Hochwasser plötzlich der Motor stehenbleiben könnte, war zu beängstigend, als daß ich ihn zu Ende denken wollte. Abhilfe mußte geschaffen werden. „Haben wir notfalls noch einen Kanister mit Diesel? Vielleicht unter dem Cockpit? Sieh doch mal nach." Ich versuchte, mich an irgendeinen Strohhalm zu klammern. Vidar ging hinaus und hob die Bodenplatte an. „Es ist alles voll mit Sachen", erklärte er, „ich kann da überhaupt keinen Kanister sehen." Der Kanister mußte da sein, aber er würde ihn unter den vielen Gegenständen nicht finden. Nervös steuerte ich weiter. Die Strömung war beachtlich, an die fünf Knoten. Der große, sonst eher ruhige Strom hatte sich in einen Wildbach verwandelt. Die zu Tal fahrenden Frachtschiffe hatten dadurch ein rasantes Tempo, kamen gefährlich schnell auf uns zu. Ich mußte mit äußerster Konzentration steuern und sehr früh ausweichen, besonders wenn sich zwei große Schubverbände begegne-

ten. Dadurch an das Steuerrad gebunden, konnte ich es nicht wagen, Vidar auch nur für ein paar Minuten zu helfen. Ich hätte nie gedacht, daß sich ein mäßiges Hochwasser, wie es im Rhein noch lief, so durchschlagend auf die Fahrbedingungen auswirken könnte. Auch meine Verabredung mit Angelika in Köln wurde jetzt fraglich, denn wir waren sehr langsam geworden.
„Ich weiß nicht, ob wir bis zum 12. April Köln erreichen können, wir müssen auf jeden Fall immer um fünf Uhr aufstehen und beim ersten Tageslicht weiterfahren“, erklärte ich bedrückt. Einen kleinen Bummel durch Düsseldorf hätte ich mir gewünscht. Außerdem war das lange Fahren für Vidar noch ermüdender als für mich. „Müssen wir denn unbedingt bis Köln? Kann Angelika denn nicht nach Düsseldorf kommen?“ fragte er ärgerlich. Das aber wollte ich keinesfalls, denn ich hatte in Koblenz eine Verabredung und fürchtete, zu spät anzukommen. Es verdroß mich außerdem, schon in den ersten Tagen der Reise Zeit zu verlieren. Nimwegen lag hinter uns, und wir kamen vorwärts, aber nervtötend langsam. Vidar fiel es nicht schwer, anhand der Kilometermarken unsere tatsächliche Fahrt zu berechnen. Oft waren es gerade mal vier bis fünf Kilometer in der Stunde, die wir mit Höchstfahrt schafften. Immer wieder sah ich auf der Karte nach, wo ich Kraftstoff finden könnte. Es gab wohl verschiedene Yachthäfen an beiden Ufern, aber in den Clubs und Marinas hatte der Saisonbetrieb noch nicht begonnen, es war zu früh im Jahr. Kurz vor dem deutschen Zollhaus erkannte ich endlich ein Tankschiff unter holländischer Flagge. Aufgeregt zeigte ich es meinem Bruder: „Sieh doch mal durchs Fernglas, ob da jemand an Bord ist!“ Vidar nahm den Feldstecher und rief: „Die Station scheint in Betrieb!“ Vorsichtig drehte ich eine Runde, fuhr dicht am Bunkerschiff vorbei. Ein freundlicher Mann winkte, daß wir auf der Landseite des Schiffes festmachen sollten, die Strömung sei da schwächer. Wie das? Wie sollte ich von dem schnellen Strom in das ruhige Achterwasser kommen, ohne an den Stahltrossen entlang zu schrammen? Aber es gelang überraschend leicht. Ich kaufte außer dem Diesel noch zwanzig Liter Motorenöl, das hier billiger war als bei uns, dazu holländische See- und Flußkarten für die spätere Route nach Amsterdam.
Auf dem Schiff befand sich neben der Bunkerstation noch ein sehr gut bestückter Laden für allerlei Boots- und Schiffsbedarf. Sogar Brot und Lebensmittel wurden uns angeboten, obwohl Sonntag war. Zum Schluß ließen wir unsere Tanks bis zum Rand füllen und setzten, jetzt um einiges entspannter, unsere Fahrt stromauf fort. Im Yachthafen Wesel und in der Marina Düsseldorf blieben wir jeweils nur über Nacht. Morgens gegen fünf Uhr standen wir auf und kämpften uns stromauf, so lange es ging, bis zum Einbruch der Dunkelheit.
Am 12. April erreichten wir schließlich den alten Stadthafen von Köln, den Rheinauhafen. Er ist als historischer Frachthafen von alter Rheinschiffer-Romantik geprägt. Auch eigene Erinnerungen wurden wach. Hier war ich nach meiner zweiten Weltumsegelung vom Kölner Akadamischen Motorboot-Club festlich empfangen worden, nachdem ein Kamerateam des WDR unglaublich schöne Szenen meines Bootes mit dem Dom im Hintergrund eingefangen hatte.
Der Hafen liegt zentral, nur wenige Minuten vom Heumarkt entfernt, wo man die U-Bahn erreicht und bereits im Zentrum der Altstadt ist. Die Einrichtungen für Gastlieger sind komfortabel und bieten alles, was einer Bootsbesatzung das Hafenleben erleichtert. Sogar ein Yachtausrüster befindet sich in direkter Nähe in den früheren Güterschuppen.
Wir holten Angelika vom Bahnhof ab und begleiteten am nächsten Morgen meinen Bruder zum Fernbus nach London. Es war eine große Erleichterung, Angelika wieder an Bord zu haben. Unser Leben auf dem Boot beruht so

sehr auf der seit vielen Jahren und in mancher harten Probe bewährten Zusammenarbeit, daß der Schiffsbetrieb ohne sie ins Stocken gerät. Jetzt sah ich der Weiterfahrt gelassen entgegen. Was immer für Schwierigkeiten kommen mochten, wir würden sie meistern. Unbeschwert freute ich mich zunächst auf zwei Tage in der Domstadt. Köln mit seiner reichen Geschichte hatte von jeher eine besondere Anziehungskraft auf mich ausgeübt. Mein Vater war Rheinländer gewesen, und schon als kleines Kind hörte ich ihn oft vom Dom erzählen. Eine Anekdote aus jener Zeit ist mir noch gut im Gedächtnis: Es waren die zwanziger Jahre, die Städte am Rhein noch immer von französischen und englischen Truppen besetzt. Ein englischer Offizier besichtigte den Dom und bekam als eine Art Reliquie eine goldene Maus gezeigt: „Nach einer alten Legende ist die Maus einst von den Kölnern gestiftet worden", erklärte der Fremdenführer, „damit die Pest zu Ende gehen sollte."

„Und brachte die Maus Erfolg?" wollte der Engländer wissen.

„O ja, die Pest war danach bald überstanden."

Der Offizier lächelte. „Glauben Sie etwa an die Geschichte?"

„Nee", grinste der Fremdenführer, „sonst hätten wir längst 'nen joldenen Engländer jemacht!"

Da wir seinerzeit in der Schweiz lebten, wurde der Dom für mich zu einem Symbol für Deutschland als Ganzes. Ich war wohl sechs oder sieben Jahre alt, als ich zum ersten Mal staunend vor dem gewaltigen Bauwerk stand und zu den Türmen hinauf blickte, die mir damals so hoch wie der Himmel selbst erschienen. Auch diesmal ging ich am Dom nicht vorbei, ohne einen leichten Schauer der Bewunderung für dieses Wahrzeichen eines alles überwindenden, mächtigen Glaubens zu empfinden.

Im Halbdunkel des ersten Morgengrauens am 14. April verließen wir unseren gemütlichen Hafen. Auch für Angelika begann jetzt die große Fluß- und Seereise zu Europas Metropolen. Sie war voller Energie und Erwartung und griff sogleich nach der Filmkamera, um unsere Ausfahrt festzuhalten. Oberhalb von Köln zogen zu beiden Seiten des großen Stroms Hügel und Weinberge an uns vorbei und später am rechten Ufer das Siebengebirge. Es grüßten die Burgruine Drachenfels und der fürstlich gelegene Kurort Königswinter, dann Bad Godesberg mit seiner alten, zum Hotel ausgebauten Burg und dem leider in Verfall geratenen Rheinhotel Dreesen. Dessen einstiger Besitzer war der in meiner Jugendzeit berühmte Rennfahrer Rudolf Caracciola gewesen. Geschichte also, wohin man blickte.

Gegen Abend gingen wir im Hafen Oberwinter am sogenannten Pfannkuchenschiff längsseits. Über uns funkelten die Fenster des Restaurants, die Gäste konnten uns von oben durch die Scheiben beobachten - und wir sie auch. Die Gaststätte selbst ist behaglich eingerichtet, mit alten Schiffsrequisiten geschmückt, und bietet eine bunte Auswahl an Pfannkuchen- Füllungen. Aber die eigentliche Attraktion ist natürlich die Lage auf dem Rhein und die ganz besondere Atmosphäre, wie sie eben nur ein Schiff und dazu ein Oldtimer vermitteln kann.

Beim Burghauptmann vom Rhein

Bis Koblenz waren es nur mehr fünfzig Kilometer. Wir waren dort mit meinem Vetter Hannibal von Lüttichau verabredet, der uns in seiner Eigenschaft als Burghauptmann der Deutschen Burgenvereinigung zum Besuch der berühmten Marksburg eingeladen hatte.

Da das Hochwasser und damit die Strömung nicht zurückgegangen war, fuhren wir wieder zeitig am Morgen los. An den Ufern beobachteten wir die gewohnte Verkehrsdichte: Fast jede Minute rauschte ein Eisenbahnzug vorbei, und auf den Straßen zu beiden Seiten drängten

sich Autos und Lastwagen. Dennoch konnten wir die Schönheit der Landschaft genießen und freuten uns an den malerischen alten Städtchen und Dörfern. Schon am frühen Nachmittag trat das mächtige Massiv des Ehrenbreitsteins aus dem Dunst vor uns. Unterhalb der Festung liegt ein gut ausgebauter Hafen für Yachten, der früher wohl dem Militär gedient hat. Aber für jede Besorgung hätten wir den Weg über die Brücke nach Koblenz nehmen müssen. Ich steuerte deshalb ein Stück weiter stromauf, an der Stadt und ihren prächtigen Parkanlagen vorbei in einen Altarm des Rheins hinein, die sogenannte Rheinlache. In diesem versteckten Winkel fanden wir ruhiges Wasser und angenehme Liegeplätze an Schwimmstegen.
Wohl wegen des Wetters herrschte noch wenig Betrieb, und so konnten wir ohne weiteres an einem nicht besetzten Schlengel des Yacht Club Rheinlache festmachen. Wir bemerkten bald, daß die Tür des Stegs zum Ufer hin verschlossen war. Aber es war ein Sonntag, und so dauerte es nicht lange, bis der Skipper des Nachbarboots erschien und uns leihweise seinen Schlüssel überließ. Zum ersten Mal sahen wir jetzt die beträchtlichen Schäden, die das Hochwasser angerichtet hatte. Alle Parks waren überflutet gewesen, das Erdreich und der Kies auf den Wegen zum Teil fortgeschwemmt, und die Tennisplätze hatten ihren Belag eingebüßt.
Am nächsten Tag holte uns Hannibal im Auto ab, um uns „seine" Marksburg zu zeigen. Wildromantisch, auf steilem Felskegel, thront die aus dem zwölften Jahrhundert stammende Festung hoch über dem Rhein und dem ihr zu Füßen liegenden Städtchen Braubach. Zusammen fuhren wir hinauf bis zum Eingang vor dem Zugbrückentor. Allein schon der Blick von der Höhe der Burg ins Flußtal und auf die andere Seite des Rheins, hinüber nach Rhens und Stolzenfels, ist ein Erlebnis und lohnt auf jeden Fall den Halbtagsausflug von Koblenz.
Von Hannibal erfuhren wir eine Menge interessanter Details über die Instandsetzungsarbeiten. Mit Hilfe der großartigen Architekten der Burgenvereinigung wurde seit 1900 immer wieder restauriert, anfangs noch mit Unterstützung Kaiser Wilhelms II., der auch selbst zu einer Besichtigung kam. So ist die Marksburg heute eine der besterhaltenen alten Burgen am Rhein. Wir gingen zusammen über den Innenhof und sahen hinauf zum Turm.
„Der wäre fast eingestürzt," berichtete Hannibal, „als die Amerikaner im April 1945 die Marksburg mit Artilleriegeschossen eingedeckt haben. Die Türme sind beschädigt worden, sämtliche Dächer zertrümmert. Fast wäre der Wiederaufbau nach dem Krieg nicht mehr möglich gewesen." Glücklicherweise aber blieb die Substanz der Mauern noch einigermaßen erhalten. Die Instandsetzung verschlang große Summen und dauerte bis 1961, also rund 15 Jahre. Auch kostet allein schon die Erhaltung der Burg an die 300 000 Mark jährlich. Es mangelt gewiß nicht an Besuchern, die sich gruppenweise, Führung hinter Führung, durch die Gemächer schlängeln. Dennoch können die Einnahmen durch Eintrittsgelder die nötigen Aufwendungen nicht decken.
Mit großer Sachkenntnis erklärte uns der ehemalige Burghauptmann jeden Teil des verwinkelten Gebäudes und ließ so die geschichtliche Vergangenheit der Burg lebendig werden. Begeistert berichtete er, wie es ihm und den Architekten gelungen war, alte Originalmöbel noch da und dort zu finden und für die Ausstattung der Räume herbeizuschaffen. So sieht der Besucher heute eine im Stil der jeweiligen Epoche liebevoll eingerichtete Burg, die dank gut ausgebauter Zufahrtswege zudem leicht erreichbar ist.
Nur das Wetter hinderte uns daran, über längere Zeit den Ausblick vom Felsen auf das prächtige Rheinpanorama zu genießen. Wind und Regen schlugen uns ins Gesicht, sowie wir die Nase ein wenig ins Freie steckten. Dennoch blieb ein großartiger Eindruck und das Bewußtsein, eine besondere Kostbarkeit der an

Kulturschätzen so reichen Rheingaue gesehen zu haben.
Als wir am frühen Nachmittag des 22. April von unserem ruhigen Versteck in der Rheinlache wieder hinaus auf den Strom glitten, lastete der Himmel wie an den Tagen zuvor trübe und regnerisch über dem bräunlichen Wasser. Verschlossen und unzufrieden blickten die Festung Ehrenbreitstein auf der einen und das Denkmal des alten Kaisers auf der anderen Seite melancholisch auf uns herab. Die Bezeichnung „Deutsches Eck“ für die schmale Landzunge am Einfluß der Mosel in den Rhein stammt bereits aus dem Jahr 1216, als der Deutschritterorden an diesem strategisch wichtigen Dreieck eine Niederlassung errichtete. Was hat dieses Deutsche Eck seither erleben müssen! Napoleon eroberte die Moselmündung, Marschall Blücher besetzte mit deutschen und russischen Truppen Koblenz und vertrieb die Franzosen. Zwischen den Weltkriegen und in der Folge des Versailler Vertrags wurde das Denkmal zum Wahrzeichen verlorener Größe des Reichs. Und wieder war es in der Hand französischer Besatzer. Später versammelten sich braune Kolonnen um seinen Sockel, und nochmals zehn Jahre später kamen die Truppen aus der Neuen Welt mit schwerem Geschütz und schossen den Kaiser vom Pferd.
Denke ich zurück an meine Kindheit, so sehe ich mich auf dem Deck eines der stolzen Raddampfer stehen und begeistert zu den hohen Felsen der Lorelei oder der Festung Ehrenbreitstein hinaufsehen. Damals gehörte es zum Ritual einer Rheinfahrt, daß ein vom Rebensaft schon mehr oder weniger beduselter Männerchor nationale Gesänge oder das Lied von der Lorelei anstimmte, dessen trauriger Klang weithin übers Wasser scholl. Heute will niemand mehr „des Stromes Hüter sein“, und das „Deutschland hoch in Ehren“ ist schon lange in der Tiefe des Rheins verschwunden, dort, wo noch immer der Goldschatz der Nibelungen gesucht wird.
Auf den Stufen des Denkmals sitzen jetzt Jugendliche aus aller Welt und kauen gemütlich an ihren Hamburgern oder holen ihr Regenzeug aus einem zerschlissenen Beutel. Wann und über welche Grenze sind sie zuletzt getrampt? Eine Frage, die sich in Zukunft vielleicht nicht mehr stellen wird, und das ist gut so, denn schließlich hoffen wir alle darauf, bald ein Europa ohne Grenzen zu erleben.
Die Fahnen Deutschlands und seiner Nachbarländer, auch das Sternenbanner, hingen an diesem Tag träge und naß an ihren hohen Masten. Dennoch wollten wir von dieser geographisch und historisch so bedeutenden Landmarke Filmaufnahmen machen. Ich manövrierte deshalb in die Nähe des Wasser- und Schiffahrtsamtes und fand dort eine Landungsbrücke, auf die Angelika mit den Kameras springen konnte. Anschließend fuhr ich die SOLVEIG V als Fotomotiv mehrmals vor dem Deutschen Eck auf und ab, sehr zur Verwunderung der Denkmalbesucher, die das Boot eher kopfschüttelnd beobachteten. Auch die Berufsschiffer, denen ich ständig ausweichen mußte, mögen sich ihr Teil gedacht haben. Am Ende gab mir Angelika durch Zeichen zu verstehen, daß sie die nötigen Einstellungen im Kasten hatte, und ich holte sie von dem kleinen Steg wieder ab.
Nur wenige hundert Meter waren noch zu fahren bis zur Balduinbrücke, einer aus dem Mittelalter stammenden Steinbrücke. Alte Gemäuer wie dieses beeindrucken mich immer wieder, denn sie zeigen deutlich, daß Architektur, die in der Natur vorkommende Materialien benutzt, meist harmonisch und ausgeglichen wirkt. Wenn dann noch - wie bei vielen alten Baumeistern - der auf Euklid zurückgehende „Goldene Schnitt“ berücksichtigt wird, kommt eine Schönheit zustande, wie sie mit künstlichem Material kaum erreichbar ist.

„Die Mosel kann sich wild gebärden“

Wir näherten uns der Schleuse Koblenz. Mit unserer Breite von 3.50 Metern konnten wir die Bootsschleuse nicht benutzen. Außerdem waren die meisten dieser kleinen Schleusen wegen des Hochwassers gesperrt. Welche Folgen das für uns haben sollte, bemerkten wir erst später. Für diesmal hatten wir Glück, wir mußten nicht lange warten und schwammen eine knappe Stunde später bereits im breiten und ruhigen Oberwasser, das auch als „Moselstausee“ bekannt ist. Zahlreiche Liegeplätze der Koblenzer Wassersportler befinden sich an den Ufern des Sees, auch viele Segler haben auf seiner langen Fläche ein schönes Revier gefunden. Vorbei an Werften, Werkstätten und Anlagen des Wassersportzentrums glitten wir auf dem breiten Fluß, dessen Strömung allerdings zusehends stärker wurde, in das romantische Moseltal.

Bei Winningen bewunderten wir Deutschlands höchste Autobahnbrücke, die sich 26 Meter über dem Wasser von Ufer zu Ufer schwingt. Bald schon rückten die Berge des Hunsrück dichter heran, das Tal wurde enger, und die Strudel der Strömung forderten volle Konzentration beim Steuern. Sieben Knoten zeigte das Log bei 2300 Umdrehungen der Maschine, die zufrieden singend ihre harte Arbeit leistete. Dennoch machten wir nur vier Knoten Fahrt über Grund. Ein Blick auf die Karte: Wir hatten noch acht Kilometer bis zur nächsten Schleuse, also zwei Stunden Fahrzeit. Bei dem trüben Wetter war ich froh, im Trockenen zu sitzen und dennoch Fluß und Landschaft an mir vorbeiziehen zu sehen.
Dabei mußte ich mich immer selbst ermahnen, meine Augen nicht zu oft in Richtung der malerischen Häuser oder anderen

Bei Sonne im romantischen Moseltal

Sehenswürdigkeiten an den Ufern abirren zu lassen.
Die mäßige Geschwindigkeit des Bootes verleitete zu solcher Beschaulichkeit, aber leicht konnte ich dabei eine der in der Strömung hüpfenden Begrenzungstonnen übersehen und so unversehens aus dem Fahrwasser hinaus und auf Grund geraten. Mir fiel auf, daß die meisten Anleger für Sportboote nicht oder noch nicht angebracht waren. Zum einen, weil es noch zu früh im Jahr für Gäste war, vor allem aber wegen des Hochwassers. Selbst die großen Pontons für Ausflugsschiffe lagen noch angekettet oder hochgezogen an der Uferböschung, einige sogar erheblich beschädigt. Es mußte in den Tagen der extremen Flut schlimm zugegangen sein auf der Mosel. Büsche und Sträucher, die bereits ihr erstes Grün zeigten und zum Teil voll weißer und roter Blüten leuchteten, wurden vom heftig strömenden Wasser umflossen, und ihre Zweige hingen voller Plastiktüten und Stoffetzen, sogar Hosen, Schuhe oder Strümpfe entdeckten wir dazwischen. Das Hochwasser dürfte mehr als zwei Meter über dem Nullpegel gestanden haben.
Jetzt floß es noch immer einen reichlichen Meter über der Normalmarke. Ich konnte also durchaus versehentlich über eine Wiese geraten und plötzlich auf Grund sitzen. Kein angenehmer Gedanke. Auf der Donau war mir das 1975 passiert. Ich landete damals auf den Steinen einer Buhne, die vom Hochwasser weit überflutet war. Erst nach Stunden befreite mich das Polizeiboot aus meiner mißlichen Lage.
Wir erreichten die Schleuse Lehmen, zwanzig Kilometer oberhalb von Koblenz. Über eineinhalb Stunden dauerte es, bis wir ins Oberwasser einfahren konnten - eine Ausnahme, wie ich hoffte. Wegen der Verzögerung wollte ich eine weitere Schleuse an diesem Tag nicht mehr riskieren, um nicht von der Dunkelheit überrascht zu werden. So bot sich ein Liegeplatz in der

Marina Laguna von Burgen an. Der erste Versuch, in die „Lagune“ zu steuern, mißlang. Ich konnte in der hier besonders starken Strömung das Boot nicht in die Einfahrt bringen, weil eine Art Damm, der den inneren Hafen vom Fluß trennte, völlig überflutet war. Wo war das Ende des Damms, das ich umfahren mußte? Nur Strudel konnte ich sehen, aber nicht, was unter der braunen Wasserflut lag. Erst beim dritten Anlauf gelang es mir, das schwere Boot in die Lagune zu schieben. Das gesamte Gelände war vom Hochwasser verwüstet, nur zwei Holzbrücken, wenn auch beschädigt, schienen noch halbwegs brauchbar.

Ich wagte nicht, in Ufernähe und innerhalb der engen Lagune zu manövrieren, sondern tastete mich langsam an die erste der Brücken heran. Angelika sprang hinüber und machte

Stadt und Burg Cochem

Noch immer überflutet das Hochwasser die Ufer der Mosel.

Der erste Frühlingstag an der Mosel

rasch die Leinen fest, bevor wir von der Strömung wieder abgetrieben wurden. Zunächst einmal hatten wir es geschafft und brauchten uns wegen der Nacht keine Gedanken mehr zu machen. Wie ich am Morgen herauskommen würde, war noch unklar.

Auf unserem Landgang fanden wir ein Stück der Brücke beschädigt, kamen aber leicht ans Ufer. Unter großen Bäumen standen noch die Fundamente verschiedener Sommerhäuschen, doch von den Häusern selbst fanden wir keine Spur. Waren sie von den Fluten fortgeschwemmt worden oder jetzt nur als Parkplätze für Wohnwagen gedacht? Die elektrischen Leitungen waren stromlos. Frischwasser kam zwar aus der Leitung, der Hydrant aber lag im Wasser, und es war mühsam, die Kanister im Wasser stehend zu füllen. Wir kletterten den Hang hinauf zur Straße und gelangten nach wenigen Minuten in das Dorf Burgen. Selbst hier oben hingen überall in den Büschen Plastiktüten und anderer Unrat: ein trauriger Anblick, der darauf deutete, daß die Flut zumindest für kurze Zeit bis zur Straße gereicht haben mußte.

Am nächsten Morgen versuchte ich, im Rückwärtsgang vom Steg freizukommen, konnte aber über das Heck die Richtung nicht halten. Fast wären wir auf die überflutete Wiese geraten. Ich mußte das Boot um 180 Grad drehen, um dann vorwärts aus der Falle zu steuern. Ganz wohl war mir nicht, aber was half's? Der Rangierplatz war eng, und der Propeller konnte den Grund berühren. Ich gab Gas, Schlamm wurde aufgewirbelt, und das Wasser färbte sich rund ums Boot dunkelbraun. Vorsichtig drehte ich den Bug und gab dann Fahrt voraus, um eilig den schönen, für uns leider gefährlichen

Platz zu verlassen. Es war offensichtlich, daß der Pegel jetzt mit jeder Minute sank. Wieder auf tieferem Wasser, konnte ich deutlich erkennen, daß schon ein ziemliches Stück des Damms, der den Hafen der „Laguna“ begrenzte, zwischen den Wellen hervorsah.
Es ist nicht schwer, eine mißliche Lage mit Gelassenheit hinzunehmen, wenn man einen ganzen Sommer auf dem eigenen Boot vor sich hat. Es war auch keine Quälerei, wenn ich manchmal mit klebrigen, verschmierten Händen im engen Motorraum Filter wechseln oder altes Öl absaugen mußte. Dann kroch ich im Halbdunkel zwischen der mächtigen Dieselmaschine, dem Getriebe und den verschiedenen Pumpen herum und fühlte mich dabei reich und unabhängig, innerlich voller Kraftreserven. Wir nahmen dies alles nicht zu schwer, hatten wir doch die Tür zur großen Freiheit der Meere, zu den unendlich vielfältigen Wasserwegen Europas offen vor uns liegen. Angelika ist ein Goldkind des Glücks, ein Mensch, dessen Lächeln die Welt für mich in zauberhaftes Licht taucht, auch wenn die Sonne einmal nicht in unseren Salon scheint. Diese positiven Seiten des Lebens hielten wir uns immer vor Augen, wodurch es uns gelang, wie schon früher auf den Weltumsegelungen, gelegentliche Enttäuschungen, Schwierigkeiten und Ärgernisse im Geist so weit zu verbannen, daß sie bald außer Sicht kamen.
„Die Mosel kann sich wild gebärden und nach langen, ergiebigen Regenfällen trotz der Regulierung immense Hochwasserwellen zu Tal spülen.“ So stand es im Bordreiseführer. Wir hatten eben Pech in diesem Frühjahr. Im Sommer fließt die Mosel sogar recht geruhsam dahin, und so hatte ich sie mir eigentlich auch vorgestellt, wollte ich doch die malerischen Ortschaften an beiden Seiten in Ruhe betrachten oder besuchen.
Nach fünf Kilometern fuhr ich vor der nächsten Schleuse meine Kreise - und zwei Stunden danach noch immer. Erst nachher wurde mir der Grund für die Warterei klar: Die Schubverbände auf der Mosel sind fast alle genau für die Schleusenmaße gebaut, also 170 Meter lang. Dahinter paßt auch ein kleines Boot nicht mehr in die Kammer. Auf diese moderne und sehr dichte Berufsschiffahrt sind die Schleusenmeister eingestellt, aber Sportboote stören und halten den Verkehr auf. Allerdings versuchen die Schleusenmeister auch nicht, ein Sportboot schnell einmal zwischendurch zu schleusen, wenn ein großer Verband für die kommende Stunde gemeldet ist.
„Der Ausbau der Saar zur Großschiffahrtsstraße und in seinem Gefolge die sprunghaft erhöhte Befahrensdichte der Mosel hat auch für die Sportschiffahrt Folgen. Noch wichtiger als vorher ist es, daß die Skipper beobachten, welche Abmessungen die mitlaufende Berufsschiffahrt hat, da hiervon abhängt, ob sich die Etmale so gestalten lassen, wie es geplant wurde. Zur Zeit kann es vorkommen, daß vor den Schleusen Wartezeiten von drei Stunden und mehr auflaufen, weil die Schleusenkammern mit Berufsschiffen voll belegt sind.“ Diese Sätze aus dem Bootsreiseführer muß man sehr ernst nehmen, wenn man auf der Mosel nur begrenzte Zeit zur Verfügung hat und die Größe der eigenen Yacht die Maße für die Sportbootkammern übersteigt. Das Moselhandbuch des DSV-Verlags beklagt die offensichtliche Fehlplanung und daß die kleinen Kahnschleusen nicht als Penichenschleusen konzipiert wurden: „Von den 4100 Fahrgastschiffen, die 1988 die Großschleusen benutzen mußten, hätte ein wesentlicher Teil in den 40 x 6 m kleinen Schleusen abgefertigt werden können. Und die 8000 Sportboote, die im Jahr 1987 gezählt wurden, wären beim Schleusen keine Belastung für die Großschiffahrt.“
Ich erinnere mich gut daran, daß es zu Adenauers Zeit ein ziemliches Tauziehen zwischen Frankreich und Deutschland gab um das malerische Tal und den von Frankreich gewünschten Ausbau der Mosel zur Großschiffahrtsstraße.

Am Ende wurde ein Vertrag geschlossen, in dem sich Deutschland verpflichtete, bis zu einem festgesetzten Zeitpunkt den Ausbau des Wasserwegs fertigzustellen. Damals gab es noch keine Debatten mit Naturschützern, wie etwa beim späteren Bau des Main-Donau-Kanals. Die Wünsche des siegreichen Nachbarn wurden eben erfüllt.
Angelika und ich waren jetzt ziemlich nervös ob der verlorenen Zeit, zumal keine Möglichkeit bestand, irgendwo festzumachen. Zwei Stunden Kreise drehen ist nicht angenehm, und zum Ankern war im Schleusenbereich kein geeigneter Platz. Als wir endlich in die Kammer einfahren durften, fühlten wir uns ausgelaugt und ermüdet. Wir wollten das berühmte, noch aus der Römerzeit stammende Cochem besuchen, einen der bekanntesten Weinorte an der Mosel, überragt von der ebenso bekannten Reichsburg. Doch das Hochwasser machte uns auch hier einen Strich durch die Rechnung: Der Stadthafen war völlig überflutet, wir konnten ihn nicht ansteuern. Die prächtige Wasserfront mit ihren großzügigen Anlagen glitt vorbei. Also weiter.
Gegen 16.00 Uhr erreichten wir Senheim und fanden dort eine gute Marina, deren Einrichtungen vom Hochwasser verschont geblieben waren. Die Verwaltung war dem Campingplatz angegliedert, wo ein Restaurant und ein kleiner Laden zur Verfügung standen. An dieser Stelle muß ich etwas erwähnen, was mir selbst als ein wenig ungerecht gegenüber anderen Naturfreunden erscheint. Ich möchte es dennoch zu bedenken geben: Die zahlreichen Campingplätze an der Mosel stören zwar in keiner Weise den Anblick der schönen alten Städte. Sie stören aber - für mein Gefühl - ganz erheblich den sonst so wunderbaren Eindruck des Tals und seiner Ufer vom Fluß aus. Vielleicht ist es im Sommer besser, wenn dichtes Grün einen Teil der weiß leuchtenden, eckigen Karossen verdeckt. Es müßte doch, meine ich, seitens der Betreiber der oft langgezogenen Parkplätze eine Möglichkeit geben, diese besser zu tarnen. Im übrigen sehe ich sehr wohl, daß die Camper ebenso Anspruch haben auf Erholung in der Natur wie die Bootsfahrer.
Wir wanderten das kurze Stück zum Dorf und fanden dort in einer malerischen Gasse den „Schinkenkeller", ein Wein- und Eßlokal, das man uns schon in Koblenz empfohlen hatte. Über eine steile Treppe gelangten wir in mehrere Kellergewölbe hinunter, wo gediegene Holztische zum Imbiß einluden.
Dichter Nebel empfing uns am nächsten Morgen auf der Weiterfahrt. Einen Kilometer zu Berg wartete die Schleuse Aldegund auf uns - und diesmal hatten wir Glück: Gegen die vorgeschriebene Gebühr erhielten wir nach Rücksprache mit dem Schleusenmeister die gewünschte Einzelbehandlung. Wie Patienten erster Klasse kamen wir uns vor, als sich die riesigen Tore öffneten und wir allein angehoben wurden. Schon nach einer halben Stunde waren wir durch. Vielleicht hatten wir soviel Glück dem Nebel zu verdanken, der die großen Schiffe an der Weiterfahrt gehindert hatte. Vor uns tauchte aus den dichten Schleiern ab und zu der schemenhafte Umriß eines Frachtschiffs auf, dem wir dann schnellstens ausweichen mußten. Aber bald hob sich der Nebel ein wenig und legte sich in malerischen Streifen über die Landschaft. Es entwickelte sich in wenigen Minuten eine phantastisch unwirkliche Szenerie, die alle Realität vergessen ließ. Dichte, grau-weiße Schwaden zogen über die Weinberge; einer der zahlreichen Kirchtürme an den Berghängen wurde wie eine Kulisse zwischen den Nebelschleiern sichtbar. Angelika griff sofort zur Kamera, ich mußte sogar ein Stück zurückfahren, damit sie die Pastelltöne dieser außergewöhnlichen Morgenstimmung einfangen konnte.
Wir befanden uns auf der Höhe von Zell, und - o Wunder, jetzt kam die Sonne heraus! Diesen seit langem ersehnten Augenblick begrüßte ich mit solcher Freude, daß ich sogar die Uhrzeit -

Kleine Gassen in der historischen Altstadt von Bernkastel

09.30 - in meinen Kalender eintrug. Und damit wir auch genau wußten, wo wir waren, leuchtete uns oberhalb des Städtchens von der Mauer eines Weinbergs in großen Lettern entgegen: „Zeller Schwarze Katz". Das Moseltal, das sich in diesem Abschnitt besonders pittoresk und lieblich darstellt, verläuft hier zwischen den Hügeln des Rheinischen Schiefergebirges in engen Schleifen, die sich an den Hängen der Berge entlang winden. Mehr und mehr zeigten sich Büsche und Bäume in stolzem Grün, nur für frische Blätter der Reben war die Zeit noch nicht gekommen.

Wieder wartete eine Schleuse auf uns: Enkirch. Von 12.00 Uhr an drehten wir unsere Kreise, gegen Bezahlung wurde uns baldiger Einlaß versprochen. Doch dann meldete sich ein Schubverband über Funk, und im letzten Augenblick mußten wir wieder umkehren. Diesmal konnten wir an einem Ponton festmachen, der allerdings bald von einem Ausflugsschiff beansprucht wurde, das ärgerlich seine Sirene ertönen ließ. Es dauerte eine weitere Stunde, bis wir einfahren durften, und insgesamt zwei Stunden, bis wir im Oberwasser waren. Der geplante Aufenthalt in Traben-Trarbach mußte ausfallen. Ich konnte keinen geeigneten Liegeplatz entdecken, und wir hatten ohnehin schon viel Zeit an der Schleuse verloren. Nicht ohne Wehmut blickte ich auf die beiden romantischen alten Städte zurück, als sie im Kielwasser achteraus blieben und hinter einer scharfen Biegung verschwanden.

Bei der nächsten Schleuse hatten wir mehr Glück. Kein Berufsfahrer hatte uns überholt und die Kammer besetzt. Die Tore öffneten sich bei unserer Annäherung, und schon bald konnten wir die Fahrt eine Stufe höher fortsetzen. So erreichten wir gegen 17.00 Uhr Bernkastel und machten im Hafen fest.

Bernkastel wurde zur wichtigsten Mosel-Stadt unserer Reise, sozusagen stellvertretend für alle anderen, die wir nicht hatten besuchen können. Der Ort erfreute uns mit seiner gut erhaltenen historischen Altstadt. Die ganze Originalität, den Charme dieser in mittelalterlichem Bürgerwohlstand prangenden Weinstadt mit ihren bunten Fachwerkbauten, den engen Gassen und Höfen, den Butzenscheiben und der ebenso farbigen Vergangenheit genossen wir um so intensiver, als über Nacht endlich der Frühling eingezogen war. Blüten in allen Farben belebten die Gärten bei strahlendem Sonnenschein.

Die Solveig wird bereift

Bis Trier, unserem letzten deutschen Hafen, passierten wir noch einmal drei Schleusen, schafften sie aber an einem Tag zwischen Sonnenaufgang und Abenddämmerung. 130 Kilometer Mosel lagen hinter uns. Im letzten Tageslicht durchfuhren wir die Stadt Trier und steuerten unter der aus der Römerzeit stammenden ältesten Brücke Deutschlands hindurch. Zweitausend Jahre deutscher Geschichte hat dieses Bauwerk erlebt: die Kriege der Römer gegen die Alemannen, die Kriegszüge des Mittelalters, die Eroberung Triers durch Napoleon, den erneuten Einmarsch der französischen Armee 1918 und keine drei Jahrzehnte später den der Alliierten Streitkräfte 1945. Schon allein daran erkennt man die besondere Bedeutung, die das Moseltal als Verbindungsweg zwischen West und Ost in Europa seit jeher besessen hat.

Unser Liegeplatz im Yachthafen Trier-Monaise war ausgesprochen komfortabel. Hochwasserprobleme gab es hier nicht mehr, was auch am technisch aufwendigen Ausbau der Clubanlagen liegen mochte. Der Seglerhafen gehört der Segelabteilung des Post-Sportvereins Trier, und der freundliche Empfang machte die Anlagen noch angenehmer. Zunächst wollten wir natürlich die alte Römerstadt besuchen, die, einige Kilometer vom Hafen entfernt, mit Bus zu erreichen ist. Etliche Jahre vor unserer Zeitrechnung wurde „Augusta Treverorum" von den Römern gegründet, und bis zum heutigen Tag sind Ruinen und Kunstwerke aus jener Zeit erhalten geblieben. Über 2000 Jahre alt ist die berühmte Porta Nigra, ein Teil der ehemals sieben Kilometer langen Stadtmauer, die seinerzeit 47 Türme besaß. In der Innenstadt finden sich interessante Gebäude aus allen Epochen. Hinter der Porta Nigra öffnet sich ein weiterer Platz, der Hauptmarkt.

Eine Gruppe junger Leute sprach uns an, Studenten, wie sich bald herausstellte. Sie waren mit einer Befragung beschäftigt, die sich auf die Porta Nigra bezog: „Wären Sie einverstanden, wenn die Firma XY (wahrscheinlich McDonald's), das alte Gemäuer pachten würde, um dort ein Restaurant zu betreiben und ein kleines Firmenschild anzubringen?"

„Niemals!" lautete unsere Antwort. Nun kam man auf den Kern der Sache: „Wissen Sie, die Porta Nigra droht zu verfallen, denn der Stadt fehlen die Mittel für eine gründliche Restaurierung. Durch den Vertrag könnte das historische Bauwerk gerettet werden, andernfalls droht der Einsturz."

Damit wurde die Diskussion schwieriger, aber wir blieben bei unserer Meinung, daß man unter allen Umständen andere Geldquellen finden müßte. Schließlich erfuhren wir, daß der Porta Nigra nicht wirklich Gefahr drohte, daß es sich vielmehr um eine Studie der Studenten zum Thema Kultur-Sponsoring handelte. Trotzdem blieb mir von dieser scheinbar gegenstandslosen Diskussion ein übler Geschmack auf der Zunge. Hing nicht schon an den meisten alten Bürgerhäusern irgendein häßliches Werbeschild? Waren nicht zwischen den schönen alten Gebäuden vom Stil her unerträgliche Neubauten entstanden?

Die notwendigen Einkäufe hatten wir schnell hinter uns gebracht. Nun mußten vor der Weiterfahrt nach Frankreich noch zwei Probleme gelöst werden: Zum einen brauchten wir für die Benutzung der französischen Kanäle eine Vignette, gegen entsprechende Gebühr, versteht sich. Bisher hatte uns niemand eine endgültige Auskunft darüber geben können, wo und wie diese zu beschaffen war. Man sollte sie im voraus in Straßburg oder Nancy bestellen, stand in meinen Unterlagen. Zuerst also das Formular anfordern, dann ausfüllen, Bestätigung abwarten, Betrag überweisen, auf die Zusendung der Vignette warten... Ein solcher Vorgang war mir unglaublich langsam und aufwendig erschienen. So gingen wir in Trier zum ADAC und baten um Information. Dessen Info-Blatt empfahl ebenfalls die rechtzeitige Bestellung oder eine direkte Beschaffung in Saargemünd, wohin ich per Bahn hätte fahren müssen. Das mußte doch im vereinten Europa auch anders gehen! An der Grenze würden wir weitersehen. Das zweite Problem betraf die zahllosen

Schleusen, die bis Paris vor uns lagen und über die ich mich mit Hilfe der ausgezeichneten französischen Flußkarten informiert hatte. Es schien mir unmöglich, mit einfachen Fendern, wie wir sie bisher benutzt hatten, ohne Beschädigung des Bootes bis nach Paris zu gelangen. Autoreifen, dessen war ich sicher, wären die richtige Lösung und der beste Schutz, auch wenn sie nicht gerade schön aussahen. Ein besonders hilfreicher Segler im Club war bereit, mich in seinem Wagen in die Stadt zu fahren und Reifen, die zur Entsorgung bereit lagen, bei einem Händler zu beschaffen. Wir hatten Erfolg und konnten acht alte Reifen aufladen und zum Boot bringen. Nun mußten nur noch Löcher gebohrt werden, um die Reifen mit kräftigen Tampen anzuhängen. Aber das war leichter gesagt als getan. Ich hatte nicht gewußt, wie zäh sich Autoreifen einer Durchbohrung widersetzen. Wir waren an die zwei Stunden beschäftigt, bis wir mit allerlei Werkzeugen schließlich die 16 Löcher eingeschnitten hatten. Angelika knotete dann die Leinen fest, denn nur kräftiges Tauwerk würde die schweren Reifen zuverlässig halten.

Über Nacht ist auf einmal der Frühling eingezogen.

Über Mosel und Marne zur Seine 2

Nun waren wir gerüstet. Dankbar verabschiedeten wir uns von den freundlichen Clubmitgliedern. Zunächst passierten wir am rechten Ufer die Einmündung der Saar und hatten von da an etwas weniger Verkehr. Am linken Flußufer lag das Fürstentum Luxemburg, und dort verbrachten wir die folgende Nacht in dem hervorragend ausgestatteten Yachthafen von Schwebsange. Wie kamen nur so viele Luxusyachten in diesen kleinen Ort? Nun ja, in Luxemburg liegt eben viel Geld, der kleine Staat ist einer der reichsten in Europa.
Wir konnten noch einmal preisgünstig Diesel bunkern und fuhren am nächsten Morgen weiter. Das Land wurde flach, die Mosel fließt hier ziemlich gerade durch Wiesen, Felder und Obstgärten. Vier Kilometer oberhalb Schwebsanges verläuft die Grenze zu Frankreich. Der Übergang erfolgte unmerklich. Es fand keinerlei Kontrolle vor oder an der französischen Schleuse statt. Der Schleusenwärter begrüßte uns sogar besonders höflich, bemühte sich, deutsch zu sprechen, und ließ uns sofort in eine der beiden Kammern einfahren. Würde das so bleiben?

rankreich – lick in ein zauberaftes Tal

Es blieb wirklich so. Und niemand fragte nach der Vignette, die wir nicht besaßen. Die nächsten beiden Schleusen passierten wir ebenfalls ohne größeren Aufenthalt. In Thionville bemühten wir uns dann, leider erfolglos, eine Vignette zu besorgen, denn am Sonntag war das Büro geschlossen. Ein schnurgerader Kanal (Erzkanal) führt durch das Industriegebiet von Thionville, die Mosel fließt in leichten Krümmungen nebenher. Am späten Nachmittag, die Sonne schien wie an den vorigen Tagen zeitweise schon warm vom Himmel, bogen wir in die Abzweigung vom Moselkanal zu dem im Zentrum der Stadt Metz gelegenen Regattaverein. Der Flußarm biegt backbords vom Kanal unauffällig in grünes Niemandsland ab, mündet dann aber in einen kleinen See, an dessen anderem Ufer man bereits die Clubanlagen erkennen kann.
Vorsichtig, denn das Wasser war im See besonders flach und die Geschwindigkeit auf 10 km/h begrenzt, schlichen wir uns an zwei roten Tonnen vorbei zu einem freien Steg vor dem Clubhaus. Eigentlich waren alle Stege frei, und ich hatte Mühe, zwischen den verschiedenen Bootshäusern im Park das Clubhaus zu finden. Dann dauerte es lange, bis auf mein Klopfen eine ältere Dame aus dem Fenster sah und mich in den ersten Stock bat.
„Die Stege sind alle durch das Hochwasser beschädigt, Monsieur, weder Strom noch Wasser stehen zur Verfügung“, erklärte sie mir, sich die Hände an der Schürze abwischend. „Sie brauchen nichts zu bezahlen. Der Betrieb im Club hat wegen der schlechten Witterung noch nicht begonnen, das Haus ist nicht geöffnet.

In Nancy am berühmten Prunkplatz des Stanislaus

Bon voyage!" Irgendwie schien sie froh, nicht weiter behelligt zu werden.
Wir waren also völlig ungebunden und konnten bleiben, so lange wir wollten. Herrlich! Die schon abendliche Sonne beleuchtete alte Mauern und eine steinerne Brücke, die sich mächtig, ihrer geschichtlichen Würde und Bürde bewußt, über den Flußarm spannte. Dahinter ragten bedeutungsvoll die vier Türme einer Kirche auf. Romantischer konnte eine Szenerie kaum sein, wir wurden nicht müde zu schauen.

Dieser Altarm war weiter unten durch ein Wehr versperrt, aber er zeigte uns, daß die Stadt Metz auf einer Insel liegt, weshalb sie ihre Bedeutung als Festung bis in unser Jahrhundert behalten hat. Wir folgten dem Uferweg bis zur Brücke, stiegen die Treppe zur Straße hinauf und gelangten mitten hinein in das Zentrum der Altstadt. Ein Schaufenster mit Antiquitäten nach dem anderen sah aus, als wären die alten Möbel, das Porzellan oder die Schmuckstücke schon immer hier in der historischen Gasse ausgestellt gewesen, als hätte die Zeit seit langem den Atem angehalten. Nur wenige Städte in Europa sind so alt wie Metz, über 3000 Jahre hat die ehemalige Hauptstadt Lothringens erlebt.
Um einige Ecken herum und durch verwinkelte Straßen, dann standen wir ziemlich unvermittelt vor der eindrucksvollen Kathedrale aus dem 13. Jahrhundert: St.Etienne oder Stephansdom, wie der großartige Bau in der deutschen Zeit hieß. Hoch ragten die mächtigen Türme über die Dächer der mittelalterlichen Bürgerhäuser. Auf dem Rückweg am Abend faszinierte uns der Anblick von Brücke und Kirchtürmen, die nun von Scheinwerfern angestrahlt wurden: ein Bild, das wir später sogar vom Boot aus bewundern konnten. Welch ein Liegeplatz!
Am Vormittag des 1.Mai belebte sich der Park mit immer neuen Scharen von Spaziergängern, die am Ufer entlang an unserem Anleger vorbeibummelten und sich dann in der Ferne als dunkle Schlange über eine Holzbrücke wälzten, die hinüber zu einer mit Parkanlagen geschmückten Insel führte. Dort legten Ausflugsschiffe an, die sich rasch mit Passagieren füllten. Der idyllische See des Altwassers, nahe der Stadtmitte gelegen, war ein idealer Ausgangspunkt für kleinere Touren. In unserem Cockpit genossen wir die Sonnenstrahlen und ließen den Strom der Menschen an uns vorüberziehen. Ganz Metz schien auf den Beinen, jeder wollte der Stadt entfliehen. Familien mit Kindern und Kinderwagen, junge Leute in

Die „Große Vergessene" in Toul – eine der schönsten Kathedralen Frankreichs

bunter Kleidung, eng umschlungene Liebespaare, alte Herrschaften mit Spazierstock, alle freuten sich der Sonne und saugten die warme Frühlingsluft ein: ein Anblick, wie ihn wohl Goethe bei der Schilderung seines Osterspaziergangs im „Faust" vor Augen gehabt haben mag. Die Menschen waren so sorgfältig gekleidet, als wollten sie das Frühjahr feierlich begrüßen. Kein einziges Mal sahen wir Jugendliche in herausfordernder oder nachlässiger Aufmachung, wie dies vor den Toren einer Großstadt zu erwarten gewesen wäre.
Am Nachmittag durchstreiften wir noch einmal die Stadt und bestaunten die imposante Kathedrale, deren wunderbare Fenster das Innere in märchenhaftes Licht tauchten. Diese Kunstwerke stammen zum Teil aus dem 14., zum Teil aus dem 16.Jahrhundert, und ein weiterer Teil wurde nach dem Krieg von Marc Chagall geschaffen; auch diese fügen sich harmonisch in das Gesamtbild ein.
Wir wanderten noch weiter bis zur anderen Seite der Innenstadt, wo wir auf gut erhaltene Türme und eine Wallbrücke der alten Festung aus dem 13.Jahrhundert stießen. Die Tore und Anlagen heißen „Porte des Allemands", Tor der Deutschen. Um die Kunstschätze von Metz nur einigermaßen kennenzulernen, bedürfte es wohl mindestens einer Woche Aufenthalt.
Immer besser verstand ich die Blauwassersegler, die ihre Route zum Mittelmeer und zum Atlantik über die Wasserwege Frankreichs gewählt und mir in der Karibik und in der Südsee begeistert ihre Eindrücke auf den kleinen, verkehrsarmen Kanälen geschildert hatten, deren Schleusen teilweise noch per Hand bedient wurden. Sie berichteten mir von der Fahrt durch Weingärten und Laubwälder und durch die von Kathedralen gekrönten Städte Frankreichs. Seither hatte ich den Wunsch gehabt, Frankreich vom Wasser aus kennenzulernen.

Gut angelegtes Geld: die Vignette

Aus dem Nebenarm der Mosel und ihrem kleinen See gelangten wir zunächst in den Moselkanal zurück, auf dem wir noch vor dem Abend die Provinzhauptstadt Nancy erreichen wollten. Die Entfernung von 50 Kilometern, unterbrochen von vier Schleusen, ließ sich in einem halben Tag bewältigen. Durch nennenswerte Wartezeiten an den Schleusen wurden wir nicht aufgehalten. Da alle Sportboote die Schleusung mit der Vignettengebühr bezahlen, wurden auch wir wie zahlende Gäste behandelt. Dabei

In einer der einhundertdreißig idyllisch gelegenen Schleusen zwischen Toul und Paris

Nur wenige Wärterhäuschen sind noch bewohnt.

hatten wir weiterhin Glück, daß nirgends die mangels Gelegenheit noch nicht erstandene Vignette vermißt wurde. Aber ich war doch nervös. „In Nancy werden wir das Versäumte sofort nachholen“, versprach ich Angelika.

Die Mosel bietet auf diesem Abschnitt keine besonderen Sehenswürdigkeiten. Zu erwähnen wäre nur die schöne gotische Kathedrale St.Martin in Pont-à-Mousson. Der imposante Bau steht direkt neben der Brücke am Ufer des Flusses, für den vorbeifahrenden Schiffer ein eindrucksvolles Fotomotiv.

Als wir uns Nancy näherten, konnten wir schon auf eine Entfernung von etlichen Kilometern und lange, bevor die Stadt selbst in Sicht kam, die beiden massigen Türme der Kathedrale erkennen. Um in die Stadt und ihren Hafen zu gelangen, zweigten wir bei Pompey in die kanalisierte Meurthe ab, die einen Teil des komplizierten Kanalsystems im Raum Toul-Nancy bildet. Es handelt sich um eine Art Ringkanal, der in seiner jetzigen Form erst vor etwa 15 Jahren fertiggestellt wurde. Er besteht aus zwei Abschnitten des Rhein-Marne-Kanals, der kanalisierten Mosel und des Canal de l'Est sowie einem Verbindungskanal, der den Ring schließt.

Die Marina von Nancy - genauer: Port de Plaisance de Nancy, Bassin St.Georges - ist vollständig neu erbaut, und zwar an einer ebenfalls neuen Uferpromenade, die mit Flaggen der europäischen Staaten und einer Baumreihe

geschmückt ist. Das gepflegte Areal des Bootshafens liegt nur 400 Meter von der Kathedrale entfernt ziemlich im Stadtzentrum. Da die meisten Liegeplätze an den Pontons frei waren, konnten wir uns einen Platz aussuchen, auf dem das Boot nicht allzusehr vom Schwell vorbeifahrender Schiffe bedrängt wurde. Wenn der Hafen während der Hochsaison überfüllt ist, bietet Nancy neben diesem vorbildlichen Stadthafen noch eine Reihe weiterer Liegeplätze.
Ich meldete mich in der Capitainerie, dem Büro der Marina, und der freundliche Herr nahm mir eine bescheidene Liegegebühr für zwei Nächte ab. Mit großem Eifer bot er seine Dienste an: „Im Haus sind Duschen und Toiletten, und wenn Sie irgendwelche Fragen haben, stehe ich jederzeit zur Verfügung. Bitte wenden Sie sich an mich, auch bezüglich der Stadtbesichtigung oder Einkäufen. Hier ist ein Stadtplan. Sie müssen sich unbedingt die Kathedrale und die Place Stanislas ansehen, sonst sind Sie nicht in Nancy gewesen!" Damit reichte er mir einen Faltplan und wünschte angenehmen Aufenthalt. Hier wie in allen folgenden Orten war deutlich zu spüren, daß die Gemeinden in Frankreich besonderen Wert auf die Betreuung der Sportschiffer legen und diese als wichtige Säule des Tourismus betrachten. Wir fühlten uns als gern gesehene Gäste. Auch die Liegegebühren waren mit zwölf Mark pro Nacht bescheiden, die sanitären Einrichtungen sauber und modern.
Wir machten uns am nächsten Morgen früh auf und fanden zuerst die Kathedrale aus dem 17. Jahrhundert, ziemlich eingezwängt zwischen hohen Bürgerhäusern, aber ein großartiger Anblick von der dicht daran vorbeiführenden Straße aus, der Rue St.Georges. Leider war die bauliche Verfassung der Kirche nicht so hervorragend wie etwa in Metz; besonders im Inneren wurde zwar weiter restauriert, aber es schien doch überall an den nötigen Mitteln zu fehlen. Ganz anders dagegen der Prunkplatz des Stanislaus!
Der Glanz des auf schmiedeeisernen Toren, Gittern und Figuren leuchtenden Goldes blendete mich fast, verstärkt durch die Strahlen der vom wolkenlosen Himmel scheinenden Frühjahrssonne. Alles war für die kommende Touristensaison prächtig renoviert. In den Straßencafés waren schon die meisten Tische mit elegant gekleideten Frauen und Männern besetzt, von allen Seiten und in alle Richtungen wurde fotografiert. Der große Platz, eingerahmt von prunkvollen Gebäuden wie Rathaus, Museum der Schönen Künste, Neptunbrunnen und farbigen Blumenbeeten, gilt als einer der großartigsten Baukomplexe des 18. Jahrhunderts. Die gesamte Anlage wurde von dem Architekten Emmanuel Héré aus einem Guß gestaltet und vom polnischen König Stanislaw Lesczinsky dem König von Frankreich, Ludwig XV., gewidmet. Stanislaw wurde später Herzog von Lothringen.
Aber die Stadt erlebte noch eine weitere bemerkenswerte Epoche: Um die Jahrhundertwende bildete sich in Nancy eine eigene Schule und Richtung des Jugendstils heraus, dessen Zeugen man während eines Stadtbummels auf Schritt und Tritt begegnet. Nicht so sichtbar ist eine andere, ebenfalls gegen Ende des 19. Jahrhunderts aufgekommene Richtung der Wissenschaft, nämlich die „Nancyer Schule", ein bedeutendes Zentrum der Hypnoseforschung.
Wir fanden schließlich auch das Büro der öffentlich-rechtlichen Gesellschaft „Voies Navigables de France" (VNF), wo wir unsere Gebühren entrichten konnten. Am Schalter erhielten wir zunächst ein umfangreiches Formular zum Ausfüllen; aufgrund unserer Angaben wurden von den sehr höflichen Damen die notwendigen Berechnungen angestellt. Es gibt verschiedene Tarife, je nachdem, ob man die Wasserwege das ganze Jahr, 30 oder nur 15 Tage befahren will. Die Abfertigung nahm eine ganze Weile in Anspruch, deshalb konnte ich nun auch verstehen, daß der Antrag lieber per Post entgegengenommen wird.

Ich bat um das 30-Tage-Ticket, auf dem wir später nur die tatsächlich gefahrenen Tage eintragen mußten und Hafentage nicht gezählt wurden. Diese Zeit war reichlich, um über Paris und Le Havre zum Englischen Kanal zu gelangen. Wir zahlten rund 300 Mark, einen fairen Preis, da wir weit über hundert Schleusen benützen würden. Es stellte sich sogar heraus, daß in diesem Preis eine Vorzugsbehandlung durch das Schleusenpersonal eingeschlossen war. Sogleich brachten wir die Vignette „gut sichtbar", wie es in der Vorschrift heißt, am vorderen Seitenfenster der SOLVEIG an.
Auf dem Kanal der Meurthe fuhren wir zurück zur Mosel, vorbei an den ausgedehnten Hafenanlagen von Frouard, und dann nach einer 90-Grad-Biegung auf dem kanalisierten Fluß weiter in Richtung Toul. Dort beginnt der Rhein-Marne-Kanal, der nur für kleinere Schiffe befahrbar ist. Gerade diese kleinen und relativ ruhigen Kanäle sind es, die den eigentlichen Reiz einer Bootsfahrt durch Frankreich ausmachen.

Die „Große Vergessene"

Die Reste gewaltiger Festungsmauern waren das erste, was wir von Toul sahen. Die Stadt war früher nur durch die Garnison zu einigem Wohlstand gekommen. Da sich nach dem Zweiten Weltkrieg keine nennenswerte Industrie angesiedelt hat, ist der wirtschaftliche Rückgang in Toul unübersehbar. Auch Metz und Nancy waren einst wichtige Festungen an der Ostgrenze Frankreichs, aber dort konnten neue Industrien das Fehlen der Regimenter ausgleichen. Nicht so in Toul. Die Häuserfassaden sahen zum Teil erbärmlich aus und weckten in uns Erinnerungen an die Städte der ehemaligen DDR. Selbst für die Erhaltung der berühmten und imposanten Kathedrale St. Etienne fehlen offenbar seit langem die Mittel.
Wir erhielten als Besucher das Heftchen einer Hilfsorganisation, die dringend um Spenden bat. „Eine große Vergessene" stand in dicken Lettern auf dem Umschlag. Damit war eine der schönsten Kathedralen Frankreichs gemeint, deren Ursprung auf das 13. und 14. Jahrhundert zurückgeht. Sie wurde im Zweiten Weltkrieg - wahrscheinlich von Amerikanern - beschädigt, und ihre Restaurierung konnte bisher nicht vollendet werden. Für die „Große Vergessene" kommt jede Hilfe möglicherweise zu spät, denn das Dach ist schon seit Jahren undicht. Die ganze Stadt leidet unter den Folgen des wirtschaftlichen Rückgangs.
Rund 400 Kilometer liegen zwischen Toul und Paris, eine Fahrt durch kleine idyllische Kanäle, in denen die Geschwindigkeit auf nur 8 km/h

Die letzte Schleuse vor dem Tunnel

Mittagsimbiß auf einem Aquädukt

begrenzt ist. Eine scheinbar gemütliche Fahrt, aber auch abenteuerlich, denn diese „Erlebnisstrecke" ist mit 130 Schleusen und vier Tunnels gespickt. Man könnte auch an eine Kombination aus Riesenrad und Geisterbahn denken. Aber es ist kein supermoderner Nervenkitzel, der da geboten wird, sondern ein eher altertümliches Vergnügen. Der Kanal wurde schon vor rund 150 Jahren gebaut, zu einer Zeit, als gerade die ersten Eisenbahnen fuhren und in Paris noch die Pferdebahn durch die Straßen rumpelte. Wenn man bedenkt, daß damals die Aushebung des Kanalbetts mit Schaufeln per Hand erfolgte, die Schleusen und ihre Tore ebenfalls in Handarbeit errichtet wurden, so steckt in diesen Kanälen - 8500 Kilometer sind es insgesamt in Frankreich - eine bewundernswerte Arbeitsleistung.

Der Marne-Seitenkanal überwindet zwei Höhenzüge, den größten mit Hilfe eines fünf Kilometer langen Tunnels. Welcher Aufwand! Welche Schinderei, im Dunkel des ausgehöhlten Berges nur im Schein von Petroleumlampen zu arbeiten! Und wozu das alles? Wasserstraßen - Voies Navigables - waren damals die einzige Möglichkeit, schwere Güter in großen Mengen zu transportieren. Auf der Straße war das mit Pferden oder Ochsen nicht zu machen. Das wußten schon die Römer, die seinerzeit auf der Mosel den Wein und andere Flüssigkeiten flußabwärts beförderten. In ihren Abmessungen sind die Schleusen für ein kleines Frachtschiff bemessen, die sogenannte Peniche. Ihre Maße betragen in der Länge 38,00 m, in der Breite 5,05 m und in der Höhe 3,50 m. Der Tiefgang ist auf 1,80 m begrenzt. Diese Maße wurden zu einem Standard für kleine Kanäle in Europa, sind es heute noch, obwohl die Peniche selbst zum Aussterben verurteilt ist. Sie füllt eine solche Schleuse bis zum letzten Zentimeter aus und läßt sich auch in den schmalen Kanalstücken kaum überholen. Penichen werden in der Regel von einem Ehepaar gefahren, wobei der Mann am Ruder steht und die Frau alle übrigen Arbeiten bewältigt. Dazu gehört das Festmachen der Leinen und sogar die Bedienung der Schleusentore - zum Teil im Handbetrieb.

Leider ist die Peniche heutzutage nicht mehr rentabel und wird mehr und mehr zur Seltenheit. Dagegen werden die Kanäle eifrig von Sportbooten befahren. Waren es in den fünfziger und sechziger Jahren hauptsächlich Segler und Motorbootfahrer, die ihre Schiffe im Transit ohne die Risiken einer langen Seefahrt ins Mittelmeer überführen wollten, so sind es heute begeisterte Wasserwanderer, die in den Kanälen Frankreichs Stille und Erholung suchen, fernab aller Hektik der Zeit. Die Reise nach Paris über Mosel, Marne und Seine gehört ohne Zweifel zu den ganz großen Flußfahrten, die in Europa unternommen werden können. Daher stellen verschiedene Charterfirmen an Ort und Stelle Boote für kleinere und größere Gruppen von Urlaubern zur Verfügung. Die Behörden verzichten bei diesen Booten sogar auf die Forderung nach einem Führerschein.

Zunächst gingen passionierte Wassersportler daran, sich alte Penichen zu Freizeitbooten umzubauen, doch inzwischen gibt es eine Reihe moderner Serienboote, die genau die Maße der Peniche und damit der Schleusen einhalten, aber als komfortable Urlaubsschiffe eingerichtet sind.

Die Schleusen im Rhein-Marne-Kanal sind automatisiert. Das bedeutete für uns, daß wir die Kammern über einen Hebel oder Schalter selbst bedienen mußten - beziehungsweise durften. In den vorzüglichen (dreisprachigen) französischen Kanalkarten und in den deutschen Handbüchern sind alle Regeln, alle Vorschriften und Bedienungselemente der Schleusen gut erläutert, aber die Wirklichkeit sieht doch immer ein wenig anders aus. An die Bedienung der Hebel oder Schalter vom fahrenden Boot aus mußten wir uns erst gewöhnen.

Auf der Schleusentreppe

Gleich hinter dem Hafen von Toul lag die erste Schleuse, und schon begann das Suchen. „Siehst du den Hebel?" fragte Angelika.

„Ich sehe nur da vorne einen Draht über den Kanal. Da hängt ein Stück Schlauch dran, vielleicht ist das der Schalter?"

„Das kann ich mir nicht denken, der hängt doch viel zu hoch. Da komme ich nicht dran!"

„Ich fahre ganz langsam an die Stelle, dann versuchst du, den Schlauch zu packen!"

Es macht immer mehr Spaß, die Schleusen selbst zu bedienen.

Es gelang uns nicht, ich war etwas zu seitlich geraten und zu schnell gefahren. Immerhin sahen wir, daß dieser Plastikschlauch tatsächlich der Schalter sein mußte. Also wendete ich und begann eine neue Anfahrt.
Angelika packte zu, zog und drehte am Schlauch. „Was jetzt?" rief sie verblüfft.
„Warten und sehen, was passiert."
Tatsächlich, die Lampe vor der Schleuse schaltete nach zwei Minuten auf Grün, ich kuppelte die Maschine ein, ließ den Propeller ganz langsam drehen und fuhr auf das Tor zu, das sich geöffnet hatte.
Der erste Abschnitt des Kanals, bis zum Tunnel, ist nur acht Kilometer lang, kann aber schon mit zwölf Schleusen aufwarten. Wir waren entsprechend aufgeregt.
Uns schien es merkwürdig, ganz allein und ohne jede Aufsicht in der Kammer festzumachen. Drinnen mußten wir eine schwere blaue Stange anheben, worauf sich das Tor schloß und das Wasser einströmte. Neben der blauen Stange war eine ähnlich aussehende rote Stange angebracht, die bei Gefahr oder einer Panne bedient werden sollte, eine Art Notbremse. Wenn man die anhob, blieb die gesamte Anlage stehen, nichts ging mehr. Wir sollten das später einmal ungewollt erleben.
Kein Mensch war an den Wärterhäuschen der Schleusen zu sehen, möglicherweise aber wurden wir durch Fernsehkameras überwacht. Diese heimlichen „Augen" konnten wir gelegentlich entdecken.
Oben angekommen, öffneten sich die Tore zur Ausfahrt wie von Geisterhand. Eilig machten wir die Festmacher los und verließen die Kammer; wir fürchteten, daß sich die Tore wieder schließen könnten, bevor wir draußen waren. Das erwies sich jedoch als unnötige Sorge, denn hinter dem Tor befand sich wieder eine Eisenstange, die Angelika drücken mußte. Dann erst schlossen sich die Tore und gaben die Schleuse dem nächsten Schiff frei.
Als völlig ungeübte Frankreichfahrer empfanden wir diese Automatikschleusen anfangs als recht aufregend, zumal die Hebel jeweils verschieden angebracht, Stangen manchmal verbogen oder schlecht zu finden waren. Dann ließ ich die Maschine mal vor, mal zurück drehen, riß am Steuerrad und fluchte vor mich hin. Im nachhinein sehe ich die Komik unserer Situation, doch damals waren die Nerven ziemlich angespannt. Trotzdem machte es unheimlich viel Spaß, die Schleusen selbst zu bedienen, vor allem mit dem Boot allein durch die reizvolle Landschaft zu gleiten. Wir fühlten uns wie kleine Könige in einem Zauberreich, denn Schleusenautomatik und Einsamkeit unterstrichen den Charakter des Magischen. Es hätte uns nicht erstaunt, wenn aus einem der verfallenen, leeren Wärterhäuschen eine Hexe oder ein Nöck getreten wäre und uns eine lange Nase gedreht hätte. Einige Häuser des früheren

Prächtige Herrenhäuser wie dieses sind in der Champagne keine Seltenheit.

Schleusenpersonals waren allerdings noch bewohnt, vielleicht von pensionierten Angestellten der Kanalverwaltung; oder sie wurden vermietet.

Wir befanden uns in einem lieblichen Hügelland, durchzogen von Wäldern und Wiesen. Treppenartig ging es aufwärts, von Stufe zu Stufe, bis wir den Eingang zum ersten Tunnel erreicht hatten. Beim Dorf Foug beschreibt der Kanal einen Bogen, und die Tunnelöffnung wird sichtbar. Der Tunnel ist fast einen Kilometer lang, und der Verkehr wird durch Lichtsignale geregelt. Wir hatten Grün und konnten sofort einfahren. Aber wieder mußten wir Handarbeit leisten und vom Boot aus die Tunnelbeleuchtung einschalten. Ich drosselte das Tempo, denn ich war mindestens so aufgeregt wie Angelika. Die SOLVEIG V hat Innensteuerung, deshalb ist es etwas schwieriger, durch die Fenster im Dämmerlicht den Überblick zu behalten.

Nach wenigen Minuten waren wir wieder im sonnigen Licht des schönen Maitages und hatten nun ganze 19 Kilometer einer schleusenfreien Fahrt vor uns. Eine wahre Rennstrecke! Es waren zunächst Ausläufer des Argonnerwaldes, durch die wir fuhren, dann ein Industriegebiet - und plötzlich blickten wir nach unten, ins Tal der Maas. Das Boot glitt auf einer Brücke, einem Aquädukt, ziemlich hoch über das Flüßchen und eine befahrene Straße hinweg. Noch ein paar Kilometer, dann standen wir vor der nächsten Schleusentreppe, die uns wiederum in zwölf Stufen auf die Scheitelhöhe des Gebirgszugs und zum Eingang des großen Tunnels bringen würde.

Auf diesem Abschnitt des Kanals wurden die Tore mit einer Fernbedienung geöffnet, die man uns bei der ersten Schleuse in die Hand gedrückt hatte: ein großes Kästchen, das aussah wie eine lange Zigarettenpackung. „Das halten Sie in Richtung auf eine orangefarbene Lampe, bis sie aufleuchtet. Damit ist die Anlage in Betrieb gesetzt. Beim Verlassen der Schleuse müssen Sie wieder eine Lampe mit dem Signal anstrahlen“, hatte uns der Schleusenwärter erklärt. Auch auf diese neue Technik mußten wir uns erst einstellen und vor allem jeweils die Lampen finden, auf die wir zielen sollten. Aber bald ging es leichter als gedacht.

„Ob wir den Tunnel heute noch schaffen?“ wollte Angelika wissen.

Ich sah in der Karte nach und fand einige Angaben. Um 16.30 Uhr bestand die letzte Möglichkeit, durch den Tunnel zu fahren. Es ging überhaupt nur zweimal am Tag, und angeblich sollten wir geschleppt werden. Doch von wem? Die immer optimistische Angelika ließ sich den Schwung so leicht nicht nehmen. Und das war gut, denn die Schleusenkletterei wurde allmählich ermüdend und nervte. Schleuse auf! Schleuse zu! Ich wußte manchmal nicht mehr, war ich in der Schleuse oder draußen in einem kurzen Kanalstück vor dem nächsten Tor.

Fünf Kilometer Dunkelheit

Nach der zwölften Stufe tauchte endlich die Wand des Berges vor uns auf. Aber wo war der Tunnel? Nach weiteren 500 Metern gelangten wir in einen Einschnitt, eine Schlucht zwischen steilen Wänden, an deren Seiten die Wälder höher und höher aufstiegen. Dieser Einschnitt war offensichtlich künstlich angelegt. Kein Haus, keine Straße, nur ein schmaler Treidelpfad neben den Ufern zu beiden Seiten. Das war fast schon unheimlich, als ob der Kanal hier irgendwo im Nichts verschwinden würde. Wurde es dunkler, weil die Dämmerung hereinbrach oder weil die Schlucht so tief war, daß die Sonne nicht mehr eindrang?
Nach einer engen Biegung lag plötzlich die Tunneleinfahrt dicht vor uns, eine schwarze Öffnung im Fels, kaum zu übersehen. Davor ein großes Stoppschild: „Keine Weiterfahrt!"
„Hier ist eine kleine Hütte." Angelika zeigte auf das Ufer.
Das Ganze wirkte wie eine Theater-Szenerie. Es herrschte völlige Ruhe, kein Laut drang von der Außenwelt herein. Hoch über der Mitte des Kanals zog sich ein doppelter Fahrdraht hin, der in der Tunnelöffnung verschwand - wie bei der Straßenbahn. Das mußte für den elektrischen Antrieb des Schleppers sein.
„Was nun? Bleiben wir hier?" überlegten wir.
„Wir machen irgendwo fest und warten, bis jemand kommt", sagte Angelika ganz ruhig.
Ich war sehr müde und hatte keine Lust, jetzt umzukehren. Wozu auch? Und wohin? Wir beschlossen, an Ort und Stelle zu übernachten, ob das nun erlaubt war oder nicht. Zum Festmachen fanden wir nur sehr große Poller für Frachtschiffe. Da sie offenbar nicht gebraucht wurden, befestigten wir unsere Leinen, nachdem wir sie verlängert hatten, an diesen Ungetümen. Am Morgen würden wir weitersehen.
Wir kletterten an Land, um uns nach der langen Fahrt die Beine zu vertreten, und wander-

In der Marne: Tückische Strudel bei Hochwasser unterhalb des Wehrs

ten auf dem schmalen Pfad ein Stück zurück. Der steile, bewaldete Abhang neben uns war wirklich romantisch, eine Art Wolfsschlucht. An Bord erreichte kein Laut der Außenwelt unsere Ohren. Wir schliefen tief und fest, bis wir am frühen Morgen, noch vor sieben Uhr, durch ein merkwürdiges Geräusch geweckt wurden. Sehr leise hatte es begonnen, wurde aber immer lauter.

Wir zogen uns an und warfen einen Blick hinaus: Aus dem Tunnel kam ein Arbeitsfahrzeug, extrem langsam und schwerfällig. Das mußte der Schlepper sein, der sich an einer Kette mit Hilfe seines elektrischen Antriebs bewegte. Das merkwürdige Geräusch wurde offenbar durch die Kette und die Mechanik im Schiff erzeugt.

„Wieso kommt der jetzt schon? Der sollte doch erst um 06.30 Uhr auf der anderen Seite losfahren!“ Ich kam mit meiner Zeitrechnung nicht mehr klar.

Hinter uns näherte sich jetzt eine Peniche und machte fest. Die Frau des Schiffers ging nach einer Weile zum Schlepper vor, nicht ohne uns ein freundliches „Bonjour!“ zuzurufen. Dort wurden die Formalitäten mit dem Tunnelwärter erledigt.

„Wir fahren in einer halben Stunde los, halten Sie sich bereit“, sagte der Kontrolleur, als ich die Gebühr bezahlte. Das war wieder eine Überraschung, denn laut Fahrplan sollte die Durchfahrt erst um 09.30 Uhr beginnen.

„Wir nehmen die Peniche in Schlepp, Sie folgen dann mit etwas Abstand, denn Sie dürfen selbst fahren. Aber schön langsam, bitte, und keinesfalls stehenbleiben!“ fügte er noch hinzu. Früher waren es wohl oft eine ganze Reihe von Fahrzeugen gewesen, die auf diese Weise in einem langen Zug durch den Tunnel geschleppt wurden. Die vielen Motoren hätten die Luft gefährlich vergiftet, daher der Elektroantrieb, der aber mit seiner Kette einen recht musealen Eindruck machte. Reif fürs Museum war auch die ganze Tunnelanlage, wie wir später merkten. Als sich der Schleppzug in Bewegung setzte, machten wir schnell die letzte Leine los und schlichen hinterher. Ein verrücktes Gefühl: Fünf Kilometer Tunnel lagen vor uns, fünf Kilometer Dunkelheit!

Schon bald begann es von oben zu tropfen, der Berg hatte seine eigenen Wasseradern. Das Tempo lag bei 2,5 km/h, also bei 1,7 Knoten, und ich hatte Schwierigkeiten, den Kurs in der Mitte der Tunnelwölbung zu halten. Ich fuhr langsamer, als der Motor wollte, deshalb mußte ich immer wieder auskuppeln. Dabei verlor das Ruder seine Wirkung. Ein Scheinwerfer wird empfohlen, aber den hatten wir nicht, und die Reihen von Leuchtstofflampen an der Seite waren zum Teil beschädigt oder gingen über eine längere Strecke plötzlich ganz aus. Dann wurde es stockfinster. Nur mit Mühe konnte ich die Seitenwände überhaupt noch erkennen. Die helle Öffnung der Einfahrt hinter uns war längst verschwunden. Weit vor uns schimmerte wie das Licht einer Kerze die Hecklampe der Peniche. Das Geräusch unseres Auspuffs und das Plätschern des Wassers am Bug klangen uns überlaut in den Ohren.

So langsam wie die Fahrt, so langsam verging auch die Zeit, in der wir uns verloren. Ich starrte auf die Felswände neben mir, die von den roten und grünen Positionslampen schwach erhellt wurden. Neben dem Kanal verlief ein schmaler Pfad für die Wartung des Tunnels und für Notfälle. Das brachte mich auf die Idee, Angelika aussteigen zu lassen und dann vorsichtig rückwärts zu setzen, um ihr Gelegenheit zu geben, das vorbeifahrende Boot in der Dunkelheit zu filmen (an ein Foto war nicht zu denken). Dabei würde der kleine Schleppzug ein ganzes Stück vorausfahren, niemand konnte unsere Manöver beobachten. Wir verständigten uns mit vorsichtigen Rufen, damit vorn kein Verdacht erregt wurde. Danach konnte ich etwas mehr Fahrt aufnehmen und deshalb leichter den Kurs halten. Nach etwa einer halben Stunde hatte ich die vorausfahrenden Schiffe wieder erreicht, und wenig später wurde

ein winziges Licht sichtbar. Erst hielt ich das Pünktchen für eine Lampe, merkte aber bald, daß es in Wahrheit der Schein des Tunnelausgangs war.
Langsam wurde er größer. Endlich, nach zwei Stunden, kam der befreiende Augenblick, in dem wir wieder in das gleißend helle Tageslicht eintauchten. 4878 Meter Tunnel lagen hinter uns. Kurz nach der Ausfahrt kam eine Abzweigung in einen Stichkanal zu der kleinen Ortschaft Houdelaincourt. Dort ist ein Hafenbassin mit guten Liegeplätzen erbaut worden, auch der Ort selbst und die Umgebung sollen reizvoll sein. Doch wir verzichteten auf den Abstecher und hielten direkt auf die erste der 17 Automatikschleusen zu. Auf diesem Abschnitt ging es bergab, was die Arbeit in mancher Beziehung erleichterte, denn das ausströmende Wasser erzeugte in der Kammer nicht so viele Strudel. Allerdings sorgte das Hochwasser dafür, daß wir dennoch das Schauspiel eines Wasserfalls geboten bekamen. Kaum war die Kammer geschlossen und das Wasser begann, nach unten abzufließen, schäumte die Flut mit lautem Getöse über die Kante des Tors hinab, prallte weiß gischtend auf die Steine des Fundaments. Durch die Resonanz zwischen den Kammerwänden wurde das wilde Rauschen noch verstärkt.
Das Schleusenwandern gefiel uns immer besser, die Bedienung der Bootstreppen begann, richtig Spaß zu machen. Vielleicht wurde ich dadurch zu beschwingt, jedenfalls paßte ich einmal nicht auf, ergriff aus Versehen statt der blauen die rote Stange und schaltete die gesamte Anlage aus. Nichts ging mehr! Das Wasser konnte nicht gesenkt, die Tore nicht geöffnet werden: Wir saßen fest!
An der Wand des Wärterhauses hing zwar ein Not-Telefon, aber niemand meldete sich. Wir fragten einen auf der Straße haltenden Autofahrer, ebenso Leute aus dem nahen Dorf, und erhielten immer freundliche Antworten. Doch mit der Schleusentechnik kannte sich keiner aus. Für meinen peinlichen Leichtsinn gab es nicht die kleinste Ausrede oder Entschuldigung. Schließlich versuchte ich es nochmals mit dem Telefon, ließ es sehr lange läuten und bekam endlich Antwort: „Wo ist das passiert?...Ja, wir kommen...Aber bitte, das macht doch nichts! À vôtre service, Monsieur!“ Der Techniker war höflich und entgegenkommend wie alle Männer der VNF.
Nach 15 Minuten erschien der Notdienst in einem Pkw, betonte nochmals, daß mein Versehen kein Problem sei, öffnete das Wärterhaus, setzte sich an das große Steuerpult und schaltete die Anlage wieder ein. Wir bedankten uns mit einer Flasche Wein und fuhren dann langsam, mit schlechtem Gewissen, aus der Kammer.

SOLVEIGS treue Begleiter

Ab Schleuse 17 war Schluß mit der Selbstbedienung. Für die alten, noch von Hand betriebenen Anlagen begleitete uns jetzt ein Mitarbeiter der Kanalverwaltung. Wie lange wir denn fahren wollten? fragte er höflich. „Wenn Sie bis 19.00 Uhr durchhalten, erreichen Sie noch Tronville.“ Er telefonierte kurz mit der Zentrale, und dann ging es los. Offenbar weiß man dort über jedes Boot Bescheid, das auf dem Kanal unterwegs ist, und teilt die Hilfskräfte entsprechend ein.
Fröhlich fuhr unser Mann auf dem Treidelpfad mit seinem Mofa voraus zur nächsten Schleuse, bediente die Tore per Hand und packte dann, nachdem wir das Schleusentor hinter uns gelassen hatten, seine Kurbel und das Päckchen mit belegten Broten wieder ein und knatterte auf dem holprigen Weg zur nächsten Staustufe. Einst wurden die Schiffe von den schmalen Pfaden aus noch mit Pferden getreidelt. Später, als sie einen eigenen Antrieb besaßen oder von Dampfschleppern gezogen wurden, dienten die Wege in erster Linie der Wartung des Kanals. Heute, da die stark reduzierte Schiffahrt auf

den Kanälen eine ständige Besetzung der Schleusen nicht mehr erlaubt, kommt der alte Pfad zu neuen Ehren. Mich faszinierte dieser wirtschaftlich bedingte Wandel, der auf eine alte Technik - die Begleitung eines Fahrzeugs von Land aus - in veränderter Form zurückgreift.
Vor Tronville verabschiedete sich unser Freund und fragte noch, wann es denn am nächsten Morgen weitergehen solle? Ab sieben Uhr sei das möglich. Aber ich merkte an seiner Miene, daß ihm oder seinem Kollegen eine so frühe Uhrzeit nicht angenehm war.
„Also um acht Uhr, wenn's recht ist?" schlug ich vor.
„Très bien, sehr gut. Das ist ausgezeichnet!" Mit Vollgas verschwand er auf seinem Stahlroß.
Am Morgen war dann sein Kollege zur Stelle, ein junger Student, der sich zunächst erkundigte, ob wir nicht noch etwas einkaufen wollten? Als wir verneinten, verabschiedete er sich für kurze Zeit, um seine „Marschverpflegung" zu besorgen. Wir verstanden allmählich, daß diese Männer nur nebenbei an den Schleusen arbeiteten und es sehr begrüßten, wenn sie mit einer Bootscrew so gut zusammenarbeiten konnten, daß ihre Nebentätigkeit nicht zu einer Vollbeschäftigung ausartete. Etwa zehn Schleusen wurden jeweils von einem Betreuer bedient, der sich per Telefon mit seinen Kollegen über die Ablösung absprach. Auf diese Weise sparte die Schleusenverwaltung fest angestelltes Personal und konnte andererseits auf plötzlich verstärkten Verkehr flexibel reagieren.
Unser Student war bald wieder da, und wir machten schnell die Leinen los. Nach der ersten Stufe kam uns eine Peniche entgegen. Das bedeutete ein wenig Warten. Zwanzig Minuten dauerte es, bis das Schiff in der Kammer gehoben war und dann geruhsam an uns vorbei ausfuhr. Fast hätte es einen viel längeren Aufenthalt gegeben, denn das Mofa unseres Begleiters sprang nicht mehr an, und schließlich riß auch noch die Kette. Er konnte nicht mehr fahren.
„Ich laufe ins nächste Dorf und leihe mir ein anderes Mofa", erklärte er kurzentschlossen. „Das kaputte Ding lasse ich hier und hole es morgen ab."
Völlig verdutzt standen wir an Deck und überlegten, ob und wann Aussicht auf Weiterfahrt bestand. Ich sah schwarz: „Der kommt so bald nicht wieder. Bis der ein neues Mofa hat, ist der Tag vorbei."
Angelika hatte mehr Zutrauen. „Wart's nur ab, das ist ein ganz fixer Junge."
Tatsächlich war er nach einer knappen halben Stunde mit einem anderen Mofa zur Stelle, das er sich von einem Freund geliehen hatte. Wir hatten inzwischen die nächste Schleuse erreicht, und Angelika hatte fleißig gekurbelt, um schon mal die Tore hinter uns zu schließen.
An diesem Tag kamen wir noch bis Bar le Duc, einem verträumten Städtchen, das sich dicht am Kanal entlang zieht und uns Gelegenheit gab, frische Lebensmittel zu besorgen. Gemeinsam schleppten wir noch einen Kasten Bier an Bord, um auch unsere künftigen Helfer zu erfreuen. Das System der ständigen Begleitung durch einen Angestellten der Kanalgesellschaft empfand ich als ausgesprochenen Luxus und die Gebühr für die Vignette als gut angelegtes Geld. So hatten wir eine Art Reiseführer und natürlich weniger Wartezeit an den Schleusen. Der Service für die Wassersportler schien uns jedenfalls vorbildlich geregelt.
Der neue Mann kam am Morgen sogar mit einem schweren Motorrad und war entsprechend schnell. So konnten wir bis zum Abend mit insgesamt 32 Schleusen an einem Tag einen privaten Rekord aufstellen, auch wenn sich mir der Kopf drehte von den ständigen Manövern vor und in den Schleusenkammern.
Die folgende Nacht verbrachten wir im Becken der Schleuse von Revigny sur Ornain. Wir hatten an der Mauer festgemacht und waren ganz für uns. Der Begleiter hatte uns noch beschrieben, wo wir im nahen Dorf Baguettes fürs Frühstück besorgen konnten.

Mit dem Boot in einem schmalen Kanal unter Bäumen und zwischen Büschen dahinzufahren, ist ein Gegensatz zur Seefahrt, wie er drastischer kaum vorstellbar wäre. In den USA und in der Südsee, in Kanada und im Osten Deutschlands hatte ich längere Binnenfahrten schon immer als Bereicherung und als ein besonderes Erlebnis empfunden. Aber in den verträumten kleinen Kanälen Frankreichs kann man so recht die Seele baumeln lassen und sehr geruhsame Tage verbringen. Selbst die nahen Ansiedlungen bringen keine Unruhe in den Tagesablauf. Es sind stille Dörfer, die oftmals so dicht ans Wasser des Kanals gebaut sind, daß wir den Leuten in den Gärten in die Augen oder auf die Teller sehen konnten. Sie warfen dann nur einen kurzen Blick auf das vorüberziehende Boot, das einer anderen Welt als der ihren angehörte.

Mit unseren täglich wechselnden Betreuern hatten wir eine Menge Spaß, und sie waren so verschieden, wie Menschen nur sein können. Angelika charakterisierte sie in ihrem Tagebuch:

Der Lässige: Er sieht gut aus, läßt das Wasser aus der Kammer mit Schwung herausschießen, um Zeit zu sparen. Er hat hier und da Freunde, die gerne für ihn arbeiten. Er bewegt sich gewollt locker.

Der Sportler: schlank, Studententyp. Radelt notfalls, wenn das Mofa streikt, tut alles im Dauerlauf, hat viel Ehrgeiz und Initiative.

Der Hypochonder: Er klagt über Magenschmerzen, ist trotz Sonne warm angezogen, arbeitet im Trainingsanzug. Er bewegt sich langsam und vorsichtig, denn es könnte ja etwas weh tun. Die Arbeit ist für ihn ein gefährliches Wagnis, doch zum Nutzen seiner Mitmenschen opfert er sich auf.

Der alte Hase: klein, rundlich, gemütlich. Weiß alles, unterhält sich mit jedem, bewegt sich ein wenig schwerfällig, braucht eigentlich für die Arbeit mit der Kurbel ein Extra-Bierchen, da er bei jeder Bewegung schwitzt. Aber er weiß seine Tätigkeiten stets vorsichtig zu dosieren.

Schließlich der einfach nur Nette: Er lächelt einem immer zu, gibt seinem Kollegen das zweite Bierchen ab und ist zu alledem noch furchtbar fleißig.

Der Zeitpunkt für unsere Mittagspause wurde immer mit dem Begleiter vorher abgesprochen. So mußten wir nie selbst überlegen, wo wir allenfalls festmachen konnten. Das Boot blieb einfach in der vollen Schleuse liegen, ich nutzte die Wartezeit, um mir etwas Bewegung zu verschaffen, und Angelika tischte die im Lauf der Fahrt vorbereiteten Gerichte auf. Der Helfer suchte sich auf einer Bank bei der Schleuse oder auf einer Mauer ein angenehmes Plätzchen und holte seinen Imbiß heraus. Wir versorgten ihn zusätzlich mit Tee, Kaffee, Bier oder Wein.

Ein tückisches Wehr

Bei der Stadt Vitry le François gelangt man durch einen kurzen Umgehungskanal in den Marne-Seitenkanal. Die Marne selbst schlängelt sich hier als noch kleines Flüßchen neben dem Kanal entlang; manchmal entfernt sie sich auch ein ganzes Stück, um dann wieder in weitem Bogen zwischen Hügeln und Häusern in die Nähe des Kanals zurückzukehren. Es ist ein malerisches Tal, und der Blick von dem oft höher gelegenen, wie eine Straße am Berghang verlaufenden Kanal hinunter auf das Flußbett ist so reizvoll, daß man anhalten und eine Weile unter den schattigen Laubbäumen rasten möchte. Der am Kanalufer entlangführende Weg ist deshalb auch bei Radfahrern beliebt.

Wir hatten hier an den Schleusen, die wieder automatisiert waren, keine Fernsteuerung zu bedienen, sondern das Boot wurde von einem Radarauge automatisch erkannt. Ganz problemlos lief dies anfangs nicht ab, denn wir mußten das „Auge“, das etwa 300 Meter vor der Schleuse angebracht ist, erst einmal ausmachen, um dann langsam und möglichst nahe daran vorbeizufahren. Nur so bekam die Automatik

ihren Impuls und konnte die Tore in Gang setzen.
Als das Fahrwasser später in der Marne selbst verlief, wurde die Landschaft zusehends reicher und ausdrucksvoller. Es war das natürliche Bett des nun schiffbaren Flusses mit seinen bewaldeten Ufern und kleinen oder größeren Inseln. Die Abstände zwischen den Schleusen wurden größer, je weiter wir, schon im Raum um Paris, in ebenes Land gelangten. Meist konnten wir zehn Kilometer oder mehr ruhig und entspannt fahren, ehe wieder eine Staustufe den Flußlauf unterbrach. Es war sicherlich der schönste Teil der Strecke bis Paris, und nichts deutete darauf hin, daß hier an der Marne im Ersten Weltkrieg die härtesten und verlustreichsten Schlachten ausgefochten wurden. In meiner Kindheit wurden die grausamen Grabenkämpfe von Eltern und Verwandten so oft erwähnt, daß sich der Begriff „Marneschlacht" unauslöschlich in meine Erinnerung eingeprägt hat.
Wir dagegen konnten die Landschaft unbelastet auf uns wirken lassen und freuten uns, das klassische Weinbaugebiet der Champagne bei Sonne und wolkenlosem Himmel zu durchfahren. Den Städten Epernay und Château-Thierry war deutlich der durch die Champagnerkellereien und die großen Weingüter erworbene Wohlstand anzumerken. Erstklassige Geschäfte, beste Lebensmittel und viel Romantik entdeckten wir in den belebten, malerischen Gassen der alten Städtchen. An den Ufern, hinter hohen Bäumen teilweise verborgen, fielen uns prächtige Schlösser der Jahrhundertwende auf, die Residenzen wohlhabender Weinbergbesitzer. Daß die Gemeinden gepflegte, kostenlose Liegeplätze eingerichtet hatten, zum Teil mit freier Wasser- und Stromversorgung, gefiel uns besonders. Dahinter steht natürlich der Gedanke, daß die Crew eines Bootes, das die Nacht am Anleger verbringt, mit Sicherheit auch Einkäufe im Ort tätigen wird und damit die heimischen Geschäfte unterstützt. Auch bei uns könnten

noch mehr Gemeinden derartige Überlegungen anstellen und damit das Befahren unserer Wasserwege erfreulicher machen.
Es wäre eine geruhsame Fahrt gewesen, wenn nicht das Hochwasser auch hier die Strömung deutlich verstärkt hätte. Wir wurden sehr schnell. Plötzlich sah ich vor mir merkwürdig glattes Wasser. Was war da los? „Gleich muß eine Schleuse kommen, kannst du etwas erkennen?" rief ich.
Angelika reckte den Hals. „Ist nicht die Mauer dort drüben ein Teil der Schleuse?" fragte sie.
„Das kann ich noch nicht erkennen. Ich sehe auch keinen Richtungshinweis."
Schon waren wir sehr nahe heran. Ich fuhr, plötzlich in Angst, einen scharfen Bogen gegen den Strom. Nun sah ich deutlich, daß an der rechten Flußseite die Einfahrt zur Schleuse lag. In der Mitte, in der ich mich vorher befunden hatte, lauerte ein Wehr. Die Mauer bildete eine Art Molenkopf für den Schleusenhafen, aber nirgends war eine Warnung vor dem Wehr zu erkennen.
Die Staustufe lag in einer Rechtsbiegung der Marne, so daß die Schleusenanlage zunächst nur teilweise sichtbar wurde. Dabei zog die Strömung so stark, daß ich zweimal anfahren

Der letzte Abend vor Paris: am Himmel Kondensstreifen der Flugzeuge, die sich Frankreichs Metropole nähern

mußte, um die Kurve in den Schleusenvorhafen zu schaffen, ohne dabei gegen die Mauer zu schrammen. Aufatmend fuhr ich in die Kammer ein. Der Schleusenmeister, der auf der Mauer stand und den ganzen Vorgang beobachtet hatte, wartete, bis wir festgemacht hatten, und meinte dann trocken: „Da sind schon viele hängengeblieben und haben ihr Boot beschädigt."

Beim Ausfahren gerieten wir in die wilden Strudel, die sich unterhalb des Wehrs bildeten. Ich hatte Mühe, das Boot auf Kurs zu halten, und verfluchte das Hochwasser, denn natürlich sind diese Gefahren bei normalem Wasserstand nicht vorhanden.

Hinter der nächsten Biegung war der ganze Spuk verschwunden. Im nachhinein bekommen diese kleinen Zwischenfälle, die kurzen, belastenden Angstminuten, etwas Unwirkliches. Aber die Angst hinterläßt Spuren in der Seele und im Körper. Mein Leben war immer mit Risiken verbunden gewesen. Hatte ich es so gewollt?

Weitere Ortschaften zogen vorbei, aber auch Villen, Bootshäuser und Stege, hauptsächlich von Kanuklubs. Auffallend waren die Schäden an Landungsbrücken und Uferanlagen durch das noch nicht zurückgegangene Hochwasser. Alle kleinen Sportboote waren am Ufer hochgezogen, die Holzstege oft überflutet. Bei normalem Pegelstand ist die Marne sicherlich ein ruhiges Gewässer, das nur mit schwacher Strömung zu Tal fließt. Aber jetzt machte sie uns zu schaffen.

Je näher wir Paris kamen, desto höher spannten sich meine Erwartungen. Paris, das war der erste erfüllte Traum dieser Reise: einmal auf der Seine mitten durch die Metropole zu steuern! Schon in den sechziger Jahren hatte ich in einer Yacht-Zeitschrift den reich bebilderten Bericht eines Sportschiffers gelesen, der mit einem Motorboot durch das Zentrum von Paris gefahren war, vorbei an den bekannten Monumenten und Bauwerken, unter allen Brücken hindurch. Seither hatte ich den Gedanken an dieses besondere Erlebnis mit mir herumgetragen, hatte mir Paris als mögliches Fahrtziel der Zukunft vorgenommen.

Vor Anker in Paris 3

Häuser und Parkanlagen, auch Industrie, rückten dichter an die Ufer unserer Wasserstraße heran. Der Verkehr war mäßig, störte noch nicht die Beschaulichkeit der Fahrt. Doch bald glitt unser Boot zwischen Mauern und befestigten Böschungen stromab. Jetzt konnte es nicht mehr weit sein bis zur Einmündung in die Seine.

Wir bemerkten einen langen Kai mit einer Promenade und einer prächtigen Kastanienallee dahinter. Poller zum Festmachen waren in langer Reihe angebracht: ideal für unsere letzte Übernachtung vor Paris. Sehr klein lag die SOLVEIG V an der hohen Mauer. An Land wanderten wir ein Stück auf einem asphaltierten Weg am Fluß entlang, wußten aber nicht genau, wo wir waren, wie die Vorstadt überhaupt hieß. Bry sur Marne könnte es gewesen sein. Keine auffälligen Gebäude oder Brücken waren als Anhaltspunkte in der Nähe, auch keine Geschäfte. Ich studierte die Flußkarten von Paris, ohne mir dabei wirklich ein Bild machen zu können, welcher Anblick uns am Ende erwarten würde.

Die Marne beschreibt vor ihrer Einmündung in die Seine innerhalb der Stadt einen riesigen Bogen, der jedoch durch eine Tunneldurchfahrt weitgehend abgekürzt wird. Der Tunnel ist nur 400 Meter lang, mit zusätzlichen Kanalstücken vor und hinter den Einfahrten werden es vielleicht 800 Meter, während der ganze Bogen sich über mehrere Kilometer erstreckt und wegen zahlreicher Untiefen nur für kleine Boote befahrbar ist. Wir steuerten durch den Tunnel, übrigens den letzten dieser Reise, dann durch eine Schleuse und weiter bis zur Einmündung in die Seine. Das war ein großer Augenblick. Der breite Strom empfing uns wie mit offenen Armen, packte uns aber auch ordentlich am Kragen und riß das Boot schnell einer kaum übersehbaren Reihe von Brücken zu. Im Hintergrund zeichneten sich bereits die bekannten Wahrzeichen der Weltstadt ab. Es geschah wie bei einer Filmüberblendung, die Bilder gingen ineinander über. Weit im Hintergrund grüßte die Silhouette des Eiffelturms. Allein schon diese Minuten bedeuteten ein unvergeßliches Erlebnis.

Ein erfüllter Traum: zehn Tage mit SOLVEIG mitten in Paris

Es war nicht leicht, die Übersicht zu behalten, zumal wir schon sehr bald an einem Ponton festmachen sollten, der als Warteplatz für die Einfahrt in den Yachthafen diente. Wo aber war dieser Ponton? Ich durfte ihn nicht verfehlen. An den Ufern lag Fahrzeug an Fahrzeug. Als der schwarze Klotz mit seinem roten Telefonhäuschen in Sicht kam, wendete ich in einer großen Schleife, um gegen die Strömung festmachen zu können. Aufgeregt sprang ich auf den Ponton und drückte den Knopf am Telefon. Der Hafenmeister meldete sich und ließ mich wissen, daß wir in einer halben Stunde in die Schleuse einfahren konnten.

Obwohl an der Seine selbst verschiedene Uferkais als vorübergehende Liegeplätze durchaus

Im Bassin de l'Arsenal: Viele Franzosen wohnen lieber auf dem Wasser als in einem Haus.

zugelassen sind, verbietet sich dort ein Daueraufenthalt, schon wegen des starken Wellenschlags der vorüberfahrenden Schiffe. Die Seine, das merkten wir von der ersten Sekunde an, ist alles andere als ein ruhiges Gewässer. Ein Liegeplatz im Bassin beim Arsenal, einem geschützten Hafen außerhalb des Fahrwassers, war also Voraussetzung für einen Aufenthalt in der riesigen Stadt und ihrem Hafen. Entsprechend aufgeregt erwarteten wir die Erlaubnis zur Einfahrt in die Schleuse.

Nach endlosen Minuten schaltete die Ampel auf Grün. Ich hielt zunächst wieder in den Fluß hinaus und nahm dann einen weiten Anlauf, um im rechten Winkel in die Schleuse steuern zu können, was durch die starke Strömung der Seine erschwert wurde. Angelika leistete Schwerstarbeit, um das Heck des Bootes, das durch die Strömung abgedrängt wurde, von der Wand abzustoßen. Danach begann die Schleusung im Dunkeln, unter der Straße. Endlich im Bassin, machten wir vor der Capitainerie des Hafens am Empfangskai fest. Der Hafenkapitän begrüßte mich mit ausgesuchter Höflichkeit und erklärte ausführlich und sogar zum Teil auf deutsch die Einrichtungen der Marina: Waschräume, Telefonzellen, Restaurant, Faxanschluß im Büro und am Liegeplatz natürlich Wasser und Strom. Die Tore zum Gelände ließen sich nur mit einem Geheimcode öffnen. Er zog einen farbigen Hafenplan hervor, notierte darauf den Code und die Öffnungszeiten der Tore sowie die Preise für die Benutzung einer Waschmaschine; zum Schluß gab er mir noch Tips für die Métro und für Restaurants in der Nähe.

Den Empfang in Paris hatte ich mir viel unpersönlicher vorgestellt, hatte nicht mit so viel individuellem Interesse gerechnet. Wie konnte das sein? Die Antwort lag auf der Hand: das Boot! Ich war in einem Boot gekommen, und das war der Schlüssel zum Wohlwollen eines Mannes, der Schiffe liebte, mit Schiffen lebte, wahrscheinlich mit Schiffen groß geworden war. Wo immer auf der Welt ich mit einem Boot - groß oder klein - geankert hatte, war mir ein gewisses Interesse sicher gewesen. Kaum jemals hätte ich als Hotelgast, als Inhaber einer Zimmernummer, in gleichem Maß Beachtung und Vertrauen von der ersten Minute an genießen können.

Das Bassin de l'Arsenal, der Yachthafen von Paris, ist für einen Besucher der Stadt ideal gelegen: mitten im Zentrum, am Place de la Bastille, gegenüber dem neuen Opernhaus und zwischen zwei Stationen der Métro, der Pariser U-Bahn. Dabei ist das Hafenbecken eine Verbreiterung des Kanals St.Martin, der wiederum von der Seine durch die Schleuse getrennt ist, die wir soeben durchfahren hatten. Sie befindet sich in einer großen Unterführung, über die die Uferstraße und die Métro-Linie hinwegführen. Im Becken selbst herrscht Ruhe, kein Schwell dringt an die Liegeplätze, wenn man von gelegentlichen langsamen Ausflugsschiffen absieht.

Der Yachthafen am Place de la Bastille ist ideal gelegen: zwischen zwei Stationen der Métro; im Hintergrund das neue Opernhaus

Die Stadt der Cafés: Treffpunkt für alle, die viel oder gar nichts zu tun haben.

Folgende Seite: Blick vom Eiffelturm auf die „heimliche Hauptstadt" Europas

Im brausenden Strom der Weltstadt

Natürlich waren wir voller Unternehmungslust, jetzt, da wir unser erstes großes Ziel erreicht hatten. Und wir berauschten uns an dem Gedanken, hier mitten im Zentrum der Hauptstadt auf dem Wasser wohnen zu können. Wie überall auf der Welt waren wir auch in Paris an Bord zu Hause, nahmen damit intensiver am Alltag der fremden Länder teil als beispielsweise ein Hotelgast. Schließlich hatten wir wie Ortsansässige auch einen ganz normalen Haushalt zu versorgen und dadurch eine engere Verbindung zu den Menschen des Landes.

Wir schlenderten über den langen Schwimmsteg an der Mauer und betrachteten die verschiedenen Boote: Einige sahen schon etwas mitgenommen aus, schienen kaum für eine Fahrt geeignet, sondern dienten als Büros oder als Dauerwohnung. Die Marina war also auch eine Art Campingplatz für Boote. Später erfuhren wir, daß es in Paris für gewisse Kreise regelrecht „in" ist, auf dem Wasser zu wohnen. An den Ufern der Seine fanden wir eine Vielzahl ausgedienter Frachtschiffe, die zu schwimmenden Behausungen umgebaut waren. So gerne ich am Wasser bin, mit einem Boot möchte ich auch fahren können. Ich würde es immer als Notbehelf empfinden, etwa wie ein Zelt, ein Boot für längere Zeit nur als Unterkunft zu benutzen. Verschiedentlich hatte ich in der Südsee Segler getroffen, die jahrelang an Bord wohnten und an Land einen Beruf ausübten. Ich habe mich nach einer solchen Lebensweise nie gesehnt, aber sie mag sich in einigen Fällen als günstiger Kompromiß erweisen.

Die eiserne Treppe hinauf zur Straße war leicht zu finden, doch hatten wir Schwierigkeiten, das Tor von innen zu öffnen. Mit dem Paßwort kam man nur hinein, aber nicht hinaus. Ein Passant half uns, weihte uns in das Geheimnis des Schlosses ein. Und plötzlich standen wir mitten im Gedränge eines Flohmarkts mit Kunst und Antiquitäten.

„Typisch Paris", dachte ich und wäre gern an den Buden entlang geschlendert. Nur – der Zugang war versperrt, es wurde Eintritt erhoben. War auch das „typisch Paris"?
Der Blick von oben auf das Hafenbecken und die vielen Boote inmitten der Metropole war beeindruckend. An die 200 davon lagen dicht gedrängt nebeneinander, von der Hochsee-Segelyacht bis zum kleinen Flitzer. Meist waren es Kajütboote mittlerer Größe, wie sie auf den Flüssen Frankreichs überwiegend gefahren werden. Einige machten einen geradezu abenteuerlichen Eindruck, mit offensichtlich selbst gebastelten Aufbauten. Auf der gegenüberliegenden Seite dagegen herrschte rege Bautätigkeit. Eine breite Grünanlage am Wasser wurde gerade erweitert, ein großzügiger Freizeitbereich war im Entstehen.
Auf dem Place de la Bastille schlugen uns Lärm und Betrieb mit Wucht entgegen, nur zögernd wagten wir die erste Überquerung der Straße. Stolzer Mittelpunkt des Platzes ist die Julisäule, auf deren Spitze der Genius der Freiheit seine goldenen Flügel breitet. „Freiheit" ist ein Lebensgefühl der Franzosen, mit dem wir sofort Bekanntschaft machten. Motorradfahrer hatten die Bürgersteige als Rennpiste für sich entdeckt und preschten donnernd mit ihren schweren Maschinen zwischen den Fußgängern hindurch, die dieses Verhalten offenbar gewohnt waren. Niemand regte sich auf. Rücksichtslosigkeit? Gewiß, auch das. Aber in erster Linie wohl Gruppendenken, Gruppenstolz der halb maskierten Gestalten auf ihren heißen Untersätzen, für die andere Gesetze galten als für normale Verkehrsteilnehmer. Für uns stand jedenfalls fest: Unsere Fahrräder würden wir besser nicht auf die Straßen von Paris bringen!
Der Lärm, die vielen Menschen, die Tische vor Cafés und Brasserien gaben mir das Gefühl, mitten im brausenden Strom des Lebens zu stehen, im Gewühl einer von Hektik erfüllten, aus allen Nähten platzenden Metropole. Diese Lebendigkeit gehört seit je zur besonderen Atmosphäre von Paris, einer Weltstadt, die seit Jahrhunderten ihren ganz besonderen Lebensstil entwickelt hat.
Wir besorgten uns ein paar Croissants zum Frühstück und warfen einen Blick auf das moderne Opernhaus an der Bastille und seinen für mich enttäuschenden Spielplan. Die Oper ist schon längst keine Kunstform mehr, in der Paris besonders glänzt. Der Tanz, das Ballett, stand den Franzosen seit jeher näher als der Gesang, zumindest der Operngesang. Sogar Richard Wagner hatte seinen Tannhäuser umschreiben und eine lange Balletteinlage hinzukomponieren müssen. So entstand seine „Pariser Fassung". Dennoch gab es bei der Erstaufführung den berühmten Skandal, weil die Herren der Gesellschaft ihre Tänzerinnen im zweiten und dritten Akt nicht nochmals bewundern durften.
Paris besitzt oder besaß in der „Grande Opéra" dennoch eines der schönsten Opernhäuser der Welt, das größte auf jeden Fall, das als Schaustück für Fremde im Mittelpunkt jeder Stadtrundfahrt steht. In keiner anderen Weltstadt wäre man wohl auf den Gedanken verfallen, ein solches traditionsreiches Haus zu schließen, um Kosten zu sparen.
Hoch über den Grünanlagen des Hafens fanden wir in den Seitenstraßen viele kleine Kneipen. An den Hauswänden und den schönen alten Toren prangten Messingschilder von Firmen, die hier im Herzen der Stadt, in den prächtigen fünfstöckigen Gebäuden vom Anfang des Jahrhunderts, ihre Büros hatten.
Um eine Idee zu bekommen, welche filmischen Perspektiven sich bei der Weiterfahrt von der Seine aus ergeben würden, unternahmen wir in den kommenden Tagen eine Rundfahrt mit einem der großen Ausflugsschiffe, die von früh bis spät in unaufhörlicher Folge ihre Runden auf dem Fluß drehen. Die Seine gehört fast ausschließlich diesen Schiffen, und zwar so sehr, daß die Befahrung mit Sportbooten erheblichen Beschränkungen unterworfen ist.

Zwischenfall in der Métro

Für die täglichen Stadtfahrten nahmen wir die Métro. Das System ist perfekt, und wir kamen schnell und preiswert zu unseren Zielen. Man warnte uns, keine Wertsachen in die Stadt mitzunehmen und nur soviel Bargeld, wie wir gerade brauchten. Allerdings ist es einer meiner Grundsätze, mich niemals von Ratschlägen Ortskundiger in meinen geplanten Unternehmungen einschränken zu lassen, wenn ich von der Warnung oder dem Hinweis nicht selbst überzeugt bin.
Das Völker- und Sprachengemisch in Paris, die zum Teil recht fragwürdigen Gestalten, die in den düsteren Gängen der Métro unterwegs waren, wären mir allerdings auch ohne Warnung bedenklich erschienen. In den Waggons wurde häufig gebettelt und gesungen, es wurden auch längere Ansprachen gehalten, und dann lief einer mit offener Hand durch den Gang. Als Fremder versteht man die Vorgänge meist nicht und ist deshalb noch mehr verunsichert.
Am dritten Tag unseres Aufenthalts stiegen wir wie gewohnt bei der Station Bastille in die U-Bahn. Angelika ging mit der Kamera voraus, ich folgte dicht dahinter und trug das Stativ. Schnell schoben sich mehrere Personen schon beim Einsteigen zwischen uns; im Wagen wurde ich eingezwängt, konnte nicht zu Angelika aufschließen und blieb bis zur nächsten Station eingeklemmt. Mehrere junge Leute stiegen aus, ich bekam wieder Luft und stellte mich nun neben Angelika, froh, dem Gedränge entronnen zu sein. Unwillkürlich griff ich in die Tasche nach dem Fahrschein und bemerkte sofort, daß meine Geldbörse verschwunden war. Meine Nachbarn hatten zu einer Bande von Taschendieben gehört, deren routinierten Tricks ich zum Opfer gefallen war. Wenigstens hatte ich nur ein Häuflein Scheine bei mir getragen. So war der Schreck schnell vergessen.
Ein Höhepunkt im wahrsten Sinne des Wortes war unsere Auffahrt zum Eiffelturm bei schönstem Wetter. Von oben bot sich uns eine überwältigende Sicht auf die großzügigen Anlagen und die architektonische Prachtentfaltung der riesigen Stadt. Der Blick von der höchsten Plattform des Turms vermittelt einen Eindruck davon, welche ungeheuren Anstrengungen vor allem in den vergangenen drei Jahrhunderten unternommen wurden, um Paris zum Mittelpunkt der Kunst und Schönheit der ganzen Welt zu machen.
Später wanderten wir an den Ufern der Seine entlang, die trotz Schnellstraßen für Fußgänger attraktiv geblieben sind. Zu Fuß leicht erreichbar war auch die Kathedrale Nôtre Dame und der gewaltige, düstere Justizpalast. Gleich dahinter spannt sich der Pont Neuf, die große Brücke, über die Seine. Es folgt der Louvre mit seinen Museen, in dem wir einen ganzen Tag verbrachten.
In der Nähe befinden sich auch zwei der ganz großen Kaufhäuser, die, mit aller Pracht ausgestattet, an den Glanz vergangener Tage erinnern. Neben den aufwendigen Dekorationen, insbesondere im Bereich der Mode, die ganze Spielszenen umfaßten, empfand ich das Warenangebot selbst als nicht wirklich zeitgemäß. Ich hatte jedenfalls keine Schwierigkeit, meine Einkaufslust zu zügeln. Der ungeheure Aufwand, mit dem diese Kaufpaläste einst erbaut wurden, war nur denkbar in einem sehr reichen Land, das über weltweite Kolonien und damit über ein unbegrenztes Reservoir an Rohstoffen und Arbeitskräften, aber auch an Märkten für seine Waren verfügte. Der Tourismus, der heute zwar für beachtliche Umsätze sorgt, aber eben nur in bestimmten Branchen, kann das Fehlen des einstigen Wohlstands, des satten Reichtums, nicht ausgleichen.
Die große Zeit von Paris war zwischen 1850 und 1928. Bei meinem ersten, leider nur kurzen Paris-Aufenthalt 1939 war diese Glanzzeit noch deutlich sichtbar gewesen. Damals gehörten ein Drittel von Schwarz-Afrika, Indochina

und vor allem Algerien und Marokko noch zu Frankreich. Um die Jahrhundertwende waren der Eiffelturm, die Métro, die Große Oper und die Prachtbauten der Banken, Hotels und Geschäftshäuser entstanden. Der deutsche Sieg 1871 hatte der Stadt keinen Schaden zugefügt, und die Zeit der deutschen Besetzung von 1940 bis 1944 blieb ebenfalls ohne erkennbare Spuren im äußeren Stadtbild. Die Kolonialkriege aber, insbesondere die schwere Niederlage in Indochina und der Verlust von Algerien, brachten Frankreich an den Rand des Abgrunds. Der Verlust der Kolonien und die Kosten zweier Weltkriege ließen den Reichtum der Grande Nation schwinden. Nur sehr allmählich konnte Frankreich, auch mit deutscher Hilfe, im europäischen Gefüge wieder Wohlstand gewinnen.

Inzwischen wurde manches große Bauwerk neu errichtet, die alten Prunkbauten sind in gutem Zustand und werden ständig renoviert, wie zur Zeit unseres Besuchs die Kathedrale Nôtre Dame, der Louvre und viele andere Komplexe. Ein dreitägiger Streik des Bühnenpersonals im neuen Opernhaus, der während unseres Aufenthalts stattfand, richtete sich nicht gegen mangelhafte Bezahlung, sondern gegen die offenbar unfähige künstlerische Leitung.

Doch zurück zur Seine und zum Hafen von Paris, dem immerhin drittgrößten Hafen Frankreichs. Die zentrale Lage des Yachtbassins ermöglichte uns manchen netten Bummel über die breiten Boulevards und anregende Stunden in einem der unzähligen Cafés und Bistros. Die Tagesgebühr von 35 Mark in der Marina war im Vergleich zu den exorbitanten Hotelpreisen minimal. Das denken offenbar auch die Bewohner der alten Lastschiffe, die in großer Zahl am Ufer der Seine vertäut liegen und sich ihre schwimmende Behausung teilweise zu luxuriösen Wohnungen ausgebaut haben. Wir sahen durch die Fenster eines solchen Frachtschiffs und entdeckten einen Salon mit schönen alten Möbeln, eleganten Teppichen und einem Flügel. Auch mit reichem Blumenschmuck an Deck, mit dekorativen Gardinen und Gartenbänken sind viele dieser modernen Archen ausgestattet.

Eine unheimliche Begegnung

Unsere Zeit in Paris ging zu Ende. An einem der letzten Tage begleitete ich abends einen Freund zum Flughafen und fuhr dann gegen 23 Uhr mit der Métro zum Bassin zurück. Dabei mußte ich in einem Bahnhof im Zentrum umsteigen und einen langen Tunnel durchqueren, um die andere Linie zu erreichen. Ich werde dieses Umsteigen nie vergessen. Vor mir gingen zwei Männer - vermutlich aus Afrika -, die mich am Durchgang fragten, ob ich ihnen Geld für zwei Fahrkarten geben könnte. Ich mußte ablehnen, weil ich tatsächlich außer meinem Fahrschein nur einen kleinen Rest noch dazu deutscher Münzen in der Tasche hatte. Sie antworteten mir gereizt und kletterten dann mit elegantem Schwung über das Gitter. Ich ließ sie ein Stück vorausgehen, um Abstand zu schaffen.

Wir waren fast allein im Tunnel, in dem eine endlose Rolltreppe in die Höhe führte und in dessen trüber Beleuchtung das Ende nicht zu sehen war. Nur auf dem anderen, nach unten laufenden Band kam uns eine junge Frau entgegen. Die zwei Typen riefen sie an, versuchten, auf das Gegenband hinüber zu klettern und sie festzuhalten, was aber mißlang. Daraufhin zog der eine sein langes Messer, ließ die Klinge herausspringen und zeigte damit in Richtung der Frau. Dann ließ er das Messer in der Luft kreisen und fing es wieder auf. Bei mir meldete sich Angst. Die Frau war bald verschwunden, aber die beiden drehten sich nun nach mir um und fragten nochmals, ob ich wirklich kein Geld hätte. Woher ich sei? Als er „Deutschland" hörte, richtete der Mann das Messer auf mich und blieb stehen. „Wir sprechen uns noch!" drohte er. Nur wenige Schritte trennten uns. Da er mit mir sprach, stand er wie sein Kumpan mit dem Rücken zur Fahrtrichtung, und beide sahen das Ende der Rolltreppe nicht kommen. Das war mein Glück. Mit dem Absatz blieb der Messerheld hängen und schlug der Länge nach aufs Pflaster. Verdutzt rappelte er sich auf und sah sich nach seinem Freund um.

Inzwischen war ich eilig ein paar Schritte weitergelaufen und außer Sicht. Andere Fahrgäste kamen mir entgegen, bald darauf hatte ich den nächsten Bahnsteig erreicht. Mein Gefühl sagte mir, daß ich diesmal recht knapp einem größeren Unheil entkommen war, und ich brauchte einige Zeit, um den Vorfall aus meinen Gedanken zu verdrängen.

Unter zwanzig Brücken hindurch

Am 22. Mai verließen wir das Arsenal-Bassin. Vom blauen Himmel strahlte eine warme Sonne und ließ das Gold der Friedensgöttin auf der Juli-Säule noch einmal in hellstem Glanz erstrahlen. Ich machte im Bereich der Place de la Bastille noch letzte Einkäufe: frische Backwaren, Getränke und Konfitüre. Auf dem Rückweg meldete ich mich auf der Capitainerie, bezahlte die Liegegebühren und bat den Diensthabenden um unsere telefonische Anmeldung beim Tankschiff. Dort aber war man beschäftigt. Wir mußten eine Stunde warten, bis ein Frachter seine Tanks gefüllt hatte. Die Verzögerung kam mir nicht ungelegen, denn unser stiller Platz mitten im Zentrum von Paris war mir recht lieb geworden. Erst um elf Uhr konnten wir geschleust werden, nahmen dann sofort Kurs auf das Tankschiff und erhielten zollfreien Kraftstoff für 80 Pfennig pro Liter. Das tat der Reisekasse gut.

Auf dem bewegten Wasser der Seine steuerten wir durch ganz Paris. Es gibt wohl nur wenige Städte, deren Leben sich so intensiv an einem Fluß konzentriert, wo sich so viel Alltägliches an den Ufern abspielt. Auch haben die großen, prunkvollen Fassaden der Regierungsgebäude ihr Gesicht dem Strom zugekehrt. Breite Freitreppen führen zum Wasser hinunter, auf denen Kinder spielten und Liebespärchen in der Sonne dösten.

Noch einen Aufenthalt gab es: Vor der Insel Cité mußten wir auf Grün warten, bis wir in die schmale Durchfahrt neben der Kathedrale Nôtre Dame einbiegen durften. Hier läuft der Schiffsverkehr, stundenweise wechselnd, stromaufwärts oder -abwärts. An dieser Engstelle im Herzen der Stadt ist auch der Kilometer null in Richtung Le Havre, wo die Seine bei Kilometer 365 in den Englischen Kanal mündet.

Wie im Bilderbuch sahen wir die stolzen Bauwerke und Parkanlagen an den Fenstern der SOLVEIG V vorbeiziehen. Ich steuerte zwischen den Pfeilern der über zwanzig Brücken durch, von denen die prächtigste ohne Zweifel der Pont Alexandre III. ist, mit seinen mächtigen Säulen und dem überreichen Schmuck an Figuren, Kandelabern und Goldverzierungen über und unter der Brückenwölbung. Die schlichte, elegante Silhouette des Eiffelturms blieb schließlich noch so lange im Schönwetterdunst sichtbar, als wollte sie uns nachwinken. „Partir, c'est toujours mourir un peu", so lautet eine französische Redensart, die meine Mutter oft gebrauchte und die sie wohl während ihres langen Aufenthalts in Paris aufgeschnappt hatte: „Abschied nehmen, das heißt immer ein wenig sterben."

Einen begrenzten Teil der Überfülle an Sehenswürdigkeiten der Metropole, der „heimlichen Hauptstadt" Europas, hatten wir gesehen, hatten auch versucht, den Menschen, der Atmosphäre im heutigen Paris nahe zu kommen. Durch die Europäische Union ist unser Land auf Gedeih und Verderb mit dem großen Nachbarn verbunden. Schlägt also in Paris das Herz Europas? Wird die französische Lebensart für alle anderen Völker des Kontinents einmal maßgeblich sein? So hätten es die Franzosen wohl gern, aber ich meine, dem steht ihr ausge-

Die Seine bei Rouen. Im Hintergrund die Basilika von Bonsecours

prägtes Nationalgefühl entgegen, das die Anerkennung anderer Denkungsart - oder auch nur Sprache - niemals zulassen würde, da mögen noch so viele Europafahnen in Paris und Frankreich wehen. In diesem Sinne hat es wohl auch Präsident de Gaulle gesehen und deshalb ein „Europa der Vaterländer" vorgeschlagen.

Wir empfanden es nach dem Abschied von Paris als große Erleichterung, wieder unterwegs zu sein, nach der ständigen Unruhe und Zersplitterung im Hafen wieder unser vertrautes Heim zu genießen. Das schlechte Gewissen wegen all dem, was man eigentlich noch tun und sehen müßte, war der Vorfreude auf die nächsten Ziele und auf die erste Seefahrt gewichen. Unbekümmert konnten wir im Cockpit sitzen, an Deck liegen und die Uferlandschaft oder auch nur den Himmel betrachten. Wir waren ja trotzdem tätig, weil wir die SOLVEIG V seineabwärts steuerten.

Bei Kilometer 17 passierten wir die erste Schleuse unterhalb von Paris. Sie stand offen, wir durften sofort einfahren und wurden in der riesigen Kammer als kleines Boot allein zu Tal gelassen. Begeistert vermerkte ich im Tagebuch: „Auch hier ist der Schleusenmeister besonders nett. Er grüßt, winkt und wünscht uns gute Fahrt."

Noch lange dehnten sich Industriegebiete an beiden Ufern, denn in einem gewaltigen Bogen durchfließt die Seine die westlichen Stadtteile von Paris und entfernt sich nur zögernd, als könne sie sich schwer lösen, in einem weiteren kleineren Bogen bei St.Germain vom Zentrum. Hier liegen auch die Hafenbecken der Frachtschiffahrt, damit der Verkehr mit großen Schubverbänden vom Stadtkern ferngehalten wird.

Wir passierten die berühmten Vororte, den Bois de Boulogne, die Pferderennbahn von Longchamp, St.Cloud, Neuilly und Clichy, alles bekannte Namen. Angelika setzte sich neben mich auf die Kante des Steuersitzes, und gemeinsam beobachteten wir die Ufer des Flusses. Beschwingt unterhielten wir uns über Erlebtes und den weiteren Verlauf unserer Unternehmung. Die Freiheit, die uns blieb, auf unserer Route Verschiebungen und Änderungen einzuplanen, war begeisternd. Wir konnten uns wie Wanderer fühlen, die mit einem festen Ziel im Auge ihre Wege und Rastplätze erst von Tag zu Tag festlegen.

Dennoch hatten wir eine Sorge: Wieder und wieder, bei jedem Einkuppeln, hörten wir harte, schleifende Geräusche. Schon seit einiger Zeit machte ich mir deshalb Gedanken wegen des Getriebes. Immer häufiger waren diese merkwürdig schlagenden, schmerzhaften Töne aus dem Motorraum zu vernehmen, die ich nicht lokalisieren und auch nicht zuordnen konnte.

Immerhin stand uns bald die Überquerung des Englischen Kanals bevor, und die Vorstellung eines plötzlichen Schadens an der Kupplung war bedenklich.
Für die Hauptstadt der Normandie, Rouen, war ein mehrtägiger Aufenthalt vorgesehen, dann nochmals ein Stopp in Le Havre oder dem gegenüberliegenden Seebad und Sportbootzentrum Honfleur. Spätestens dort wollte ich das Getriebe oder was sonst die Geräusche verursachen mochte, in einer Spezialwerkstatt nachsehen lassen. Im Stillen hoffte ich, daß sich die ganze Sache als harmlose Kleinigkeit herausstellen würde.
Nachdem die letzten Häuser von Paris achteraus geblieben waren, glitten wir durch eine grüne, hügelige Landschaft. Bei den beiden nächsten Schleusen durften wir ohne Halt sofort einfahren, kamen dadurch rasch vorwärts und erreichten noch vor Abend die Stadt Meulan, die uns mit einem besonders angenehmen Liegeplatz erwartete. Auf der Karte hatte ich einen Seitenarm der Seine entdeckt, der dicht an der Stadtmitte vorbeifließt und an dem sich ein Anleger für Sportboote befindet. Der Nebenarm ist zwei Meter tief, was für uns ausreichte; schon knapper wurde es mit einer Brücke, die nur vier Meter lichte Höhe hatte. Als wir uns näherten und die Einfahrt in den Seitenarm neben einer Insel auch leicht auszumachen war, sah ich zu meinem Schrecken, daß es sich bei der Brücke um ein mittelalterliches Bauwerk mit Rundbögen handelte. Das Boot fand also nur genau in der Mitte eine sichere Durchfahrt. Im Näherkommen bemerkte ich noch dazu erhebliche Strömung, die es mir unmöglich machte, mit langsamer Fahrt durch den Bogen zu steuern. Ich mußte Gas geben, um Ruder im Schiff zu behalten, und schoß mit fünf Knoten auf die enge Durchfahrt zu. Selbst zum Umkehren war es zu spät, denn die Fahrrinne war zu eng zum Wenden. Angelika hielt mich für leichtsinnig, doch es war die reine Verzweiflung, die mich antrieb. Das Boot brach etwas zur Seite aus, aber ganz knapp kamen wir klar und fanden danach einen perfekten Übernachtungsplatz. Ein kleiner Schwimmsteg zum Festmachen war über eine Brücke mit dem Land verbunden. Dort befanden sich sowohl Wasserleitung als auch Stromanschluß.
Ein freundliches Schild der Stadtverwaltung lud zu angenehmem Aufenthalt ein, kostenlos für zwei bis drei Tage. Der Anleger liegt am Stadtpark, deshalb machten wir uns sogleich über gepflegte Kieswege in die Geschäftsstraßen der offenbar wohlhabenden Stadt auf. Es war praktisch, hier in den altertümlichen Gassen ein eng umgrenztes Zentrum zu finden, in dem sich Geschäft an Geschäft reihte und zu Einkäufen einlud. Angelika besorgte guten Landwein, dazu Früchte und Gemüse, und mich lockte eine reiche Auswahl an vorzüglichen Backwaren und süßen Leckereien, vor allem Éclairs, die ich in Frankreich besonders liebe.
„23. Mai: Um neun Uhr Abfahrt von Meulan. Es ist fast schade, schon weiterzufahren, aber ich möchte noch heute Rouen erreichen. Nächste Schleuse steht offen, schnell durch. 150 km bis Rouen. Schaffen wir das noch?“ Soweit mein Tagebuch.
Allmählich traten Hügel und Wälder näher an die Ufer heran, und später stiegen steile weiße Felswände empor, die dem Fluß ein romantisches Aussehen verliehen. Das Seinetal ist auf weiten Strecken durchaus malerisch, und die alten Städte und Burgen zu beiden Seiten tragen das Ihre zu diesem Eindruck bei. Bei dem Städtchen Les Andelys thront hoch über dem Tal das Château Gaillard. Die alte Normannenburg bietet vom Fluß her einen großartigen Anblick. Die vom normannischen Herzog und englischen König Richard Löwenherz Ende des 12. Jahrhunderts errichtete Trutzburg sollte dem König von Frankreich den Weg in die Normandie verwehren. Nach Richards Tod fiel die Festung trotz tapferer sechsmonatiger Verteidigung den Franzosen in die Hände, und im

Die Kathedrale und große Teile von Rouen wurden durch amerikanische Bomben schwer beschädigt.

Rechts unten: Das Grabmal Rollos in der Kathedrale

Inzwischen konnte die gotische Kathedrale wieder vollständig renoviert werden.

folgenden Jahr verlor das Herzogtum Normandie seine Eigenständigkeit.

Von Andelys aus waren es noch 70 Kilometer bis Rouen, doch die Strömung half uns. Am späten Nachmittag hatten wir die letzte der drei Schleusen hinter uns gebracht und befanden uns danach sehr bald in Tidengewässern. Deutlich waren die Marken der Wasserstände an den Ufersteinen und den Pflanzen zu erkennen. Der Abend warf schon seine Schatten, als wir uns Rouen näherten. Wir erkannten die Eisenbahnbrücke zur Ile Lacroix, wo laut Karte der Liegeplatz für Yachten zu finden war. Letzte Sonnenstrahlen beleuchteten zauberhaft die gotische Basilika von Bonsecours, die von ihrem steilen Hügel auf die unter ihr ausgebreitete Stadt herunterblickt.

Wir fuhren unter einer weiteren Brücke hindurch und sahen alsbald die Pontons der Marina. Rasch machten wir fest, bevor das Tageslicht ganz geschwunden war. Die Anleger sind sehr aufwendig konstruiert, denn die Tide erreicht hier in der Springzeit einen Hub von bis zu vier Metern. Hinzu kommt eine merkliche Strömung. Auf dem Grundstück nebenan befinden sich die Gebäude des Yachtclubs, und die Marina selbst hat einen hübschen kleinen Park, den man nur durchqueren muß, um zum Tor und zur Straße zu kommen.

Rollo, der Normannenherzog

Ein erster Orientierungsblick zeigte mir, daß nur 200 Meter vor uns eine zweite Straßenbrücke die Verbindung von der Insel zur Stadtmitte herstellte, eine Entfernung also, die wir mühelos zu Fuß bewältigen konnten. Unseren ersten Landgang verschoben wir auf den Morgen. Ich wollte diese Stadt in aller Frische und bei Tageslicht erkunden, da sie für mich mit besonderen Erinnerungen und einem Stück Familiengeschichte verbunden ist. Es waren Wikinger, die Rouen vor über 1200 Jahren eroberten. Mein Vorname ist ein alter Wikingername und stammt von „Rollo“, einem Vorfahr der Familie. Er war der erste Herzog der Normandie und liegt in der Kathedrale von Rouen begraben.

In ihren schlanken Booten segelten die rauhen Burschen einst die Seine herauf und setzten die

Stadt in Brand. Dann aber müssen den Nordmännern die sanften Auen Frankreichs recht gut gefallen haben, denn sie ließen sich für die kommenden Jahrhunderte hier nieder. Das normannische Erbe sorgte später dafür, daß in der Normandie die besten Seeleute Frankreichs heranwuchsen. Die großen Entdeckungsreisen in den Pazifik und vor allem nach Kanada nahmen von der Normandie aus ihren Anfang.
Im Dumont-Reiseführer heißt es hierzu: „Ihr Führer Rollo, der heute in Stein gemeißelt vor dem Südeingang der Kirche St.Ouen steht, machte Rouen 35 Jahre später zu seiner Hauptstadt, von der aus er das gesamte Territorium der heutigen Haute Normandie beherrschte. Damit erhob er, der sich nach dem Vertrag von St.Clair-sur-Epte in Rouen taufen ließ, die Stadt zum regionalen, politischen, administrativen, wirtschaftlichen sowie religiösen Zentrum, das sie bis zum heutigen Tage blieb... Rollo ließ das Bett der Seine für größere Schiffe vertiefen und Kai-Anlagen errichten, die Jahrhunderte überdauerten."
Dieser Rollo muß ein ziemlich ungehobelter Kämpfer gewesen sein. An anderer Stelle des Geschichtsberichts werden die Wikinger als „skandinavische Horden" bezeichnet, und so mag die Anekdote, die über Rollo erzählt wird, auf Wahrheit beruhen. Er habe nämlich, so heißt es, König Karl den Einfältigen, dem er nach Unterzeichnung des Lehensvertrags anno 911 den Fuß küssen mußte, bei dieser Gelegenheit rückwärts vom Thron gestoßen. Sicher hat es Rollo mit dem Evangelium nicht sehr ernst genommen, sondern nur im Interesse der Regentschaft die Taufe über sich ergehen lassen. Daß er außer seiner Hauptfrau aus fürstlichem Geblüt noch eine französische Gräfin als Nebenfrau genommen hatte, ist geschichtlich belegt. Sein Enkel Wilhelm der Eroberer, der mit den „Normannenhorden" den Kanal überquerte, siegte 1066 bei Hastings und wurde König von England.
1939 hatte ich zusammen mit meiner Mutter und meinem Bruder die Grabstelle zum erstenmal besucht. Rollos Sarkophag stand damals noch in einer kleinen Seitenkapelle, zusammen mit dem seines Sohnes Wilhelm Langschwert. Als begeisterter Foto-Amateur wollte ich von den Grabmälern Aufnahmen machen, nur war das Licht in der düsteren Kirche zu schwach. So kauften wir Kerzen, und meine Mutter und Vidar hielten zwei davon, um etwas Helligkeit auf die steinernen Figuren zu zaubern. Mit einer ganzen Sekunde Belichtungszeit bannte ich den liegenden Rollo auf meinen Film und erhielt tatsächlich ein recht brauchbares Foto, das inzwischen historischen Wert besitzt.
Zum zweitenmal in meinem Leben besuchte ich Rouen 20 Jahre später, nach dem Zweiten Weltkrieg. Es war nur ein kurzer Aufenthalt von einigen Stunden, denn ich war mit wenig Geld auf dem Weg nach England, um ein kleines Sperrholzboot abzuholen, mit dem ich später den Atlantik überqueren wollte.
Die Kathedrale und große Teile der Stadt waren in der Nacht des 19. April 1944 von amerikanischen Bomben schwer beschädigt und die Seitenkapelle mit dem Grab Rollos völlig zerstört worden. Viele Kunstschätze waren verbrannt. Man zeigte mir eine Gedenktafel für Rollo, die statt des verlorenen Sarkophags angebracht wurde. In den Stadtführern wird der Luftangriff als „Kriegsschaden" bezeichnet, mit keinem Wort werden die Amerikaner erwähnt. Damit wird der immense Verlust an Kulturgütern indirekt der deutschen Besetzung angelastet. Diese Verzerrung geschichtlicher Tatsachen bedeutet für mich das Gegenteil einer „völkerverbindenden" Politik, die so gern propagiert wird, vor allem, wenn es um finanzielle Leistungen geht.
Mit Angelika machte ich mich am Morgen auf den Weg. Die Brücke war leicht zu finden, und von dort aus war es nur mehr ein kurzes Stück in die Innenstadt und zur Kathedrale. Schon unser erster Eindruck war begeisternd. Schöne Geschäfts- und Bürgerhäuser der Jahrhundert-

Volksfest am Gedenktag der Hinrichtung von Jeanne d'Arc

wende geben den Straßen ein ansehnliches Gepräge, und in den Auslagen sahen wir ein reichhaltiges Angebot hochwertiger Waren.

Über eine breite Treppe erreicht man den Domplatz, von dem aus man freien Blick hat auf den bildschönen gotischen Kirchenbau aus dem 12. Jahrhundert. Insbesondere das Mittelportal und darüber die Rosette beeindruckten mich aufs neue. Touristen aus allen Kontinenten drängten sich auf dem Platz vor den mächtigen Türmen, deren einer, der Vierungsturm, der höchste Kirchturm Frankreichs ist. Wir traten staunend in das hohe gotische Gewölbe und begannen dann einen Rundgang durch das Innere des gewaltigen Bauwerks, bis wir plötzlich vor dem wiederhergestellten Grabmal Rollos standen. Abgesehen von schmückendem Beiwerk und Inschriften, ist es völlig restauriert und steht jetzt im Chorumgang. Allerdings wurde die im Krieg zerstörte Seitenkapelle nicht rekonstruiert.

Als ich an einem der folgenden Tage mein Stativ mit Kamera vor dem Grabmal aufstellte und längere Zeitaufnahmen machte, umstanden mich Gruppen von Touristen aus Japan und Amerika; sie wunderten sich, daß ich mir zwischen all den architektonischen Herrlichkeiten gerade dieses Motiv ausgesucht hatte. Rouen ist ein einziges Museum und für den Besucher zweifellos eine der interessantesten Städte Frankreichs. Neben Kirchen verschiedener Epochen, farbigen alten Fachwerkhäusern, mittelalterlichen Gassen und Plätzen ist es besonders das „Hotel der Finanzen", ein Renaissancebau aus dem 16. Jahrhundert, der Scharen von Besuchern, auch aus Deutschland, in die Stadt lockt. Zahlreiche Antiquitätengeschäfte fügen sich harmonisch in das altertümliche Stadtbild. Vielleicht ist es das normannische Erbe, das den Charakter der Stadt bestimmt und dem deutschen Geschmack besonders entgegenkommt. Rouen ist auch stolz auf seine Künstler und sein Kunsthandwerk, besonders in den Bereichen Keramik und Glaswaren.

Am letzten Tag unseres Aufenthalts gönnten wir uns das Vergnügen, das Volksfest zum Gedenken an Jeanne d'Arc zu besuchen und uns in das bunte Getümmel zu mischen. Auf dem Alten Markt, dem Vieux Marché, wurde am 30. Mai 1431 nach einem „Urteil“ von Bischöfen und Äbten die Jungfrau von Orleans wegen Hexerei und Gotteslästerung auf dem Scheiterhaufen verbrannt. Jeanne d'Arc, wie sie in Frankreich genannt wird, ist später rehabilitiert, aber erst in unserem Jahrhundert vom Papst heilig gesprochen worden. Der Tag ihres grausamen Todes wird in Rouen alljährlich mit einem großen Volksfest gefeiert, bei dem Spieler und Spaßmacher durch die alten Gassen tanzen und sogar das Militär mit schallender Blechmusik seinen Teil zum Vergnügen beiträgt. Gaukler und Tänzer sorgten mit für die allgemeine Unterhaltung, und historisch gekleidete Landsknechte zogen mit ihren Trommeln durch die geschmückten Straßen. Was wohl Jeanne d'Arc und ihre Freunde empfinden würden bei dem lustigen Treiben der Menschen zum Gedenken an ihre grausame Hinrichtung? Aber es werden ja auch zum Gedenken an Schlachten fröhliche Feste gefeiert, wie etwa an die Landung der Alliierten in der Normandie. Das alles ist wohl nur eine Frage der Zeit.

Erstmals in Tidengewässern

Für uns schlug am Morgen danach die Stunde des Abschieds. Schon zuvor hatte ich mit Hilfe meiner Flußkarte versucht, einen guten Zeitpunkt für den Start auszurechnen. So konnten wir erst ab 11.00 Uhr auf mitlaufenden Strom vertrauen. Doch so spät durften wir nicht starten, die Zeit hätte dann nicht mehr gereicht, um vor 19.00 Uhr nach Honfleur oder Le Havre zu kommen. Auf der Seine zwischen Rouen und Le Havre gelten nämlich strenge Vorschriften. Ab 19.00 Uhr ist das Fahrwasser für Sportboote gesperrt, und bei ungünstiger Tide hat man kaum eine Chance, die hundert Kilometer an einem Tag zu schaffen. Also brachen wir bereits um 06.00 Uhr auf.

Nach den Brücken von Rouen sahen wir die ersten seegehenden Frachter an den Ladekais liegen. Schiffe bis zu 9,5 Meter Tiefgang laufen von See aus den Hafen von Rouen an, und entsprechend können auch Segelboote bis zur ersten Brücke ihren Mast stehen lassen.

Bis Mittag hatten wir noch gegen die Tide zu kämpfen, dann wurden wir langsam schneller. Weiter stromab windet sich die Seine in Schleifen zwischen hohen Kreidefelsen dem Meer entgegen, eine reizvolle Landschaft, die erst später etwas eintöniger wird, wenn der Fluß durch die Sümpfe des Marais Vernier strömt. Zwei riesige Brücken überspannen die dort schon sehr breite Seine in ihrem Mündungsgebiet: zuerst die 1400 Meter lange Hängebrücke von Tancarville und dann, kurz vor der Einfahrt nach Honfleur, die 1995 neu erbaute „Brücke der Normandie“, ein technisches Wunderwerk und eine der größten Brücken der Welt. Der Anblick dieses Bauwerks war für uns sensationell. Wie eine Vision spannten sich die Brückenteile vor dem Himmel. Ich hatte die Feier der Einweihung schon daheim im Fernsehen verfolgt, die Wirklichkeit aber überstieg jede Vorstellung.

Man hatte uns Honfleur als Absprunghafen zur Überquerung des Englischen Kanals empfohlen. Dieser historische Fischerort bietet sicherlich eine Menge Sehenswürdigkeiten und sehr gute Liegeplätze für Yachten, aber er ist durch eine Barre und eine Schleuse von der Seine getrennt. Die Schleuse wird nur einmal am Tag bei Hochwasser geöffnet, hätte für uns also erheblichen Zeitverlust bedeutet. Wir begnügten uns deshalb mit der Beschreibung von Honfleur im Yachtführer und steuerten Le Havre als Zielhafen an. Damit hatten wir die Flüsse und Kanäle Frankreichs hinter uns gelassen. Voller Erwartung sahen wir vor uns das offene Meer.

Buntes Treiben am Festtag auch in der historischen Altstadt

Patiss

Im Kielwasser der Nordmänner 4

Sieben Tage in London fassen mehr Erlebtes, mehr Gesehenes, als drei Jahre an Bord eines Schiffes auf hoher See und in Ansicht fremder Küsten. In London, das nächst und abwechselnd mit Paris die Geschichte für die übrige Welt macht und verkündigt.

(Adelbert von Chamisso, 1818)

„Da drüben liegt England", murmelte ich. Etwas beklommen dachte ich darüber nach, daß dies die erste Fahrt über offene See war, die ich mit der SOLVEIG V unternehmen würde. Ich blickte hinaus auf die weite Fläche, die still vor uns lag, still wie ein See. Nur sanft hoben sich die ölglatten Wogen in einer kaum vorhandenen Dünung. So ruhig hatte ich den gefürchteten Kanal noch nie gesehen. Ich fing an, laut zu denken: „Das Wetter ist ideal. Ich weiß nicht, wie es morgen wird oder übermorgen. Wenn wir nun einfach weiterführen, die Nacht über? Dann sind wir morgen früh drüben vor der englischen Küste und können Brighton ansteuern. Was meinst du?" Angelika liebt spontane Entscheidungen. Ihre Antwort kam deshalb schnell: „Wenn du glaubst, daß das Wetter ruhig bleibt, dann fahren wir natürlich."

Es war gegen 16.00 Uhr, gerade noch Zeit, um in den Hafen von Le Havre zu schleichen und Diesel zu bunkern. Was brauchten wir für die Überfahrt sonst noch? Wir hatten in Frankreich Lebensmittel besorgen wollen, doch das war nicht notwendig. 14 Stunden rechnete ich für die Überfahrt. Es konnte knapp werden. Ein absoluter Alptraum, wenn Gegenwind aufkam und wir ein paar Stunden länger brauchen würden. Nur kein unnötiges Risiko eingehen.

Die normannische Trutzburg von Richard Löwenherz an der Seine

Etwas zerknirscht stellte ich fest: „Wir brauchen noch Diesel, es reicht nicht mehr. Wir müssen in den Hafen und tanken."

„Bis wir in Le Havre sind, wird es fünf Uhr. Hat dann noch eine Tankstelle geöffnet?" Angelika bedachte die Schwierigkeit, an einem Sonntag Kraftstoff zu bekommen. „In den Hafen müssen wir sowieso, auch wenn wir keinen Diesel mehr bekommen. Versuchen wir unser Glück!"

Ich legte das Ruder in die neue Richtung. Die riesige Hafenmauer, hoch genug, um einer Sturmflut zu trotzen, war deutlich zu erkennen. Ich hielt darauf zu. Aber die Entfernung täuschte, die Mauer wollte und wollte nicht näher kommen. Ein Blick auf die Seinekarte zeigte mir: Es waren noch gut drei Seemeilen bis zur Hafeneinfahrt, eine halbe Stunde Fahrt über das Mündungsgebiet.

Abenteuerliches Tanken

Als wir den Sportboothafen endlich erreicht hatten, war es 17.00 Uhr. Höchste Zeit für die Tankstelle. Doch ich sah kein Tankschiff, keinen Hinweis auf „Gasoil", wie es in Frankreich

Letzte Schleusung vor dem Beginn der Tidengewässer

heißt. Wir mußten fragen. Die Antwort, die man uns zurief, war erstaunlich: „Da hinten, in der Ecke des Hafens, ist eine Tankstelle! Oben auf der Straße!"

Ich hielt in die angegebene Richtung und fand in der hintersten Hafenecke einen Ponton und dahinter an der Mauer eine Eisenleiter. Wir hatten ziemlich Niedrigwasser, die steinerne Wand mochte an die acht Meter hoch sein. Oben erkannte ich eine Zapfsäule.

Was sich nun abspielte, war eine Komödie um ein paar Liter Diesel. Erst zogen wir uns Arbeitskleidung an, unsere ältesten zerrissenen Klamotten, um an der glitschigen Mauer und der verrosteten Leiter hinauf zu klettern. „Und wie willst du den Diesel hier herunterbringen?" fragte Angelika.

„Die haben sicher einen Schlauch, der bis unten reicht", meinte ich zuversichtlich. Es konnte doch nicht wahr sein, daß ein so großer Hafen mit Hunderten von Yachten am Sonntag nachmittag keine Versorgung mit Kraftstoff bot.

Angelika kletterte flott voraus, ich hatte etwas Mühe, die letzten zehn Sprossen zu erklimmen. Dann standen wir vor der Zapfsäule. Richtig: Es gab „Gasoil", aber niemand war da, um die Pumpe zu bedienen.

Die Pumpe war für Karten eingerichtet, für französische Karten! Sowohl die EC-Karte meiner Bank als auch die Eurocard wurden vom Schlitz immer wieder ausgespuckt. Ich fragte Passanten und erhielt prompt Auskunft: „Sie müssen zur Straßentankstelle gehen, da vorn, 100 Meter weiter. Die sind für diese Säule verantwortlich."

Also los zur Tankstelle! Ein etwas hilfloses Jüngelchen verrichtete mißgelaunt Sonntagsdienst und verkaufte nebenbei Eistüten.

„Ich brauche Gasoil, sehr dringend, können Sie mir bitte die Pumpe in Gang setzen?"

So verwunschen habe ich mir die Seine nicht vorgestellt.

Er sah mich erstaunt an. „Die Pumpe kann mit Bankkarten benützt werden, ich kümmere mich da nicht drum."

Ich erklärte ihm meine Lage, aber er meinte nur fröhlich, dann solle ich mir eben eine Karte der hiesigen Bank besorgen. „Es muß eine Karte der Soundso-Bank von Le Havre sein. Vielleicht leiht sie Ihnen jemand?"

Es gab eine lange Diskussion. Dann ging ich zurück und berichtete Angelika, die über die Leiter wieder auf das Boot geklettert war und schon Kanister an Deck bereitstellte. Wir diskutierten verschiedene Möglichkeiten.

Ich war inzwischen fest entschlossen, die Überfahrt in dieser Nacht anzugehen. Zu oft hatte ich bei früheren Segeltörns starken Wind und Seegang im Kanal erlebt und wußte daher, daß eine steife Brise wochenlang anhalten konnte. Für ein Motorboot wäre der harte Wellenschlag von der Seite keinesfalls angenehm. Heute nacht aber konnten wir die Überfahrt „geschenkt" bekommen.

„Ich versuche es noch mal!" rief ich Angelika zu und machte mich auf den Weg. Etwas aggressiver befragte ich den desinteressierten Jungen. Seine Antworten waren gleichgültig und negativ: Nein, er könne die Tankstelle nicht verlassen; nein, er könne mir auch keine Bankkarte leihen; nein, er wisse auch nicht, wer mir helfen könne; nein, er könne auch kein Taxi rufen. Schließlich blieb uns keine andere Wahl, als sechs Kanister an einem langen Festmacher zur Straße hochzuziehen, mit den Kanistern zur Tankstelle zu gehen und sie voll wieder zurückzuschleppen. Dann ließ ich die schweren Kanister an der Mauer nach unten, gute zehn Meter tief, und Angelika nahm sie in Empfang: ein verrücktes Unternehmen, noch dazu an einer Hauptverkehrsstraße.

Wohin geht die Reise?

Seit fünf Uhr früh auf den Beinen, waren wir nach dieser Aktion total

Brücke der Normandie – Wunderwerk der Technik. Wie eine Vision spannen sich die Brückenteile vor dem Himmel.

erschöpft. Die Frage erhob sich noch einmal, ob wir uns in dieser Nacht wirklich an die Überfahrt machen sollten. Hinzu kam, daß ich ja noch immer nicht wußte, was mit dem Getriebe nicht stimmte: ein zusätzliches Risiko. Dennoch blieb ich meiner alten Devise treu, wenn irgend möglich eine begonnene oder fest geplante öberfahrt in jedem Fall durchzuhalten. „Wir fahren", sagte ich. „Noch ist das Wetter günstig. Wer weiß, was morgen ist?"

Die Seekarten lagen bereit, es war der rechte Augenblick, Frankreich adieu zu sagen. Wir hielten zunächst einen Kurs geradewegs nach Norden. Die Steilküste der Normandie mit ihren hell leuchtenden Kreidefelsen blieb noch mehrere Stunden in Sicht. Gegen 21.00 Uhr passierten wir die letzte Tonne A 16 und befanden uns in diesem Augenblick genau auf dem Nullmeridian von Greenwich. Frankreich verschwand allmählich in der Dämmerung.

Ankunft in England

Um Mitternacht hatten wir 33 Seemeilen zurückgelegt, 45 lagen bis Brighton noch vor uns: Kurs 355 Grad. Bei einer Geschwindigkeit von sechs Knoten sollten wir in knapp sieben Stunden am Ziel sein. Schwache Dünung, nur leichter Wind. Sanft rollte die SOLVEIG V in der Dunkelheit ihrem Ziel entgegen. Angelika hielt mich mit Tee so lange wie möglich wach. Irgendwann nickte ich ein, dann hielt sie das Boot auf Kurs.

Erst gegen Morgen kam eine Brise auf, kleine Wellen klatschten gegen den Bug. Der Motor brummte vor sich hin, das Getriebe schien in Ordnung zu sein. Es war noch ziemlich dunkel, als wir uns der Küste Englands näherten. Gerade hier war jetzt höchste Aufmerksamkeit notwendig: Zahlreiche Flachstellen, Sandbänke und vor allem ein starker Tidenstrom machten die Navigation schwierig. Aber schon bald waren die hellen Gebäude Brightons zu sehen, und später kam auch die kilometerlange Mauer der Marina in Sicht.

Das Seebad Brighton ist einer der wenigen Häfen an der Südküste Englands, die von See aus direkt angesteuert werden können. Schlaftrunken hielt ich am 31. Mai um 06.00 Uhr auf die Einfahrt der Marina zu. Da das Hafenbüro noch nicht besetzt war und wir warten mußten, bis uns ein Platz zugewiesen wurde, machten wir an einer Schwimmbrücke in der Nähe des Büros fest und gönnten uns ein ausgiebiges Frühstück. Glücklich wegen der gelungenen

Überfahrt und der zeitigen Ankunft in England, aber noch benommen von Schlafmangel und 24 Stunden Motorgeräusch, taumelte ich gegen 09.00 Uhr ins Büro des Hafenmeisters und erledigte die Formalitäten der Anmeldung. Auch hier war, wie in Frankreich, weder Zoll- noch Paßkontrolle notwendig.
Ich kannte den Hafen von einem früheren Aufenthalt am Ende meiner Weltumsegelung 1979 und wußte daher um die vielen Vorteile und den guten Service in dieser größten Marina Englands. Das Gelände umfaßt eine kleine Stadt für sich, mit Parkhaus, Kino, Supermarkt, Restaurants, Werkstätten, Wohnblocks und natürlich allen Einrichtungen einer großen Bootswerft und Geschäften für Kleidung und Bootsbedarf. Ich war sicher, daß hier auch mein Getriebe „mal eben" nachgesehen würde, denn beim Manövrieren im Hafen hatte es wieder sehr bedenklich gekracht.
Mit dem Fahrrad fuhr ich zur VOLVO-Vertretung. Es war Montag, und ich hoffte auf sofortige Hilfe. „Ja, wir werden nachsehen, aber leider nicht vor Donnerstag, vorher ist keiner unserer Mechaniker abkömmlich", war die liebenswürdige, aber enttäuschende Auskunft. Ich hatte gehofft, schon am Mittwoch in Richtung London schippern zu können.
Am Donnerstag kam pünktlich der Mechaniker auf seinem Mofa über die endlos langen Pontons angerollt und machte sich ohne Umschweife an die Arbeit. Nach einer kurzen Demonstration der Geräusche stand fest: Der Fehler lag im Getriebe, und zwar in der Kupplung. In 15 Minuten hatte er den schweren Brocken ausgebaut und nahm ihn mit in die Werkstatt. Bereits am Freitag brachte er das gute Stück wieder zurück.
Wir beschlossen, am nächsten Morgen zu fahren. Ich besorgte Abmeldung, Bezahlung, Verabschiedung. Gemeinsam kauften wir Lebensmittel ein. Gegen zehn Uhr am Sonnabend waren wir startklar und warfen die Leinen los. Ich kuppelte ein - nichts geschah. Das Boot wurde nur vom Wind getrieben. Auch ein zweiter und dritter Versuch blieben erfolglos, SOLVEIG V trieb weiter ab. Wir mußten rasch handeln, um Schäden zu vermeiden.
Deprimiert und verstört machten wir das Boot wieder fest - am alten Platz -, und ich meldete uns neu an. Der unerwartete Fehlstart tat mir weh. Schnell fuhr ich zur Werkstatt. Das Getriebe wurde nochmals ausgebaut. Unser Mechaniker war erstaunt, hatte aber keine Erklärung für das Versagen. Das Getriebe sei in so gutem Zustand, wie neu, es könne nicht viel fehlen. Darauf folgte die nächste Wartezeit - bis zum Montag.
Ich radelte zum Verkaufsleiter der Firma und erhielt die unerfreuliche Mitteilung, daß die Kupplung ein Ersatzteil benötige, auf das wir warten müßten.
Die hohe Mauer der Marina wirkte jetzt auf mich wie eine Gefängniswand. Wann würde ich hier rauskommen? Sehnsüchtig suchten meine Augen immer wieder die Ausfahrt aus dem Labyrinth von Pontons und breiten Betonschwimmern. Doch es half nichts, wir mußten uns gedulden.
Wir wollten die unfreiwillige Wartezeit vor allem für Arbeiten am Boot nutzen, zumal unser Ausflug ins Seebad Brighton enttäuschend verlief. So beschlossen wir, endlich eine gründli-

In der Themsemündung: die Absperrung eines großen Wracks

che Reinigung und den Neuanstrich des Unterwasserschiffs in Angriff zu nehmen. In der Marina bot sich eine günstige Gelegenheit dazu. Es gab dort einen Balkenrost, auf dem man das Boot bei Niedrigwasser trocknen lassen und dann einen neuen Anstrich aufbringen konnte. Gegen geringe Gebühr stand diese Einrichtung samt einem Hochdruckreiniger zur Verfügung.
Allerdings lagen die Tidenzeiten für uns wieder mal sehr ungünstig. So arbeiteten wir im Dunkeln bis nach Mitternacht, noch dazu im Liegen und Knien, weil der Kiel des Motorboots nicht hoch genug war. Morgens taten uns alle Knochen weh, und wir hatten den ganzen Tag zu tun, unsere Körper, die Pinsel und sonstiges Zubehör von Farbe zu befreien. Aber wir hatten die Befriedigung: Eine große Arbeit, die wir sonst weiter hinausgeschoben hätten, war geschafft!
Nach nochmals zwei Tagen mußte ich die niederschmetternde Nachricht entgegennehmen, daß wir ein neues Getriebe brauchten. Die Kupplung konnte nicht mehr repariert werden. Ein Austauschgetriebe wurde bestellt und einige Tage später eingebaut. Die Werkstatt tat ihr Bestes und kam uns auch bei der Rechnung entgegen, in der die Arbeitsstunden der vergeblichen Reparatur nicht berücksichtigt wurden. Die Gründe für den Kupplungs-Schaden konnte ich zweifelsfrei klären: Zwei Jahre zuvor, bei unserer Fahrt durch die Gewässer der neuen Bundesländer, hatte ich einmal vergessen, vor einer Brücke den Mast zu legen. Im letzten Augenblick sah Angelika das Unglück kommen und warnte mich. Bei fünf Knoten Fahrt schob ich den Rückwärtsgang ein - zu spät. Der Mast fiel dennoch, und es knallte laut und böse im Getriebe. Aber die Kupplung schien in Ordnung zu sein, und ich meinte später, die Beschädigung als harmlos vergessen zu dürfen: ein schwerwiegender Irrtum, wie sich jetzt herausstellte.

Über Dover nach London

Um den Aufenthalt in Brighton nicht noch weiter auszudehnen, begannen wir den Törn nach London am selben Tag. Den entgegenlaufenden Tidenstrom nahmen wir in Kauf, blieben aber dicht unter der Küste, wo er sich nicht so stark auswirkte. Außerdem mußten wir die sogenannten Zwangswege im Kanal beachten, denen zufolge ein Sportboot außerhalb der Schiffahrtsroute zu bleiben hat. Die 63 Seemeilen bis Dover hoffte ich noch vor Einbruch der Dunkelheit zu schaffen. Aber es wurde dann doch 23.00 Uhr und pechschwarze Nacht, bis endlich die Lichter von Dover in Sicht kamen. Die vielen verschiedenen Leuchtfeuer wirkten wegen der sich ständig verschiebenden Perspektive verwirrend. Fähren liefen ein und aus. Als schwarze Masse konnte ich voraus die Hafenmauer erkennen, aber keinesfalls die westliche Einfahrt, durch die wir in den Hafen gelangen sollten. Die Dunkelheit, das oft flache Wasser, der Seegang, der das Boot heftig rollen ließ - unsere Lage war mir unheimlich. Angelika stellte sich aufs Vorschiff, wo sie freie Sicht hatte, während ich das Boot mit langsamer Fahrt auf die Mauer zusteuerte.
Die Wassertiefe war gering, der Wind nahm zu. Ich atmete auf, als Angelika rief: „Da vor uns, etwas an Steuerbord, sehe ich einen Molenkopf. Halte mal drauf zu!"
Allmählich konnte auch ich durch die Scheibe Konturen erkennen. Wir schlichen weiter vorwärts. Gewiß hatte ich eine Detailkarte, aber in der Nacht sieht alles anders aus, und Entfernungen lassen sich nur schwer schätzen. Eigentlich hatte ich es mir deshalb zum Prinzip gemacht, nie bei Dunkelheit einen fremden Hafen anzulaufen. Für diesmal ließ es sich nicht mehr vermeiden, aber ich verfluchte die Eile, mit der ich Brighton verlassen hatte.
Nach einigem Suchen fanden wir einen Ankerplatz im äußeren Becken. Der innere Hafen wurde von Eisenbahnfähren und Luftkissen-

SOLVEIG vor der Tower Bridge: Ein Hauch Weltgeschichte ist überall in London spürbar.

Unser Liegeplatz in der Marina des St.Katharine Haven, dicht neben dem Tower

booten benützt, die mit Donnergetöse ein- und ausliefen. Obwohl wir schrecklich müde waren, kamen wir wegen des Lärms und wegen eines häßlichen Schwells, der uns in der Koje hin und her warf, nicht zu dem erhofften Schlaf.
Am frühen Morgen des 9. Juni erwartete uns auf der Weiterfahrt ein kräftiger Seegang, Regen und schlechte Sicht. Der Wind stand

„Mädchen und Delphin" – Symbol der besonderen Verbindung von Mensch und Tier

entgegen, wir überlegten, ob wir nach Dover zurückkehren sollten. „Wir machen weiter!"beschloß Angelika. Sie hat einen regelrechten Horror davor, eine einmal bewältigte Strecke erneut zu fahren.

Wenigstens der Strom war mit uns. Schon nach eineinhalb Stunden konnten wir 18 Seemeilen als gut gemacht in der Karte abtragen. Ich verwendete die bekannten Sportbootkarten des IMRAY-Verlags, die aus wetterfestem, unempfindlichem Material gefertigt sind und speziell für Yachten eine Menge zusätzlicher Angaben über Leuchtfeuer, Küstenfunkstellen und Tidenströme enthalten.

Die Themsemündung ist ein Seegebiet, vor dem ich stets großen Respekt empfunden habe. Zwischen Sandbänken und Untiefen im trüben Wasser des Flusses zu navigieren, ist schwierig. Hinzu kommt die tückische Kombination verschiedener Wasserstände und Tidenströme, in denen der Wind steile Seen, oft sogar schwere Brecher aufwerfen kann. „Hier mußt du durch, wer weiß, ob es morgen leichter wird", sagte ich mir. Angelika bewegte sich leichtfüßig zwischen Pantry und Salon, hielt immer wieder kleine Happen bereit oder suchte eine Packung Kekse hervor. Sehr wohl war auch ihr nicht zumute, denn das Boot rollte gewaltig.

Also Zähne zusammenbeißen! Unbarmherzig schlingerte und stampfte unser Schiffchen, Wasserfluten schossen über Deck und Cockpit. Doch die starke Maschine wurde mühelos mit dem Seegang fertig, gab dem Boot eine gleichbleibende Geschwindigkeit, die uns Meile für Meile vorwärts schob. Um 11.30 Uhr rundeten wir North Foreland, den faustförmigen Vorsprung des Festlands am Eingang zur Themsemündung. Eigentlich mußten sich jetzt schlagartig Windrichtung, Seegang und Strömung zu unseren Gunsten ändern. Oder? Es war zum Verrücktwerden! Die Strömung der Themse gehorcht anderen Gesetzen als die des Kanals. Sie lief uns prompt wieder entgegen, der Wind frischte weiter auf, kam aus Nordwesten, blies uns also ziemlich ins Gesicht. Nur der Seegang wurde zunächst ein wenig schwächer.

Immer wieder gerieten wir auf Flachstellen mit nur einem Meter Wasser unter dem Kiel. Wild brandete hier die See, sogar Strudel wurden sichtbar. Das waren Augenblicke der Angst, in denen ich mir vorwarf, daß ich nicht die Route weit ab von der Küste, im Hauptfahrwasser, gewählt hatte. Schließlich warf ich das Ruder herum, fuhr einen großen Kreis um die Sandbänke und in das gut markierte Wasser zur

Medway-Tonne. Von dort aus konnten wir einen sicheren Kurs in die Mündung halten.
Von einem englischen Segler hatte ich in Brighton den Tip erhalten, im Medway, einem Nebenfluß der Themse, zu übernachten, da auf der Themse selbst kein geschützter Ankerplatz zu finden sei. Die Einfahrt in den Medway ist gebaggert. Als Landmarke hatten wir den riesigen Schornstein eines Kraftwerks auf der Grain-Insel im Auge und fanden anhand einer Bleistiftskizze, die unser Freund angefertigt hatte, auch den kleinen Nebenarm West Swale, in dem etwa 30 Bojen für Sportboote ausgelegt sind.
Das Tageslicht fing an sich zu verabschieden, viel Zeit bis zur Dämmerung wäre uns nicht mehr geblieben. Jetzt aber waren wir glücklich, erst einmal ausruhen zu können. Geschützt gegen jede Dünung, lagen wir ruhig für die Nacht in einem schmalen Gewässer: ein idealer Schlafplatz. Zufrieden drehte ich am Radioknopf, um die Nachrichten der Deutschen Welle nicht zu verpassen. Schon seit meinen ersten Fahrten höre ich den Sender regelmäßig, dazu die BBC und früher auch die Stimme Amerikas, um die Vorgänge in der Welt so regelmäßig wie Essen und Trinken zu mir zu nehmen.
Weiter stromaufwärts richteten wir uns nach der günstigsten Tide. Wir waren gespannt auf die neu erbaute Thames Barrier, ein riesiges Sperrwerk gegen Hochwasser. Diese Anlage ist tatsächlich so gigantisch, daß sie inzwischen zur Touristenattraktion geworden ist. Übrigens muß sich jedes Schiff schon vor der Annäherung an die „Wasserfestung" über UKW-Funk anmelden. Ohne Wartezeit erlaubte man uns, zwischen den äußeren Pfeilern durchzusteuern und die Fahrt fortzusetzen. Die Pfeiler sind kolossale Bauten, die im Notfall einer Sturmflut standhalten sollen und die dazwischen hochgezogenen Wände unverrückbar abstützen.
Vorbei ging es an der Sternwarte und dem Museumshafen von Greenwich sowie am berühmten Clipper CUTTY SARK, der dort im Dock liegt, und nach zwei großen Biegungen der Themse erschien plötzlich wie eine Vision die Kulisse der Tower Bridge vor unseren Augen.
Mit klopfendem Herzen hielt ich in Strommitte auf die Tower Bridge zu, das Wahrzeichen Londons. Erst kurz davor drehte ich ab, um neben der Einfahrt zum Yachthafen festmachen zu können.

Im Schatten des Tower

Über 50 Jahre waren vergangen - es war in den Monaten vor Ausbruch des Zweiten Weltkriegs -, seit ich hier meinen Vater besucht und Englisch an der Universität studiert hatte. Mein Vater war ausgewandert, er weigerte sich, in Deutschland zu leben, nachdem die Nationalsozialisten an die Macht gekommen waren. Die englische Abstammung seiner Mutter hatte ihm diese Entscheidung sicherlich erleichtert.
London war damals nicht nur eine reiche, sondern auch eine vorbildlich saubere und sichere Stadt gewesen. Kein Polizist hatte es nötig, eine Waffe zu tragen, und ich konnte ohne die geringste Furcht zu jeder Nachtzeit durch die Straßen schlendern, wenn ich von einer späten Kinovorstellung oder vom Theater in meine Pension zurückkehrte.
Ein Krieg schien den Londonern in jenen Tagen unvorstellbar. Im Hyde Park verkündeten Amateur-Redner sogar noch eifrig das Lob Hitlers und Mussolinis. Mit angehaltenem Atem und in schlaflosen Nächten verfolgte ich damals die von Irrtümern und Fehleinschätzungen geprägte politische Entwicklung, die schließlich am 1. September 1939 zum Beginn der europäischen Katastrophe führte. Buchstäblich in letzter Stunde konnte ich Ende August die Fähre nach Holland nehmen und war bei der Grenzkontrolle unsicher, ob nicht in den nächsten Minuten die Ausreise für Deutsche gesperrt würde. Aber der englische Polizist

Palastwache in traditioneller Uniform

Ganz rechts und unten:
Bilder aus vergangenen Zeiten?
In London hatten wir manchmal das Gefühl, in einem einzigen großen Freilichtmuseum spazieren zu gehen.

betrachtete meinen Paß mit gelassener Miene. Von Holland aus fuhr ich weiter nach Essen, wo ich dann einen Tag nach Kriegsausbruch eintraf.
Nach der Schleusung erhielten wir im Büro der Marina des St.Katharine Haven unseren Liegeplatz zugeteilt. Dieser Yachthafen in der Mitte Londons, an Stelle des ehemaligen St.Katherine's Dock, ist einmalig: eine Musteranlage. Mitten im romantischsten Teil der Londoner Altstadt, neben der Tower Bridge und dem Tower selbst gelegen, wurde dieser hervorragend ausgestattete Sporthafen im Zuge einer Um- und Neugestaltung der alten Dockanlagen erbaut. Dabei wurde großer Wert darauf gelegt, das historische Umfeld der angrenzenden Gebäude, der kleinen Holzbrücken, der Schleuse und der Kaimauern zu erhalten. So entstand zwischen den fünfstöckigen alten Lager- und Geschäftshäusern und dem alles überragenden Turm des Tower Hotel ein gegen Wind und Schwell geschützter Schlupfwinkel für Boote jeder Größe. Die hohen Gebäude ringsum schirmen ihn zudem gegen den Verkehrslärm der Großstadt ab, und doch genügen zehn Minuten Fußweg durch gepflegte Parkanlagen, am Tower entlang, um die Underground Station zu erreichen.
Junge Leute waren mit der Verwaltung der Marina und des Clubs befaßt und erfüllten ihre Aufgabe mit wahrem Feuereifer. Auch die Schleuse wurde von ihnen bedient, ebenso die Klappbrücken zwischen den verschiedenen Becken der ehemaligen Docks.
Im Central Basin, neben dem Eingang zum Tower Hotel, belegten wir unsere Leinen an den Pollern eines mit Wasserleitung und Stromanschluß ausgerüsteten Pontons. Dicht daneben bildeten die hohen Fassaden des World Trade Centre und einige Gebäude der Londoner Warenbörse den Abschluß des neuen St.Katharine Haven.
Vor 1968 hatte es hier noch anders ausgesehen: verwahrloste Docks, bankrotte Firmen und streikende Arbeiter. Der wirtschaftliche Zusammenbruch und das Ende für die Hafenanlagen hatten viele Gründe. Einerseits waren Streiks alltäglich geworden, und in den meisten Fällen setzten die Arbeiter ihre Forderungen auch durch. Auf der anderen Seite tat ein schwaches Management mit wenig Voraussicht das Seine, um den Verladebetrieb aus dem Londoner Hafen zu vertreiben. Der Exodus der Firmen, verstärkt durch die Fehlpolitik der Regierung, die Verlegung der Geschäfte in andere Regionen noch zu fördern, war nicht mehr aufzuhalten. Mit viel Mühe und persönlichem Engagement bedeutender Persönlichkeiten ist es seither gelungen, das völlig verwahrloste Hafengebiet in eine vorbildliche Freizeitanlage zu verwandeln.
Wir waren begeistert von unserer neuen Umgebung und unternahmen sehr bald einen Rundgang durch die weitläufigen Anlagen. Allein schon die vielen Geschäfte und Boutiquen, der Segelclub mit eigenem Restaurant und das Hotel brachten eine Menge Leben in die neugestaltete Region. An den Wochenenden flanierten ganze Scharen von Besuchern über die gepflegten Spazierwege, entlang den Kaimauern zur Schleuse und weiter zur Themse-Terrasse vor dem Tower Hotel. Hier, in einer kleinen Parkanlage, trifft man auf die gelungene Bronzeplastik „Mädchen und Delphin" des Bildhauers David Wynne, die durch ihre Bewegungsdynamik und Anmut die Verbindung von Mensch und Tier symbolisiert. Als Gründer der Gesellschaft zur Rettung der Delphine freute ich mich besonders über dieses Kunstwerk, das hoffentlich viele seiner Betrachter zum Nachdenken anregt.
Gruppen von Ausflüglern saßen an Deck eines alten Themseseglers und warteten auf den Start zu einer mehrstündigen Rundfahrt. Mehrere dieser breiten hölzernen Lastschiffe boten ein farbiges und eindrucksvolles Bild, wenn sie langsam und majestätisch unter ihren braunen Segeln durch das Hafenbecken glitten.

Harrod's – was verbindet sich alles mit diesem Namen!

Für unsere Fahrten in die Stadt nahmen wir von der nahe gelegenen Tower Hill Station aus die U-Bahn, deren Netz eine schnelle und mühelose Verbindung in alle Richtungen erlaubte. Dabei fiel uns das vielfarbige Völkergemisch auf, das in London Heimat oder Zuflucht gefunden hat. Zum Teil waren es wilde Gestalten, die in zerschlissener Kleidung in den Ecken der Tunnelgänge hockten oder extrem gestylte Frauen - aus den unterschiedlichsten Lebensbereichen kamen die Menschen in den mitunter überalterten Waggons zusammen. Im Vergleich zu Paris war deutlich mehr Zurückhaltung gegenüber dem Nachbarn spürbar. Das Nebeneinander schien ganz selbstverständlich zu funktionieren. Ein vornehm gekleideter Herr aus der Finanzwelt stand ungestört, sein Börsenblatt lesend, zwischen farbigen Arbeitern oder Straßenjungen. Ungestört auch deshalb, weil er es verstand, seine Umgebung so völlig zu ignorieren, daß eine unsichtbare Zone des Respekts um ihn entstand.

London besitzt unendlich viele Theater, Kunstschätze, Museen, Kirchen, Prunkbauten und Ausstellungen, von der Musical- und Popszene, die hier ihre Anfänge erlebte, gar nicht zu reden. Man findet in der Zwölf-Millionen-Stadt eigentlich alles, oder besser von allem etwas, das Europa heute zu bieten hat. Trafalgar Square, Buckingham Palace, die Nelsonsäule und Westminster, nicht zuletzt das Britische Museum, der Tower und die Tower Bridge: ein Hauch Weltgeschichte, die sich hier nicht nur ereignete, sondern gemacht wurde, ist überall spürbar. Obwohl auch Frankreich ein großes Kolonialreich besaß, ist doch in London ungleich mehr an Weltmacht und Weltoffenheit zu spüren als in der kontinentalen Metropole.

Hier sah ich kein Meer von Nationalflaggen, keine Bündel von Fahnen wie in Paris. In England geht man mit der Nationalflagge sparsamer um. Dennoch hat sie nicht weniger Bedeutung. Vor dem Krieg, erinnerte ich mich, wurde vor jeder Kinovorstellung, vor jedem Konzert, die Nationalhymne gespielt, wozu sich das Publikum von den Plätzen erhob. So gesehen kann ich mir nicht vorstellen, daß eines dieser beiden Länder jemals freiwillig eine Europaregierung über der eigenen anerkennen würde. Mit derlei Gedanken im Kopf streifte ich mit Angelika durch die breiten Straßen Londons und suchte einige der interessantesten Plätze auf.

Wo die Zeit beginnt

Nach dem Britischen Museum war es für uns vor allem das National Maritime Museum in Greenwich, das allein schon eine Reise nach London lohnend gemacht hätte. „Where time begins“ (wo die Zeit beginnt) heißt die Losung von Greenwich, denn hier verläuft in der alten Sternwarte seit 1884 der Nullmeridian durch die Mittelachse des Refraktor-Teleskops - und von da aus weiter um den Erdball. England hält natürlich weiterhin an der „Greenwich-Zeit“ fest, obwohl die Amerikaner inzwischen eine „Universal Time“ erfunden haben, die neuerdings Bezugsgröße für die richtige Zeitmessung ist.

Herrliche Parks umgeben die historischen Gebäude, in denen Originalstücke und Modelle europäischer Wasserfahrzeuge aus vielen Jahrhunderten, von der Bronzezeit bis zur Gegenwart, ausgestellt sind. Ein vollständiger Überblick über die Entwicklung des Schiffbaus und der Kriegsflotten ließ mich Stunden in den verschiedenen Räumen verweilen. Eine wohl einmalige Sammlung von Gemälden und Fotografien aus der Geschichte der Seefahrt, dazu unzählige Originalteile und Instrumente, runden das Bild ab. Die großen Entdeckungsreisen von Kapitän Cook, die Meuterei auf der BOUNTY und die Seeschlachten der vergangenen Jahrhunderte werden dem Besucher nahegebracht. Der Tauchexpedition zum Wrack der TITANIC war eine Sonderschau gewidmet, und viele der geborgenen Geräte und persönlichen Habseligkeiten konnten besichtigt werden.

Selbst nach so langer Zeit empfand ich ein Frösteln bei der Vorstellung des damaligen Geschehens. Vor allem private Gegenstände machten die Katastrophe von damals erneut schauerlich lebendig. Dabei wurde auch nicht verschwiegen, daß die Bergung dieser persönlichen Gegenstände und ihre Zurschaustellung auf teilweise herbe Kritik der Überlebenden gestoßen war. Ich fand die Darstellung aber so durchdacht und gelungen, daß in mir keine negativen Gefühle aufkamen. Im Gegenteil: Für mich war es eine deutliche Warnung an den Menschen, die Technik und ihre Möglichkeiten nicht zu überschätzen.

Was mich dagegen schockierte, war das Ange-

Faszinierende Ausstellung auf der HMS BELFAST: Der Besucher hört über Tonband sogar das Stöhnen des Patienten beim Arzt.

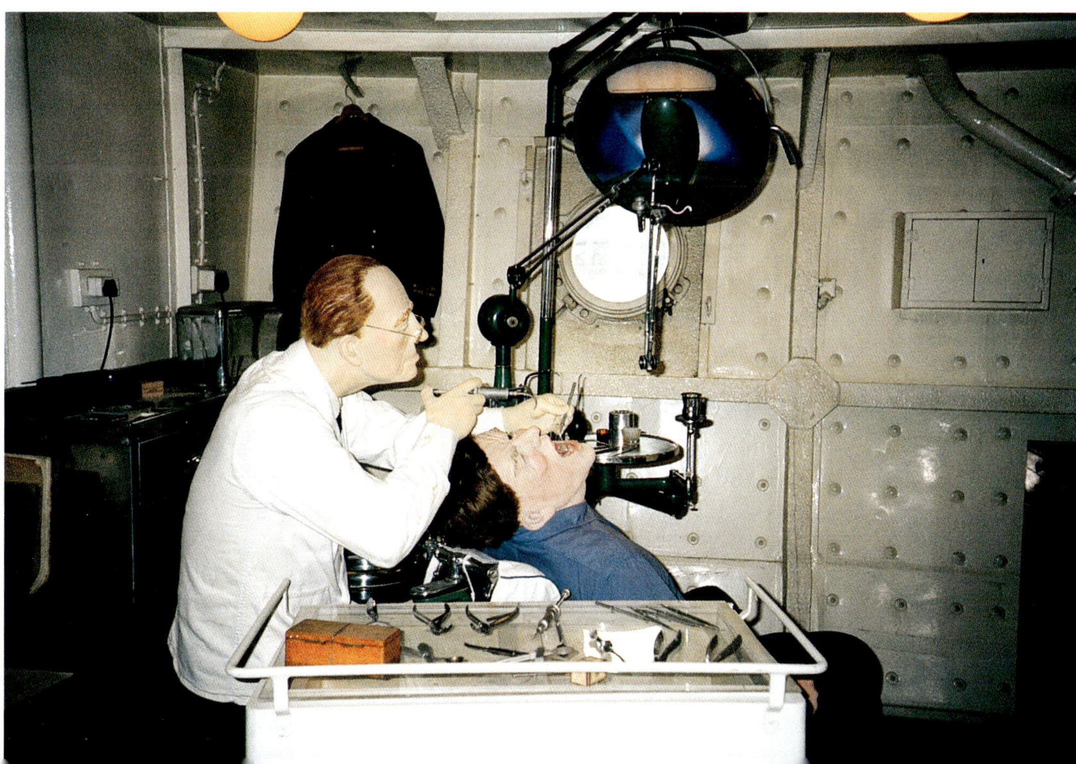

bot von unzähligen sogenannten Souvenirs der TITANIC fürs traute Heim: Vom Radiergummi mit der Aufschrift „Titanic" bis zum Schreibblock mit „Titanic"-Briefpapier und „Titanic"-Schokolade wurde alles angeboten, was sich irgendwie zu Geld machen ließ. Hier war die Grenze des guten Geschmacks für mein Gefühl weit überschritten.

Das ganz besondere Gespür der Engländer für spannend aufbereitete Ausstellungen erlebten wir auf der HMS BELFAST, die in der Themse dicht oberhalb der Tower Bridge ihren Ruheplatz gefunden hat. Der 187 Meter lange, 10 000 Tonnen verdrängende Schwere Kreuzer stand bis nach dem Koreakrieg noch im aktiven Dienst der Navy und ist mit viel Sorgfalt „gefechtsklar" erhalten. Auch hat man das Lazarett mit lebensgroßen Figuren von Matrosen und Ärzten ausgestattet; der Besucher sieht nicht nur dem Zahnarzt bei der Arbeit zu, er hört auch das Stöhnen seines Patienten über Tonband. Auf der Kommandobrücke und im Funkraum wurden ähnliche „lebende" Szenen eingerichtet und der Dienstablauf als Tonschau verdeutlicht.

Mächtig ragen die Rohre der 20,3-cm-Geschütze aus den gepanzerten Türmen, die von innen besichtigt werden können. Mir graute bei der Vorstellung, in so einem Stahlkäfig zwischen Geschützrohr, Granaten und Munitionsaufzug eine Seeschlacht erleben zu müssen.

Nahe dem Kreuzer schwamm auf den dunklen Fluten der Themse ein riesiger schwarzer Ponton. Darauf prangte das etwa zehn Meter hohe Standbild - nicht etwa von Admiral Nelson oder Winston Churchill - von Michael Jackson in seinem Weltraum-Outfit.

Staatswichtige Raben

Gleich neben St.Katharine, sozusagen nur über die Straße, überragt der berühmt-berüchtigte Tower of London mit seinen Türmen die umliegenden Gebäude. Seine Entstehung geht zurück auf das Jahr 1066, als Wilhelm der Eroberer, Herzog der Normandie, in der Schlacht bei Hastings siegte und an Weihnachten zum König von England gekrönt wurde.

Die Enkel von Rollos Nebenfrau - einer französischen Gräfin - kämpften an Wilhelms Seite und führten später den Namen le Strange oder L'Estrange, was soviel wie „Der Fremde" bedeutet. Die Familie L'Estrange blieb wie alle anderen Normannen in England, und ihre Nachkommen sind noch immer stolz auf den berühmten Stammvater Rollo. Meine Großmutter war eine geborene L'Estrange; mein Vater übernahm „L'Estrange" als Doppelnamen und gab mir, um die Tradition fortzusetzen, den Vornamen Rollo. Mit Bedacht erzog er mich in der Seefahrertradition der Vorfahren, von denen mehrere britische Seeoffiziere waren.

Wilhelm der Eroberer befahl seinen Normannen den Bau einer Feste zum Schutz von London. Seither diente die Burg abwechselnd zur Verteidigung, als Arsenal, Schatzkammer und Münze. Im Mittelalter schließlich gewann der Tower seine finstere Bedeutung, wurde zum Staatsgefängnis, zur Hinrichtungsstätte und Folterkammer. Es blieb der für Englands Ruhm so glücklichen Regentschaft der Königin Victoria vorbehalten, aus dem gefürchteten Verlies ein nationales Monument und eine Touristenattraktion zu machen. Um die Jahrhundertwende besuchten schon jährlich eine halbe Million Reisende den Tower, heute sind es zwei Millionen im Jahr. So ganz scheint der Tower seine finstere Vergangenheit aber nicht vergessen zu haben, denn eine deutsche Zeitung meldete jüngst, daß noch im Ersten Weltkrieg dort deutsche Spione eingekerkert und hingerichtet wurden.

In dem umfangreichen Burgkomplex wohnen noch heute 150 Personen, in erster Linie Towerwächter und deren Angehörige. Die Wächter sind allesamt ehemalige Stabsfeldwebel im Ruhestand, mit mindestens 22 Dienstjahren. Unser Beefeater war ein netter, gemütlicher Mann. Mit seinem zylinderartigen Hut, dem Amtsstab und seinem roten Rock - eine Uniform, die seit 1885 unverändert blieb - wirkte er sehr originell und selbstsicher. Natürlich war er als Führer auf dem langen Rundgang genau über die Geschichte des Tower informiert und routiniert in seinen Erläuterungen, nervte uns aber nie mit langweilig heruntergeleierten Texten.

Übrigens war der Tower früher von der Themse aus durch ein Wassertor zugänglich. Nachts wurden auf diesem Weg diejenigen Gefangenen hereingebracht, die für immer hinter den düsteren Mauern der Burg verschwinden sollten. Man zeigte uns recht komfortabel eingerichtete Räume, in denen prominente Gefangene Monate oder Jahre auf ihre Hinrichtung warten durften. Als Gegensatz dazu gab es auch unglaublich finstere und kalte Kerker für weniger bevorzugte Häftlinge.

Heutige Hauptattraktion sind natürlich die Kronjuwelen des Königshauses, deren Wert kaum schätzbar ist und deren Glanz und Schönheit selbst einem Schmuckmuffel wie mir Bewunderung abnötigten. Wie viele Länder und Kontinente gehörten doch früher zum Empire! Allein Indien, Australien und Südafrika haben Unmengen an Gold und Edelsteinen beigesteuert. Nicht zu vergessen die reiche Beute an spanischen Schätzen, die englische Freibeuter ihrem Monarchen zum Geschenk machten.

Auf den Grasflächen zwischen den grauen Mauern hüpften zwei große schwarze Vögel umher: zahme, an den Flügeln gestutzte Raben. Ein echter Rabenmeister sorgt für ihr leibliches Wohl und ihre Sicherheit. Mit ihren glänzenden schwarzen Federn sind es schöne Vögel, und sie haben natürlich wie alles im Tower eine ganz besondere Bedeutung für England. Der Legende nach wird nämlich die Monarchie ihr Ende finden, wenn die Raben im Tower aussterben: Grund genug, heutzutage besonders sorgfältig für ihr Wohlergehen zu sorgen. Sechs der stolzen Tiere sind normalerweise zu bewundern, und natürlich wird für raschen Ersatz gesorgt, wenn einer verendet. Ihm wird dann die Ehre zuteil, in Tower-Erde bestattet zu werden. Die Raben erinnerten mich an die Affen auf dem Felsen von Gibraltar, von denen es heißt, solange sie daseien, bliebe der Felsen britisch.

Die Besichtigung des Tower bildete den Abschluß unserer Londoner Tage. Nun stand uns die Rückkehr zum Festland über die Nordsee bevor.

Michael Jackson als schwimmendes Standbild auf der Themse – der neue Typ des „Helden"

Nebel vor Rotterdam – Sonne in Kopenhagen 5

Das Wetter war wieder regnerisch und windig geworden, der Bericht der BBC sprach von stürmischer See und sechs bis sieben Windstärken in der Themsemündung. Unter solchen Bedingungen schien es mir klüger, den Start zunächst zu verschieben. Doch bei der ersten Aussicht auf Wetterbesserung ließen wir die SOLVEIG V vom Tidenstrom die Themse abwärts schieben und machten in unserem bewährten Schlupfwinkel bei Sheerness fest, wo wir notfalls auf ein weiteres Abflauen des Windes warten konnten.

Diesmal waren fast alle Bojen belegt. Wir fanden gerade noch eine letzte freie Muring, als wir abends in den Seitenarm des Medway einliefen. Im Morgenlicht konnte ich mit dem Fernglas deutlich die weißen Kämme der Brecher erkennen, die bis vor die Einfahrt zu unserem Hafenwinkel rollten. Ein Blick zum Himmel zeigte, daß die Wolken in eiligem Zug dahinflogen. Das war uns Warnung genug, mit dem Motorboot keinesfalls auf die offene See zu gehen. Wir waren vorläufig eingeweht und mußten eben ein wenig Geduld aufbringen.

Auch den ganzen nächsten und übernächsten Tag blieben wir auf unserem gut geschützten Platz. Erst dann flaute der Wind auf Stärke vier bis fünf ab. Noch längeres Warten konnte uns zuviel Zeit kosten. Deshalb entschlossen wir uns, die Überfahrt zu wagen. Mäßigen Seegang glaubte ich dem seetüchtigen Boot und seiner erprobten Besatzung zumuten zu dürfen.

Unser Kurs führte aus der Themsemündung hinaus und in gerader Linie auf Hoek van Holland zu, die Einfahrt nach Rotterdam. In 30, höchstens 36 Stunden wollte ich die Nordsee an dieser Stelle überquert haben. Dazu mußten wir zwei Tage und eine Nacht durchhalten, komme, was da wolle. Aber eben nur eine Nacht, das war der Vorteil meiner Planung. Den unfreiwilligen Aufenthalt bei Sheerness hatten wir dazu genutzt, um alle, aber auch wirklich alle beweglichen Gegenstände in und auf den Schapps, in der Pantry, unter den Kojen und Sitzbänken zu sichern. Wir stopften Tücher, Wäsche, Kleidung und Schaumstoff in die Hohlräume, damit auch bei noch so harten Bewegungen weder Geschirr noch Werkzeug beschädigt wurden.

Aus dem Medway hinaus steuerte ich in das große Themsefahrwasser. Die Gischt der kleinen steilen Wellen prasselte gegen die Scheiben, denn der Nordostwind stand gegen den

m Stadthafen
von Amsterdam

SOLVEIG bewährte sich prächtig im rauhen Seegang der Nordsee.

ablaufenden Strom und wühlte das Wasser entsprechend auf. Die Navigation war einfach: Angelika versuchte, im Fernglas Beschriftung und Toppzeichen der nächsten Tonne zu erkennen, während ich die Instrumente, besonders Echolot, Kompaß und GPS, im Auge behielt. Danach richtete ich Kurs und Geschwindigkeit und überließ das Ruder nach Möglichkeit dem Autopiloten, um unseren Weg auf der Seekarte eintragen zu können. An Backbord glitt das etwas rätselhafte, ja unheimliche Wrack der RICHARD MONTGOMERY vorbei, eines gestrandeten Frachters. In weitem Viereck um die bei Ebbe gut sichtbaren Aufbauten ragten Gittertürme in die Höhe, die auch in der Seekarte verzeichnet sind. Der gesamte Raum in diesem Viereck ist Sperrgebiet. Weshalb wurde der Frachter nicht gehoben? Oder in dem extrem flachen Wasser zumindest zerlegt und abtransportiert?

Bis zur Medway-Tonne waren es noch vier Meilen, und von Meile zu Meile wurden Wind und Seegang stärker. Die Wellen erreichten inzwischen drei Meter Höhe, Regenschauer gingen nieder. Ich hatte Mühe, nicht vom Sitz zu rutschen. Mit einer Hand hielt ich mich, mit der anderen Steuerrad und Seekarte fest. Angelika hatte sich im Niedergang verkeilt, um beide Hände für das Fernglas frei zu haben.

„Kannst du die Medway-Tonne schon erkennen?“ fragte ich.

„Nein. Wo soll sie denn auftauchen?“

„Genau voraus, wenn wir nicht abgetrieben wurden. Ich halte darauf zu.“

So verlief unsere Unterhaltung auch bei jeder weiteren Tonne. Es wurde 17.00 Uhr, und wir waren noch immer in der Themsemündung, die sich mit ihren Untiefen und Sandbänken 70 Seemeilen weit in die Nordsee erstreckt.

Welle um Welle klatschte über das Vordeck und gegen die Fenster. Die Sicht wurde immer schlechter, da Nässe die Scheiben auch von innen beschlagen ließ. Nach 17.00 Uhr hatte ich den Kurs geändert, um für die nächsten 40 Seemeilen die Zwangswege beider Richtungen zu umfahren. Nur aus der Ferne sahen wir die endlose Prozession von großen und kleinen

Lichtern vorüberziehen. Es empfiehlt sich, mit einem winzigen Schiffchen dieser Autobahn des Seeverkehrs nicht zu nahe zu kommen. Der Umweg war nicht groß, und wir mußten ohnehin die ganze Nacht über weitermachen.

Im Griff der Nordsee

Gegen 20.00 Uhr wurde die Brise schwächer, und eine Stunde später ließ auch der Seegang nach. Oder kam es mir nur so vor, weil ich die Wellen nicht mehr sehen konnte? Der Diesel brummte gleichmäßig, und meine Augen verfolgten die Zeiger der geisterhaft leuchtenden Instrumente, die mir versicherten, daß die inneren Organe unseres Bootes funktionierten. Ab und zu schob sich der breite Bug mit voller Wucht in eine steile See: Dann folgte ein harter Schlag, der Motor änderte für zwei Sekunden seine Melodie, das Boot schien stillzustehen, bis sich der Griff der See löste und der alte Rhythmus der Geräusche und Bewegungen wieder einsetzte.
Die Finsternis schloß die nicht mehr wahrnehmbare Außenwelt fast ganz aus. Im schwachen Widerschein der Positionslampen und der Instrumentenbeleuchtung waren die Konturen innerhalb der Kajüte kaum noch zu erkennen. So näherten wir uns in einer schwimmenden, tanzenden und hüpfenden Miniaturwelt allmählich der Küste von Holland. Der Autopilot war eingeschaltet, eine Sandbank nicht mehr zu befürchten und für die Navigation jetzt allein die Position des GPS maßgeblich, die wir ständig verfolgten, um auf genauem Kurs zu bleiben. Doch wegen des oft starken Rollens und der lauten Wassergeräusche im Vorschiff konnten wir nicht abwechselnd zur Koje gehen und schlafen. Um 02.00 Uhr früh war ich so müde, daß ich für Sekunden auf der Steuerbank einnickte und den Halt verlor. Später wechselte ich mich mit Angelika ab, die dazwischen ebenso wie ich halbstundenweise in erschöpften Schlaf fiel. Langsam und zögerlich, als ob er es sich noch einmal gut überlegen müßte, schickte der kommende Tag allmählich sein spärliches Licht über die grauen Wogen und in unser einsames Nachtquartier. Zu keiner anderen Zeit auf See habe ich so sehr das Gefühl, in ungewisse Räume vorzustoßen, wie in diesen ersten Stunden der Morgendämmerung.
Mit mäßiger Fahrt, um nicht zu hart in die Wellen einzusetzen, befanden wir uns endlich in der Anfahrt auf Hoek van Holland. Der alte Fährhafen ist durch einen Ölhafen, den Europort, vergrößert worden. Zehn Meilen dahinter liegt Rotterdam, der größte Handelshafen Europas. Entsprechend dicht ist der Verkehr der ein- und auslaufenden Schiffe, und ein Sportboot muß über Funk die Genehmigung vom Hafenmeister einholen, wenn es die Einfahrt passieren will.
Ich setzte mich an den Salontisch, breitete die Seekarte aus und errechnete unsere voraussichtliche Ankunftszeit. Wenn uns der Tidenstrom keinen Streich spielte, konnten wir noch bei vollem Tageslicht in den Hafen gelangen.
Angelika machte sich dennoch Sorgen: „Haben wir denn noch genug Diesel im Tank, auch wenn es länger dauern sollte?" Wir mußten uns ohnehin mehr Gedanken um die Maschine machen, als wir dies früher im Segelboot gewohnt waren. Ein Ausfall seines Motors hat aber auch schon manchen Segler in Gefahr gebracht. Ich war mir sicher, daß ich mich auf einen guten, ständig überwachten Dieselmotor verlassen konnte.
Der Seegang hatte im Lauf des Vormittags wieder zugenommen, aber wir waren nun an die Bewegungen gewöhnt, und die Aussicht auf baldige Ankunft machte uns ohnehin unempfindlicher gegen Mühsal. „Dann haben wir 150 Seemeilen in eineinhalb Tagen geschafft und wissen jetzt, daß wir unserem Schiff auch groben Seegang zumuten können", sagte ich, den kommenden Seetörns in der Ostsee und im Kattegat mit mehr Zuversicht entgegensehend. Rotterdam zu erreichen konnte doch nicht

mehr schwierig sein? Bald mußte die Küste der Niederlande in Sicht kommen.
Die Wassertiefe betrug durchwegs um die 22 Meter, und irgendwelche Untiefen lagen nicht voraus. Gegen 10.30 Uhr am 26. Juni hatte ich die Position meines sechsten Wegpunkts hinter mir gelassen, keine 20 Seemeilen waren es mehr bis zur Hafeneinfahrt. Gegen 15.00 Uhr würden wir ankommen.
Erst sehr spät, etwa fünf Meilen vor dem Hafen, kam die flache Küstenlinie als schwacher grauer Schleier in Sicht. „Noch eine Stunde, dann haben wir's geschafft“, sagte ich zu Angelika. Im Fernglas konnte ich schon Hafengebäude, Verladeanlagen und verschiedene Häuser erkennen. Ich hielt direkt auf die große Mole zu, denn daneben mußte die Einfahrt sein. Alles war klar zu erkennen. Angelika fing an, sich Kleidung für den Landgang zurechtzulegen.
Die Mole lag nur noch eine halbe Meile voraus. Ein zweimastiger Schoner, vermutlich ein Charterschiff, lag erbärmlich rollend in der Dünung. Man wartete wohl auf einen Lotsen. Das entnahm ich einem Funkgespräch, das wir zum Teil mithören konnten. „Endspurt“, dachte ich.

Die hellgraue Wolke

Von Backbord näherte sich eine hellgraue Wolke. Jetzt störte sie mich nicht mehr, denn der Hafen lag klar voraus. Doch mit einem Mal umgab uns undurchdringlicher Nebel. In dichten Schwaden senkte er sich herab, legte sich aufs Wasser. Ich sah nichts mehr, hatte nur noch weiße Soße um mich herum. Sofort verlor ich die Orientierung, wußte auch nicht mehr die Richtung, in die ich steuern mußte, denn ich hatte zuletzt weder die Karte noch den Kompaß beachtet.
Der GPS mußte helfen. Der zeigte eine Position vor der Mole, die auch bald als graue Wand hinter Schleiern erkennbar wurde. Davor lag allerdings eine Kette weiß schäumender Brecher. Viel zu nah! Erschrocken wendete ich um 180 Grad und hielt in tieferes Wasser. Aber wo war ich jetzt? Nochmals änderte ich den Kurs, wollte den Schiffsweg kreuzen, um von der anderen Seite neu anzulaufen.
Nach zwei Minuten tauchte aus der weißen Wand die riesige Silhouette einer Fähre auf. Sie hielt direkt auf uns zu! Mit Vollgas entging ich einer Kollision. Jetzt müßte ich mich über UKW anmelden, überlegte ich. Wir versuchten es auch, erhielten aber keine Antwort. Stimmte der Funkkanal nicht? Auch der Schoner rief mehrmals nach seinem Lotsen. Vielleicht war die Verkehrskontrolle wegen des Nebels überlastet?
War denn auf einmal alles verhext? Hatte der Wind gedreht und den Nebel gebracht? Plötzlich stand der Wind gegen den Strom und warf bei der starken Dünung gefährlich steile Seen mit Brechern auf. Das Boot wurde brutal angehoben und auf die Seite geworfen. Ich mußte gegensteuern und hatte dabei das Gefühl, an der Wellenwand abzurutschen. Das waren Grundseen! Auf den letzten Metern der Überfahrt mußte ich völlig unerwartet um unsere Sicherheit fürchten.
Einige Minuten später kam nochmals eine Fähre, drohend klang ihr Sirenenton neben uns aus der weißen Masse. Schnell glitt sie an uns vorbei. Angelika schrie: „Fahr ihr nach!“ Das war wohl das Beste, was wir tun konnten. Ich folgte dem Schiff.
„Zum Teufel mit der Hafenbehörde, wir müssen auf ruhiges Wasser und in den Schutz der Mole kommen“, dachte ich und gab Vollgas. Doch schnell hatten sich die Umrisse des Schiffes vor uns wieder aufgelöst. Wenigstens hatte ich jetzt den Kompaßkurs auf die Einfahrt und behielt ihn bei.
Endlich fühlte ich wie erlöst, daß das Wasser unter mir ruhiger wurde. Sehen konnten wir noch immer nichts, nicht einmal die große Trennmauer, die mitten durch das Hafengebiet

verläuft und den Kanal in Richtung Rotterdam abgrenzt. Plötzlich brüllte wieder eine wütende Sirene auf. Ein Ungetüm wie aus einem Horrorfilm erschien aus den Nebelschleiern. Der Riese konnte nicht ausweichen, und das Dröhnen seiner Maschinen kam immer näher. Ein Turm mit Baggerschaufeln löste sich aus dem Grau, aber es war zunächst nicht zu erkennen, in welche Richtung sich der Koloß bewegte.
Wieder drehte ich mit Vollgas ab, aber ein kräftiger Schwall seines Heckwassers erreichte uns dennoch: wie ein ärgerlicher Tritt in den Allerwertesten.
Das Herz schlug mir bis zum Hals, und mein schlechtes Gewissen verstärkte noch die Unruhe. Ich hatte fast einen Unfall provoziert, denn wer in dem engen Hafenwasser das Wegerecht hatte, stand außer Frage. Der Nebel hatte mich völlig unvorbereitet erwischt, doch hätte es selbst draußen vor dem Hafen keinen Platz gegeben, an dem ich sicher hätte warten

können. Ob wir Ärger mit der Hafenpolizei bekommen würden? Ich machte mich auf das Schlimmste gefaßt.
Inzwischen näherten wir uns dem Hafengebiet von Rotterdam, und erst jetzt lichtete sich der Nebel. Ich konnte die Begrenzungen des Kanals erkennen und wollte nun so rasch wie möglich in einen Yachthafen oder an einen sonst geeigneten Liegeplatz.
Der Kanal, Nieuve Waterweg genannt und ein Teil der Maasmündung, verbindet Hoek van Holland mit dem weiträumigen Hafengebiet von Rotterdam. Er ist nur 15 Seemeilen lang und somit viel kürzer als die Elbe zwischen Cuxhaven und Hamburg: ein großer Vorteil für Rotterdam.
Zwischen unendlichen Industrie- und Verladeanlagen hindurch steuerte ich weiter. Ich war noch immer verwirrt, stand unter einer gewissen Schockwirkung. Aus der völlig harmlos geglaubten Einfahrt bei Hoek van Holland war ein Alptraum geworden. Wenigstens hatte ich gute Hafenkarten dabei, so daß zwischen den verwirrend vielen Bauten keine Unklarheit über unsere Position entstehen konnte. Doch dann näherte sich ein Polizeiboot und gab Zeichen, wir sollten längsseit kommen!
Also doch! Man hatte uns gemeldet.
Angelika ging ins Cockpit, um Verbindung aufzunehmen. Fragen wurden gerufen, nach dem Zeitpunkt unseres Einlaufens in Hoek van Holland, nach der Überfahrt, dem letzten Hafen. Ich sollte Kurs ändern und dem Polizeiboot folgen. Meine Stimmung ging auf Null. Wir verließen das Fahrwasser und wurden durch kleinere Hafenbecken geleitet. Wo wollte man uns hinbringen?
Endlich stellte sich heraus, daß die Angst allein von meinem schlechten Gewissen herrührte. Niemand hatte uns gemeldet, das Polizeiboot wollte nur sichergehen, daß wir den Yachthafen

Wir fühlen uns wie Heimkehrer nach einer schwierigen Bergtour.

fanden, und uns zudem an einer gesperrten oder gefährlichen Stelle des Hauptfahrwassers vorbeilotsen; genau konnten wir die Holländer nicht verstehen. Eine halbe Stunde später bogen wir in einen kleinen, aber zur Stadt sehr günstig gelegenen Sportboothafen ein. Es ist ein ehemaliger Fährhafen und gleichzeitig Heimat mehrerer besonders schöner Oldtimer.
Allmählich legte sich unsere Aufregung. Angelika schweigt grundsätzlich in kritischen Situationen, aber danach hält sie mit ihrer Meinung nicht zurück. „Wenn es Geräte gibt, die uns in so schwieriger Lage helfen können", sagte sie, „dann sollten wir sie haben. Jedes kleinste Fischerboot hat Radar. Die wissen, warum. Für die nächste Reise müssen wir ein Radargerät einbauen." Nach der eben gemachten Erfahrung konnte ich kaum widersprechen, obwohl ich die runden Töpfe ihres Aussehens wegen nicht mag.
Wie Heimkehrer nach einer schwierigen Bergtour fühlten wir uns. Alle Glieder taten uns weh, und auch mein Kopf war noch benommen. Aber hier, mitten in der Stadt, hatten wir an einem so malerischen und günstigen Platz festgemacht, daß wir uns sehr bald erholten.

Amsterdam – Hamburg – Lübeck

Rotterdam blieb uns in guter Erinnerung: mit seinen großzügig angelegten, breiten Straßen, den Grünanlagen und attraktiven Geschäften ist es eine schöne Hafenstadt. In dem gut ausgebauten Kanalsystem von Holland fanden wir auf der Weiterfahrt überall problemlos Liegeplätze. Die starke Verbundenheit der Niederländer zur See und zur Schiffahrt zeigte sich auch darin, daß wir sogar in innersten Stadtbezirken und an Uferpromenaden erstklassige Anlegebrücken entdeckten, die den Wasserwanderern kostenlos zur Verfügung standen. In den Kanälen - mitten im Grünen - findet man kilometerlange Bootsstege für Gäste, die mit ihrer schwimmenden Behausung dort festmachen, um die Natur zu genießen.
Unser Kurs durch Holland führte über Gouda, Amsterdam, das IJsselmeer und Groningen nach Emden. Gern hätte ich Haarlem wiedergesehen, aber es lag nicht auf unserer Route. Vielleicht können wir bei einer späteren Fahrt durch Holland diese hübsche Stadt besuchen, an die sich bei mir früheste Kindheitserinnerungen knüpfen. Fünf Jahre war ich alt, als meine Eltern dort wohnten und mit mir nach Noordwijk fuhren, wo ich von der hohen Düne hinunter zum ersten Mal im Leben das Meer sah, ein Anblick, der einen entscheidenden Eindruck auf mich machte. Zum ersten Mal schlief ich beim Rauschen der Brandung ein und erlebte auch meine erste Fahrt in einem Segelboot.
Die Vielfalt der Stadtbilder, der Architektur und des Lebens, die wir auf der Europafahrt erlebten, waren ein reicher Lohn für die oft langen Kanalfahrten und Wartezeiten vor Brücken und Schleusen. Wie andersartig als London und doch nicht minder aufregend empfanden wir die Kulisse von Amsterdam! Vielleicht drängen sich diese Eindrücke dem Besucher im Boot noch viel intensiver auf als dem Reisenden an Land, wo sich internationale Hotels oft zum Verwechseln ähneln. Vielleicht ist es aber auch der Kontakt zu den Menschen, der sich im Boot zwangsläufig ergibt und dem Wasserwanderer die Eigenarten des Landes näherbringt. Eines aber ist sicher: In keinem anderen Erdteil kann man derartigen Farbenreichtum verschiedener Völker, in Jahrtausenden gewachsener Kulturen, Sitten und Lebensformen in so kurzer Zeit bewundern wie im Herzen Europas.
Von Emden aus gelangten wir über Oldenburg und Bremerhaven nach Hamburg, wo wir im City-Hafen festmachten, in schönster Lage neben den Landungsbrücken, nicht weit vom Fischmarkt und St.Pauli entfernt.
Und noch einmal, wie schon 1993, tuckerten wir ein Stück die Elbe aufwärts, bogen dann am

Amsterdam – Stadt der malerischen Grachten …

… und der Toleranz

nächsten Morgen beim romantischen Städtchen Lauenburg ab in den Lübeck-Kanal. Vorbei an der alten Hansestadt mit ihren markanten Türmen, folgten wir der Untertrave weiter Richtung Ostsee. Travemünde, 1983 der Ausgangshafen unserer Weltumsegelung, erlebten wir diesmal zum Höhepunkt der Travemünder Woche. Eine bunte, verwirrende Vielzahl von Segelbooten und anderen Fahrzeugen kreuzte in dem engen Fahrwasser, dazwischen schoben sich noch die großen Skandinavien-Fährschiffe. Das war zuviel Trubel, um auf ein Plätzchen für uns hoffen zu können. Wir passierten den Passathafen, vor dem die riesigen Masten des großartigen Windjammers in den Himmel ragten. Ich komme da nie vorbei ohne eine innere Verbeugung vor den Männern, die auf diesen Schiffen noch in meiner Jugendzeit die Weltmeere befuhren.

Wir liefen weiter über die Lübecker Bucht nach Burgtiefe auf der Insel Fehmarn. Die Marina Burgtiefe ist sehr günstig im Burger Binnensee angelegt und zusätzlich durch einen langen Wellenbrecher gegen Seegang geschützt. Es war der rechte Platz für uns, um die Tanks mit Wasser und Diesel zu füllen, Lebensmittel einzukaufen und eine letzte Rast einzulegen, bevor wir deutsche Gewässer bis zum Ende der Reise verließen. Zum Einkauf allerdings mußten wir nach Burgstaaken, dem Hauptort von

Fehmarn, und der liegt eine halbstündige Busfahrt vom Yachthafen entfernt. Burgstaaken ist eine sehr originelle alte Fischerstadt, ein Kleinod mit zauberhaften alten Häusern und einem historischen Rathaus. So waren wir keineswegs traurig, daß am nächsten Tag eine kräftige Brise unsere Weiterfahrt verhinderte und wir Zeit hatten, uns ein wenig auf Fehmarn umzusehen.

Retter aus Seenot

Nach der zweiten Nacht in der Marina war der Wind leichter geworden, und wir faßten unser nächstes Ziel ins Auge: Kopenhagen. Die Überquerung des Belt zur Insel Falster bedeutete nur eine Strecke von 20 Seemeilen über offenes Wasser. Für die anschließende Etappe hatte ich mir eine Binnenroute um die Insel Falster und dann durch ein sehr enges Fahrwasser zwischen Seeland und Falster hindurch in den Sund bei Fakse Bugt ausgesucht. Diese schmalen und teils flachen Gewässer zwischen den dänischen Inseln versprachen eine interessante Fahrt mit viel Landschaft und wenig Seegang. Größte Aufmerksamkeit war zwischen den zahlreichen Tonnen notwendig, um nicht auf einer der vielen Schlick- und Sandbänke aufzulaufen. Mit unseren 1,30 Meter Tiefgang war das leichter als mit einer Segelyacht, dennoch waren wir beide ständig mit dem Fernglas beschäftigt, um den Kurs zu bestimmen. Dagegen spielten die wechselnden Strömungen in den Engen für uns keine entscheidende Rolle.
Erst durch den Guldborg-Sund, dann umrundeten wir in einem 180-Grad-Bogen die Insel Falster und steuerten an Vordingborg vorbei und unter der riesigen Brücke hindurch, die Seeland mit Falster verbindet, in östlicher Richtung auf den Sund zu. Nach der Brücke wird das Fahrwasser so schmal und windet sich in so verschiedene Richtungen, daß wir anhand der Karte überlegten, durch welche Rinne wir am sichersten die Flachstellen umfahren konnten. Da fiel uns ein großer Oldtimer auf, der außerhalb der Betonnung lag. Im Näherkommen war deutlich zu sehen, daß der Zweimastschoner stark krängte. Als wir langsam vorbeifuhren, machten uns die Segler durch heftiges Winken auf ihre Notlage aufmerksam.
Mehrere Manöver waren zunächst vergeblich, da wir selbst drohten, auf Grund zu laufen. Aber schließlich gelang es dem Skipper, der im Beiboot nahe genug herankam, eine Schlepptrosse zu übergeben. Danach begann ein längeres „Tauziehen“. Es dauerte sicher eine halbe Stunde, bis wir das schwere Schiff aus dem Schlick, in dem es festsaß, freigeschleppt hatten.
Es war spät geworden, und da wir ohnehin die Nacht auf einem Ankerplatz in der herrlichen Natur verbringen wollten, fuhren wir nur drei Meilen weiter und warfen den Haken vor der kleinen Insel Tarö in das nur zwei Meter tiefe Wasser. Dicht vor der Küste der wenig oder gar nicht bewohnten Insel genossen wir einen farbenprächtigen Sonnenuntergang und wurden am Morgen von munteren Vogelstimmen geweckt. Wir nahmen Kurs auf die Ausfahrt in den Sund bei Kalvehave.
Was uns dann in der Faksebucht an Flachwasser mit Tiefen um die zwei Meter, also oft nur 0,2 bis 0,4 Meter unter dem Kiel, erwartete, war so spannend, daß mir öfter der Schweiß auf die Stirn trat. Angelika sang ständig die Werte des Echolots aus, mit warnendem Vorwurf in der Stimme, weil ich dieses Fahrwasser gewählt hatte. Natürlich ließ sich das Echolot auf dem Instrumentenbrett leicht ablesen, aber ich riskierte nicht einmal einen kurzen Blick auf das Lot, um die roten und grünen Spieren nicht aus dem Auge zu verlieren, die das Fahrwasser begrenzten. Auf der Karte sind zudem zahlreiche Steine eingezeichnet, und ich fand an verschiedenen Stellen die Beschriftung „Tiefen sehr veränderlich“. Auf eine Länge von fast zehn Seemeilen erstreckt sich die flache Rinne, an deren Ende ich erleichtert aufatmete. Wir

hielten nun in den Sund hinaus, entlang der Küste, um auf kürzestem Weg Kopenhagen zu erreichen.

SOLVEIG wird überfallen

Doch die Faksebucht hielt eine weitere Überraschung für uns bereit. Als wir gegen Mittag, etwa eine Seemeile von der Küste entfernt, die Landspitze und den Leuchtturm bei Stevns passierten, flog plötzlich ein Schwarm Insekten, die wir für Wespen hielten, durch die offene Salontür herein. Ich fürchte mich nicht vor Wespen, und Angelika lehnt es grundsätzlich ab, ein Tier unnötig zu töten. Aber als mehr und mehr „Wespen" - wir erfuhren später, daß es sich um Schwebefliegen handelte - vor uns, hinter uns und auf allen Flächen herumkrochen, fingen wir doch an, mit Lappen zuzuschlagen. Mit Wedeln und später sogar mit Insektenspray versuchte Angelika, die Tiere durch das Fenster zu treiben. Schließlich gaben wir auf, setzten uns an den Tisch und tranken eine Tasse Tee - oder versuchten es zumindest.

Tausende von Schwebefliegen überfallen auf einmal die SOLVEIG.

Jetzt merkten wir, daß wir ein ernstes Problem hatten: Es war nicht möglich, einen Schluck zu trinken oder einen Keks in den Mund zu schieben, ohne eine der „Wespen" an die Lippen zu bekommen.

Es war heiß, sehr heiß, deshalb mußten wir die Tür offen lassen. Immer neue Schwärme der lästigen Insekten bedeckten Tisch und Bänke, aber auch kleine Gegenstände wie Schlüssel, Körbchen, Teller und was sonst noch offen dalag. Es müssen mehrere Tausend der gelben Ungeheuerchen gewesen sein. Wenn wir etwas anfaßten, zerdrückten wir ungewollt die kleinen Körper. Sie blieben an der Hand kleben, saßen im Cockpit, auf dem Kajütdach und unter dem Schlauchboot. Nach kürzester Zeit war alles, aber auch alles, von den häßlichen Gästen besetzt: Fotokamera, Objektive, Filmausrüstung, Taschen, Steuerrad, Geschirr, Kissen - ja selbst am Schlüssel hingen sie in Trauben. Die Lage war unerträglich geworden.

Wir schlossen Türen und Fenster und griffen zu einem äußersten Mittel: Angelika holte den Staubsauger und schloß die Tür. Drei Stunden brauchte sie für diese ekelhafte Jagd. Es stank abscheulich, der Staubsauger war innen mit Insekten völlig verklebt. Noch nach Monaten und sogar nach dem Winter in Schweden fanden wir tote Schwebefliegen in allen Ecken. Sie lagen unter den Kojen, in den Schapps, zwischen Polstern, Büchern und im Motorraum.

Die Attacke der Insekten war so ungewöhnlich und beängstigend gewesen wie in einem Horrorfilm. Ziemlich erschöpft, auch von der Hitze - denn wir wagten es nicht mehr, die Tür zu öffnen -, näherten wir uns Kopenhagen. Mit einem kleinen Boot in einen großen Seehafen einlaufen, ist immer aufregend. Verwirrend sind schon die vielen Molen und Vorhäfen. Doch am Ende war der alte Leuchtturm Trekroner eine eindeutige Landmarke für die Passage ins innere Bassin, und von dort fanden wir dann auch eine Meile weiter den bekannten Yachthafen Langelinie.

Bei der kleinen Meerjungfrau

Zunächst drehten wir einen Kreis im Hafenbecken, aber sogleich schwang sich ein Herr mit Schiffermütze auf sein Fahrrad und gab Zeichen, wo er uns erwartete. Dies mußte der Hafenmeister sein. Obwohl uns die Lücke viel zu eng schien, half er so lange, bis sich die SOLVEIG hineingedrängelt hatte und mit dem Bug fest war. Ich hatte noch nie einen Hafenmeister erlebt, der sich mit solchem Eifer, mit soviel Sorgfalt und Fürsorge um jedes einzelne Boot kümmerte wie dieser Mann. Unter seiner Obhut fühlten wir uns geborgen.
Der Preis von 42 Mark pro Tag war nicht gerade niedrig, aber dafür hatten wir in der besten Lage von Kopenhagen, im Park des Kastells an der Hafenpromenade, festgemacht. „Gratuliere zur Ankunft in Kopenhagen!“ rief ich Angelika lachend zu. Vielleicht meinte ich mit der Gratulation auch mich selbst, denn ich war glücklich, auf meiner Fahrt durch Europa wieder einen großen Schritt vorwärts getan zu haben.
Die Lage dieses Yachthafens ist begeisternd: ringsum das Grün des herrlichen Parks, in der Nähe das Stadtzentrum, und nur 50 Meter entfernt die bekannte Skulptur der kleinen Meerjungfrau. Hier spielte sich an den warmen Sommerabenden vielfältiges Leben ab. Tagsüber waren es in sicherem Abstand parkende Touristenbusse, die immer neue Ladungen von Besuchern in den Park und zum Meermädchen ausschütteten. Es wurde nie langweilig und war doch sehr ruhig, da sich keine Verkehrsstraße in der Nähe befand und die vielen Menschen niemals laut oder aufdringlich wurden.
In der Stadt überraschten uns die hohen Preise, aber vielleicht lag das an einem zur Mark ungünstigen Wechselkurs. Das äußere Bild der

Kopenhagens kleine Meerjungfrau – nur wenige Meter von unserem Liegeplatz entfernt

Ganz rechts: Viel Jugend im Zentrum der Stadt

Alte Häuser und Restaurants schaffen eine unverwechselbare Atmosphäre an Kopenhagens Wasserfront.

Straßen und Häuser ist ungewöhnlich gepflegt, die Ordnung fast ein wenig zu kleinbürgerlich penibel. Für eine Hafenstadt von internationaler Bedeutung fanden wir das erstaunlich, wenn auch sehr angenehm. Ich benötigte noch schwedische Seekarten, deshalb schlenderten wir über den Hafenkai und an der Amalienburg vorbei zum Neuen Hafen. Ausgesprochen malerische Winkel, alte Häuser und eine unübersehbare Zahl von Restaurants und Bistros gaben Kopenhagens sonniger Wasserfront eine unverwechselbare Atmosphäre.
Dänemark, das war zu sehen, mußte einmal ein sehr reiches Land gewesen sein. Und heute? Auch hier gibt es Sorgen. Als uns eine freundliche Bedienung auf der Straße ansprach und mir einen Zettel in die Hand drückte, dachte ich zuerst, es sei Werbung. Doch in dänisch und englisch stand darauf, das Lokal, in dem sie

Originelles Emblem einer Seekartenhandlung in Kopenhagen

Immer wieder lockt das Wasser.

arbeitete, doch bitte zu meiden, da der Besitzer seine Angestellten schlecht bezahle. Ein Boykottaufruf vom eigenen Personal!
Nicht weit davon, neben einem Luxushotel, befand sich das empfohlene Geschäft für Seekarten. Abermals gerieten wir in Erstaunen: Dieser Salon, so mußte man den Verkaufsraum schon bezeichnen, war so vornehm ausgestattet, daß ich eher das Gefühl hatte, in eine teure Boutique geraten zu sein. Gewiß, auch für mich sind Seekarten etwas Besonderes und keine alltägliche Ware wie Zeitschriften oder Schallplatten, aber dieser Laden hatte einen ganz eigenen Stil. Dazu kam ein fachlich geschulter Verkäufer, der mich hervorragend bediente und informierte.
Bei der Weiterfahrt an der Küste entlang verband sich das Stadtgebiet Kopenhagens nahtlos mit Industrieanlagen, zwischen denen die Tuborg-Brauerei besonders auffällig herausragte: Ein hoher Turm und ein eigener Hafen verdeutlichten unübersehbar die Bedeutung dieses Bierproduzenten für das ganze Land.
Allmählich wurde die Landschaft wieder grüner, große Parks und Villen beherrschten das Bild, bis in der Ferne die Türme von Schloß Kronborg in Sicht kamen. Wir näherten uns Helsingör, der engsten Stelle des Sundes zwischen Schweden und Dänemark. Mit Helsingör verbindet sich nicht nur die Hamletsage, sondern auch die Geschichte vom Sundzoll, der von allen durchfahrenden Schiffen 428 Jahre lang erhoben wurde. Aus dieser unerschöpflichen Geldquelle ließ sich nicht nur das prächtige Schloß errichten, der Zoll verschaffte auch dem Staat und der Privatschatulle des Königshauses ein ansehnliches Kapital, das noch dazu ohne großen Aufwand erworben wurde.
Bis in die heutige Zeit hat die Meerenge als Verbindung zwischen Atlantik und Ostsee ihre besondere Bedeutung behalten, obwohl ein großer Teil des Verkehrs seit der Jahrhundertwende auf dem kürzeren Weg durch den Nord-Ostsee-Kanal abgewickelt wird. Als wir durch den Öresund steuerten, kam uns ein schneeweißes Schiff entgegen. Zunächst konnte man es mit seinen hohen Aufbauten für einen Passagierdampfer halten. Die große Zahl verschiedenster Antennen, die hell in der Sonne leuchteten, verrieten aber bald ein russisches Spionageschiff. Der Riese im Osten führt anscheinend seine Erkundungen weiter fort, möglicherweise werden diese Spezialfahrzeuge auch zur Satellitenbeobachtung eingesetzt.
Zu Zeiten der Sowjetunion war die Meerenge

Begegnung mit einem russischen Spionageschiff bei Helsingör, vollgepackt mit Elektronik

ein großes Ärgernis für die Flottenführung, denn es konnte keine Einheit, auch kein U-Boot, von der Ostsee in den Atlantik oder nach Murmansk gelangen, ohne im Sund genau fotografiert und registriert zu werden. Dies wurde als so bedeutender strategischer Nachteil empfunden, daß Außenminister Molotow im November 1940, also noch vor dem deutschen Angriff, ernsthaft die Forderung erhob, Hitler solle der Sowjetunion nicht nur freie Hand zur Besetzung der Meerengen in der Türkei gewähren, sondern Stalin auch Stützpunkte in Dänemark überlassen, um die freie Fahrt durch den Sund für die sowjetische Flotte ein für allemal zu sichern.

Eingeweht auf Anholt

Im Hafen von Helsingör bunkerten wir Diesel und fuhren ohne Stopp weiter Richtung Schweden. Es war sonnig, eine leichte Brise wehte, die kaum merklichen Seegang verursachte. Dieses Geschenk von Neptun mußten wir nutzen. Mit voller Fahrt hielt ich auf die Insel Anholt zu, die auf halber Strecke nach Göteborg im Kattegat liegt. Obwohl die Glasenuhr durch drei Doppelschläge bereits die zehnte Stunde gemeldet hatte, wollte ich die 60 Seemeilen unter allen Umständen noch vor dem Abend schaffen. Es wurde eine Überfahrt, die man schnell vergißt, weil eine eintönige Dünung für gleichmäßige Bewegungen sorgte, die Küstenstriche rasch im Dunst verschwunden waren und sich absolut nichts ereignete, das einer Erwähnung wert wäre. Erst als Anholt schon greifbar nahe vor uns lag, der Leuchtturm und der Radarturm auf der Anhöhe gut zu erkennen waren, bemerkte ich, daß wir wegen der ausgedehnten Flachstellen einen Bogen von gut zehn Seemeilen schlagen mußten, um von Westen her in die Einfahrtsrinne steuern zu können.

Schon gegen 18.30 Uhr rundeten wir im Abendlicht die Mole und machten in der hintersten Ecke des geräumigen Seglerhafens, der ziemlich überfüllt schien, an einer Pier neben der Tankstelle fest: ein Platz, der wohl eher für die Berufsschiffahrt gedacht war, aber von Fischerbooten nicht belegt wurde. Mit dem Tankwart einigten wir uns später, indem wir Öl kauften und nochmals Diesel bunkerten.

Anholt ist eine idyllische Insel mit langen weißen Sandstränden und keinerlei lautem

Insel Anholt: An einer Pier bei der Tankstelle finden wir in dem überfüllten Hafen noch Platz

Rummel. Nur ein Fährschiff, das täglich einmal von Dänemark kommt, hält die Verbindung zur übrigen Welt aufrecht. Autos sind nicht erlaubt, abgesehen von ein paar kleinen Lastern für den Bedarf der Einheimischen. Man vermietet Zimmer an ruhebedürftige Urlauber und betreibt kleine Nebengeschäfte. Es heißt, daß die Bewohner früher auf die Ausplünderung gestrandeter Schiffe angewiesen waren, um überleben zu können. Strandungen gab es häufig auf den Sandbänken. Und wie es zu einer Strandung kommen konnte, darüber erhielten wir noch am gleichen Abend ein Lehrstück. Um 20.00 Uhr kam plötzlich Starkwind aus Südwest auf, später sogar Sturm. Wir brauchten zusätzliche Fender und waren sehr froh, im Hafen zu sein. Gegen 23.00 Uhr kam außer einer deutschen noch eine große dänische Yacht schutzsuchend bei uns längsseits.

Wir blieben auf Anholt. Bei dem sonnigen Wetter wanderten wir zum Leuchtturm und auf die bewaldete Anhöhe, von der aus wir einen hübschen Blick über den Hafen und die mit weißen Schaumkronen geschmückte See genossen. Auf dem Gipfel des Hügels steht ein riesiger Radarturm, eine Art Geheimposten der NATO für die Beobachtung des Schiffsverkehrs im Öresund.

Erst am dritten Tag hatte sich der Wind beruhigt. Zwar ging die See noch hoch, aber wir wollten weiter. Der Sommer in Skandinavien näherte sich seinem Ende, und wir hatten den schönsten Teil unserer Fahrt, den Göta-Kanal durch Schweden, noch vor uns. Für die 70 Seemeilen nach Göteborg brachen wir nach einem hastigen Frühstück noch vor Sonnenaufgang auf. Kaum hatten wir den Wellenbrecher gerundet, empfing uns eine häßliche Dünung, steil wegen des flachen Wassers und konfus wegen der veränderten Windrichtung. Das Boot tanzte, rollte und stampfte, und in jedem Wellental zeigte das Echolot eine so geringe Tiefe an, daß ich fürchtete, das Fahrwasser verfehlt zu haben.

Nach einer halben Stunde dieses Tanzes hatten wir endlich tieferes Wasser unter dem Kiel. Jetzt wurde die vom stürmischen Vortag noch immer hohe Dünung zumindest regelmäßiger, aber an Entspannung war nicht zu denken. Ich wußte kaum, wie ich mich auf dem Steuersitz halten sollte. Von Zeit zu Zeit ließ ich das Rad los und rutschte seitlich in den Niedergang zur Pantry. Das war besser, als durch Anklammern das Rad zu beschädigen. Von Stunde zu Stunde hoffte ich auf Beruhigung, aber da um Mittag der Wind wieder auffrischte, blieb der Seegang den ganzen Tag über ungemütlich. Wenn wir erst einmal im Götaälv waren, an dessen Mündung der Hafen von Göteborg liegt, würden wir die Wettersorgen endlich für Wochen los sein. An diesem Gedanken zogen wir uns regelrecht hoch.

Im Zaubergarten vor Göteborg

Am Spätnachmittag erkannten wir voraus die erste der Inseln. Dahinter erwartete uns nicht nur ruhigeres Wasser, sondern ein Zaubergarten aus urweltlichen, kahlen Felsformationen, wie ich sie bisher noch nie gesehen hatte. Je weiter wir eindrangen, desto dramatischer wurde die Szenerie. Auf einigen der größeren Schären standen eine Hütte oder zwei, die als kleine Sommerhäuschen dienten oder nur als Unterschlupf nach einer Ausfahrt zum Fischen. Wir hatten die schönsten Stunden des Tages für die Durchfahrt gefunden, denn je tiefer die Sonne sank, desto länger wurden die Schatten, und die riesigen Felsen änderten ihr Aussehen mit jeder Viertelstunde.

Acht Seemeilen tief ist der Schärengarten der Küste vorgelagert, und es bedarf schon einer Karte im Maßstab von 1 : 25 000, um sich in dem Gewirr der Felsen, Untiefen, kleineren und größeren Inseln zurechtzufinden. Navigieren hieß für uns vor allem Suchen. Suchen nach der nächsten Insel, der nächsten Tonne oder einem irgendwie gekennzeichneten Fahrwasser. Der Kompaß kann jeweils nur die grobe Richtung angeben, wo die nächste Markierung zu finden ist. Die letzten Schären lagen im rötlichen Schein der Abendsonne vor uns, eine Steigerung, die uns in Begeisterung versetzte.

Angesichts der Leichtathletik-Weltmeisterschaft, die damals in Göteborg ausgetragen wurde, hatten wir kaum mehr mit einem freien Liegeplatz gerechnet. Um so größer war unser Erstaunen, als wir im Königlichen Yacht-Club noch freie Plätze fanden. Überhaupt war es auf dem Gelände des Seglerhafens eher ruhig. Hatten die Segler wenig Interesse für Leichtathletik? Oder verhielt es sich umgekehrt, daß unter den Leichtathleten und ihrem Publikum nur wenige Segler waren? Im Hafenbüro sagte man uns, daß die Zahl der Segler und Mitglieder, bedingt durch die wirtschaftliche Lage, allgemein rückläufig sei und daß mehr Liegeplätze zur Verfügung stünden als vordem.

Bei unserem ersten Stadtgang am nächsten Morgen nahmen wir die Straßenbahn, denn es waren doch einige Kilometer bis zum Zentrum. Nach einer halben Stunde Fahrt schlossen wir aus dem Anblick der Häuser und Geschäfte rundum, daß wir in der Innenstadt waren. Wir brauchten dringend einen Stadtplan, um das Zentrum in den kommenden Tagen mit den Rädern erreichen zu können. Ein bescheidener Wunsch, wie ich meinte. Aber während man in den meisten Städten so einen Plan an jedem Zeitungsstand erwerben kann, hatten wir in Göteborg kein Glück. Erst nach langem Suchen und häufigem Fragen erhielten wir das Gewünschte in einer großen Buchhandlung. Aber zu welchem Preis! Umgerechnet 16 Mark bezahlten wir für eine skizzenhafte Darstellung, die nicht halb so gut war wie der Plan, den wir in Kopenhagen gratis erhalten hatten.

Vergeblich war auch die Suche nach einem netten Café, vielleicht schon deshalb, weil in Schweden niemand bedienen will. Der Stolz der Schweden läßt es nicht zu, daß einer des anderen Diener sei. Selbst in großen Hotels holt sich der Gast seine Getränke an der Theke selbst. Aber was bedeutete schon ein kleiner Verdruß gegenüber dem prächtigen Gesamteindruck, den wir von der Stadt am Meer mit ihrer klaren Luft und ihren sauberen, mit grü-

Urweltliche, kahle Felsformationen im Schärengarten vor Göteborg

nen Bäumen gezierten Straßen bekamen? Vielleicht besteht der Charme von Göteborg gerade darin, daß die Einwohner nicht dem Tourismuskult frönen, sondern ihre Stadt für die eigenen Bedürfnisse mit viel Liebe gestaltet haben.

Die Weltmeisterschaft hatte jede Menge Leben auf die Straßen gebracht. Sie waren gedrängt voller Menschen aus den verschiedensten Ländern; Sonderfahrten der Straßenbahn mit historischen Wagen rollten über die Plätze, und in Zelten fanden Vorführungen und Ausstellungen statt. Im dichtesten Gedränge standen hübsche junge Mädchen und verteilten mit freundlichem Lächeln Kondome und Aidswarnungen. Angelika war von der Selbstverständlichkeit ihres Auftretens so begeistert, daß sie um Erlaubnis bat, die jungen Damen bei ihrer Tätigkeit filmen zu dürfen.

Wie anders war hier das Straßenbild, als es bei gleichem Anlaß in Frankreich oder in Italien gewesen wäre! Kein Lärm in den Gassen, keine Rempeleien, keine Aufdringlichkeiten, die einen Stadtbummel beeinträchtigt hätten. Eine gewisse Zurückhaltung ist dem Skandinavier ebenso eigen wie dem Norddeutschen; erst der Alkohol vermag seine Zunge zu lösen. Aber lag nicht gerade in diesem unterschiedlichen Verhalten ein ganz besonderer Reiz unserer Europareise?

Göteborg ist eine schöne Stadt, auf Hügeln zu beiden Seiten des Götaälv erbaut, die immer neue Ausblicke auf Stadt und Hafen gewähren. Eine Reihe von Prachtbauten, Brücken, großzügig angelegten Straßen und weitläufigen Parks verleihen dem Industrieort das Flair gediegenen Wohlstands. Wunderbar liegen die

Vororte mit zum Teil weitem Blick über das Meer und die Schären der reichgegliederten Küste.

Der ausgedehnte Hafen erstreckt sich mit verschiedenen Becken, historischen Schiffen und großen Passagierhallen an den Ufern des Götaälv entlang. Trotz der Lage auf 57° Nord ist das Klima dank See und Golfstrom ziemlich ausgeglichen. Freilich, für Sonnenhungrige sind die Nächte im Winterhalbjahr lang, so lang, daß die Sehnsucht der Nordländer nach südlichen Breiten seit den Tagen der Wikinger nicht geringer geworden ist. Aber im Gegensatz zu einst ist es den heutigen Schweden vergönnt, im Winter binnen Stunden auf die Kanarischen Inseln oder in die Karibik zu entfliehen.

Am ersten und auch am zweiten Tag unseres Aufenthalts war von Zoll- oder Paßkontrolle nichts zu bemerken. Als ich mich im Club erkundigte, erhielt ich eine eher ausweichende Antwort: „Sie könnten vielleicht zum Zoll gehen und fragen. Das Gebäude ist unten am Hafen, aber ob eine Meldung zwingend vorgeschrieben ist, das wissen wir auch nicht."

„Wie machen es denn die anderen Segler?" wollte ich wissen.

„Ganz verschieden, je nachdem..."

Offenbar wurde diese Frage ziemlich locker behandelt. Deshalb wollte ich mich nicht unnötig vordrängen. Immerhin gehörte Schweden inzwischen zur EU. Angelika hatte ohnehin schweren Herzens auf ihren für Gäste immer gepflegten Vorrat an Wein und anderen Getränken verzichtet. So genossen wir weiterhin die neue europäische Freiheit, die als gewichtiger Vorteil gegenüber den Nachteilen der Bürokratie in Brüssel nicht hoch genug veranschlagt werden kann.

Leichtathletikweltmeisterschaft in Göteborg: Mädchen verteilen Informationen über Aids und Kondome.

Schwedens nationales Monument 6

Vor unserer Durchquerung Schwedens besorgten wir vor allem Stahlpfosten, die man mit einem dicken Hammer in den Stein schlägt, um an einer Felsinsel festmachen zu können. Auf so ein idyllisches Plätzchen in der freien Natur freuten wir uns sehr, und es ist auch nicht verboten, auf diese Weise am Ufer festzumachen. Es gibt nämlich in Schweden das schöne „Recht zum Gemeingebrauch“ dessen oberster Grundsatz lautet: „Nicht stören, nicht zerstören!“ So lange man sich an diese Regel hält und die sonstigen Vorschriften zum Schutz der Umwelt beachtet, kann man in den weiten und wenig bewohnten Seengebieten mit dem Boot überall ankern, man kann zelten und an einigen Plätzen auch Feuer machen.

Die Wasserstraßenverbindung zwischen den beiden größten Städten Schwedens - Göteborg und Stockholm - besteht aus zwei Abschnitten: Das erste Teilstück - von Göteborg über den Götaälv zum Vänersee - nennt sich „Trollhätte-Kanal“, und das zweite Teilstück, die erst später erbaute Verbindung quer durch Schweden vom Vänersee zur Ostsee, wird offiziell als Göta-Kanal bezeichnet. Beide Teilstücke zusammen überbrücken eine Entfernung von rund 400 Kilometern, quer durch ganz Schweden. Am Tag unserer Weiterfahrt steuerte ich mit gespannter Erwartung am Molenkopf vorbei und mit klopfendem Herzen in den langgestreckten Hafen von Göteborg. Mir war feierlich zumute, als ich mit SOLVEIG V an den Kaianlagen und zwei über die Toppen geflaggten Oldtimern vorbei den Götaälv hinauffuhr. Ein kräftiger Tidenstrom stand uns entgegen und verlangsamte unser Tempo, die Kulisse der Stadt und der großen Brücke zog deshalb gemächlich vorbei. Suchend folgten meine Augen den Uferanlagen, denn wir brauchten unbedingt noch Diesel für die Kanalfahrt. Eine Tankstelle befand sich aber erst oberhalb des Hafens, und weil die Strömung des Flusses und der Tidenstrom in gleicher Richtung liefen, wurde das Anlegemanöver an der lädierten Brücke der Bunkerstation etwas problematisch. Zum Schutz für kleine Boote war an der Brücke ein leerer Lastkahn festgemacht, und ich lief Gefahr, unser Boot an dessen Stahlkanten zu beschädigen. Drei Anläufe benötigte ich, um schließlich so nahe zu kommen, daß der Tankwart unsere Leinen wahrnehmen konnte. Danach deckte er die Brücke und das Deck mit Plastikplanen ab, damit kein Tropfen Diesel ins Flußwasser geriet. Nach der Füllung unserer

Einsamkeit pur in einer Bucht des Vänersees

Unten: Festungsruine Bohus aus dem 14. Jahrhundert

Stahlausleger mit Radarreflektoren begrenzen das Fahrwasser des Götaälv.

Tanks bat er uns in sein ansehnliches Holzhaus, legte das Gästebuch vor und zeigte uns seine Sammlung von Schiffsbildern und sonstigen Andenken. Er war früher zur See gefahren und hielt die Schiffahrt für seine Lebensaufgabe. Dieser über 60 Jahre alte Mann war ein Original und als solches wahrscheinlich in ganz Göteborg bekannt. Als ich um eine Quittung bat, die auszustellen sicherlich unter seiner Würde war, wurde ein neues Problem heraufbe-

schworen. Wegen der Mehrwertsteuer, die keinesfalls unerwähnt bleiben sollte, mußten wir uns gedulden. Offenbar hatte er das ganze Geschäft noch nicht gebucht.
Nach vier Kilometern, die wir uns zwischen Industrieanlagen stromaufwärts kämpften, hatten wir den Hafen und den Tidenbereich endgültig hinter uns gelassen und glitten bei schönstem Wetter durch eine nordische Waldlandschaft, die nur hier und da von kleinen Wiesenstücken unterbrochen wurde. Auf einmal tauchten zu beiden Seiten des kanalisierten Flusses Gestelle oder Stangen auf, die vom Ufer aus quer in den Fluß hinein ragten. Sie sahen aus wie große Schranken, standen abwechselnd an den Seiten des Flusses und dienten offenbar als Begrenzung des Fahrwassers.
„Das ist ja eine irrsinnig teure Konstruktion", entfuhr es mir; ich konnte mir den Grund für einen derartigen Aufwand zunächst nicht vorstellen. Erst später erhielt ich die Erklärung: Um auch bei Dunkelheit und im Nebel ganzjährig den größeren Frachtschiffen sichere Navigation zu ermöglichen, wurde das Fahrwasser des Götaälv mit etwa 700 dieser Stahlrohre begrenzt. An ihren Enden sind die Schranken mit Lampen und Radarreflektoren ausgerüstet. Auf diese Weise werden schwimmende Tonnen überflüssig, die schwerer zu erkennen sind und dem Eisgang im Winter nicht standhalten.
Die felsigen Ufer stiegen steil an und waren mit dem dichten Grün von Fichten und Laubbäumen bedeckt. Ab und zu blinkte ein rotes Dach zwischen den Zweigen hervor. Nach 15 Kilometer Fahrt gelangten wir bei der kleinen Stadt Kungälv an eine Verzweigung des Stroms. Auf einer der Inselklippen im Nebenarm liegt die malerische alte Festungsruine Bohus aus dem 14. Jahrhundert. Ursprünglich als norwegische Grenzfeste von König Haakon VII. erbaut, kam die Burg erst 1788 endgültig zu Schweden.
Wir ankerten am Ufer des ruhig dahinströmenden Flusses in einer geräumigen, dicht am Schilfgürtel gelegenen Ausbuchtung, die einen ungestörten Blick auf das gewaltige Bauwerk gewährte. Hier blieben wir während unserer ersten Nacht. Danach wurde der Fluß wieder breiter und das Ufer abwechslungsreicher. Nur selten sahen wir eine Ansammlung von Häusern, die man als Dorf bezeichnen konnte. Die meisten Ferienhäuser standen einzeln in den Wäldern und hatten am Ufer jeweils ihre Landungsstellen für kleine Boote. Gärten sah man seltener, dafür hatte fast jedes Haus eine Terrasse im Fels, mit Tisch und Stühlen, wo die Familie an warmen Tagen speiste, während die Kinder am Wasser spielten.

In der Schlucht der Trolle

Nach 50 Kilometern stromauf von Göteborg gingen wir in die erste Schleuse, die uns sechs Meter höher hob. Dies war früher der Beginn der Stromschnellen. Die Wälder wurden dichter und wilder. Der Fluß machte eine scharfe Biegung und weitete sich dann zu einem breiten Becken. Hier besteht auch für große Schiffe die Möglichkeit zu ankern, und an einem langen Kai können Sportboote festmachen.
Nicht weit voraus sahen wir bereits die große Schleusentreppe, die in den Fels gesprengt ist und uns in vier Stufen vierzig Meter hoch auf die Ebene des Vänern heben sollte: eine regelrechte Klettertour für Schiffe. Ich erinnerte mich an den Tunnel in Frankreich, der uns unter den Bergen durchgeführt hatte, an die hundert Schleusen über die Hügel, ehe es wieder hinab ging in die schnell dahinströmende Seine bis zu ihrer Mündung ins Meer: der unendliche Weg des Wassers! Wieder suchten wir auf dieser niemals endenden Straße neue Länder, neue Küsten, neue Meere.
Eine halbe Stunde hatte ich Zeit, meinen Gedanken nachzuhängen, während wir am Kai festlagen. Dann zeigte die Ampel grün. Zusammen mit zwei Segelyachten tuckerten wir in die

erste der vier Schleusenkammern. Das Kanalsystem insgesamt ist das gewaltigste Bauwerk Schwedens und in mancher Beziehung auch heute noch von besonderer Bedeutung für die Wirtschaft des Landes. Die Schiffahrt auf dem Götaälv und Vänersee hat eine jahrhundertealte Tradition.

Laut Überlieferung segelte schon der Wikingerkönig Harald Schönhaar im Jahr 1064 mit einer Flotte von 60 Kriegsschiffen den Götaälv hinauf. Damals waren die angeblich von sagenhaften Trollgestalten bewohnten, über steile Felsen abstürzenden Wasserfälle noch unüberwindliche Hindernisse für Schiffe. Daher mußten die Männer ihre Drachenboote bergauf über Land ziehen, eine für uns unvorstellbare Kraftanstrengung. Im 16. Jahrhundert entstanden die ersten Pläne, den Götaälv mit Hilfe von Schleusen auf seiner gesamten Strecke von Göteborg bis zum Vänersee schiffbar zu machen. Aber erst nach 1800 ließ sich dieser Traum verwirklichen, so daß eine Verbindung zwischen Nordsee und Vänersee geschaffen war, die in den Jahren 1838 bis 1844 ausgebaut wurde und damals Schiffen bis 300 Tonnen die Durchfahrt ermöglichte. Die alte Schleusentreppe ist heute noch erhalten, wird aber nicht mehr genutzt.

Wegen der steilen Felsformationen und Wasserfälle, die den romantischen Namen Trollhätte führten, nannte man den ganzen 82 Kilometer langen Kanal vom Kattegat zum Vänersee Trollhätte-Kanal.

Schweden war offensichtlich im Ersten Weltkrieg stark an Waffenlieferungen beteiligt und benötigte größere Transportkapazitäten. Deshalb wurden neue Schleusenanlagen mit Hilfe von Felssprengungen und einem gigantischen Aufwand an Arbeitskräften gebaut und 1916 vollendet. Schiffe bis zu 88 Meter Länge und 4000 Tonnen verkehren heute zu den Industriestandorten am Vänersee. Da sie bis zu sechs Meter Tiefgang haben dürfen, sind sie in der Lage, eine direkte Verbindung nach Großbritannien und zu den Mittelmeerhäfen zu unterhalten.

Oben und rechts: Drei gigantische Schleusen trennen den Götaälv vom Vänersee.

Der Anblick dieser Schleusentreppe ist gigantisch. Felswände zu beiden Seiten ragen bis zur höchsten Stufe auf. Sie wirkten beklemmend und bedrohlich und erinnerten mich an die Höllentalklamm bei Garmisch. Rasch füllte sich die Kammer mit zigtausend Tonnen Wasser, langsam schoben sich die oberen Torflügel durch die Flut, und wir konnten direkt in die nächste Schleuse einfahren. Noch dreimal wiederholte sich das Spiel. Von Stufe zu Stufe wurde der Blick nach unten dramatischer,

während das Felsgebirge über uns schon seine bewaldeten Gipfel zeigte.
Natürlich ist diese Schleusenanlage ein bedeutender Anziehungspunkt für Zuschauer. An die 400 000 Touristen lassen sich jeden Sommer vom Anblick der Schiffe und der wilden Landschaft fesseln. Auch wir genossen von der obersten Stufe aus für ein paar Augenblicke die Sicht auf das nun tief unter uns liegende Tal und den blauen Fleck des kleinen Sees. Dann verließen wir die Kammer und gelangten in einen Flußarm, der in der Karte als Wendeplatz bezeichnet war und in die letzte der Schleusen mündet. Diese Stufe hat den größten Hub und wird von besonders spektakulären Felswänden eingerahmt. Der höchste Punkt der ehemaligen Wasserfälle ist hier oben erreicht. Ein malerischer hölzerner Uhrturm krönt die Bergspitze an Steuerbord. Er stammt noch aus der Zeit des ersten Kanalbaus und zeigte seinerzeit dem Heer von Arbeitern Beginn und Ende ihrer Schicht an.
Wir zahlten in dem darunter gelegenen modernen Gebäude der Verwaltung hundert Mark Kanalgebühr, ein Preis, der für diese abenteuerliche Gebirgsstrecke sicher nicht zu hoch war. Völlig überraschend tauchte plötzlich ein Zollbeamter auf, kam auf unser Boot zu und wollte wissen, ob und wo wir uns beim schwedischen Zoll gemeldet hätten. Mir sank das Herz in die Hose. War er am Ende der „Troll vom Dienst"? Er verlangte Pässe und Bootspapiere, die ich mit großem Eifer hervorholte. Dann kam die unvermeidliche Frage nach der Menge Spirituosen an Bord. „Wir haben nur die erlaubte Anzahl Flaschen", konnte ich versichern, und dank Angelikas Verzicht entsprach dies auch der Wahrheit. Mein schlechtes Gewissen meldete sich dennoch, als ich erklärte: „Ja, ja, wir sind von Dänemark kommend in Göteborg eingereist, aber wir haben kein Dokument erhalten."
Sinnend betrachtete er das Boot, dann die Papiere, dann uns. Mit einer freundlichen Bemerkung reichte er die Unterlagen zurück: Wir konnten weiterfahren. Ich glaube, die Verordnung, wonach innerhalb Skandinaviens keine Zollanmeldung vorgeschrieben ist, hat hier entscheidend geholfen. Die Vorschrift gilt aber - soviel ich weiß - nur für Staatsangehörige skandinavischer Länder.
Vom Verwaltungsgebäude sind es nur wenige Schritte zu den noch erhaltenen Schleusentreppen von 1800 und 1844. Man kann also drei Generationen Schleusen nebeneinander bewundern und hat über jede Treppe einen neuen Ausblick. In der Nähe stehen ein Gasthaus und das neu erbaute Kanalmuseum. Dort fanden wir neben einer kompletten Schmiede, in der bis 1989 die Schleusentore repariert wurden, viele Handwerks- und Tauchgeräte ausgestellt, sowie Boote und eine Tischlerei der Jahrhundertwende. Zahlreiche Fotografien aus der Frühzeit des Kanals, Schiffsmodelle und einige zeitgenössische Stiche vom Bau der ersten Schleusen vermitteln ein eindringliches Bild, wie sich die Menschen zur Zeit der Segelschiffe plagen mußten, um ihre Fracht über die Berge zu transportieren.
1936 hat sich auf dem Vänersee sogar eine Schiffskatastrophe ereignet: Der Dampfer STURE sank in einem schwerem Sturm. Erst 50 Jahre später konnten die jetzt im Museum ausgestellten Gegenstände aus dem Wrack geborgen werden. Der See bietet dem Wind eine so große Angriffsfläche, daß hohe Wellen aufgeworfen werden. Die Passagierschiffe dürfen für den Göta-Kanal nur einen geringen Tiefgang haben, sind aber sehr hoch gebaut, um Raum für Kabinen und Aufenthaltsräume zu bieten. Das mag die Stabilität beeinflußt haben. Offenbar wurden aus dem Unglück Konsequenzen gezogen, denn seither hat es keinen Zwischenfall mehr gegeben.
Wir nützten den schönen Tag, um die Berghöhe zu erklimmen und den Ausblick ins Tal und auf die Schleusentreppe zu genießen. Wie Spielzeug lagen die Kammern und Tore des

Wer allein und ungestört die Natur genießen will, kommt in Skandinavien voll auf seine Kosten.

Kanals zu unseren Füßen. An Bord zurückgekehrt, mußten wir das Boot nur wenige Meter verlegen, um an einem gut geschützten Platz mitten in der grünen Wildnis übernachten zu können. Nicht nur hier, auch an mehreren anderen Stellen hat die Kanalverwaltung erstklassige Übernachtungsplätze eingerichtet, die den Yachten kostenlos zur Verfügung stehen.

Die Freude über das Fahrterlebnis wurde durch unser Wetterglück noch gesteigert. Die warmen Tage erlaubten es uns sogar, im Badeanzug an Deck zu sitzen. „Heute hat mir wieder einer der Schleusenwärter versichert, daß das Wetter für die Jahreszeit völlig ungewöhnlich sei", berichtete Angelika. „Aber es würde wohl bald regnen und kälter werden." Auf diese Möglichkeit mußten wir gefaßt sein, aber mit keinem Gedanken hielten wir das Ende des Sommers für gekommen. Um so mehr Sorgen machte uns die für uns unverständliche Tatsache, daß nicht nur dieser Kanal, sondern auch der auf der anderen Seite des Vänern beginnende Göta-Kanal bereits am 23. August geschlossen wurden. Danach, so sagte man uns im Kanalbüro, würden wir nur nach vorheriger Anmeldung und zu bestimmten Zeiten in einer Gruppe von Booten weiterfahren können. Uns blieben also gerade noch acht Tage für das Durchfahren von See und Kanal, denn wir hatten keine Lust, eine Sondergenehmigung zu beantragen und zu vorbestimmter Zeit im Konvoi zu fahren.

Ein Binnenmeer: der Vänern

Der Binnensee, in den wir am nächsten Morgen einliefen, ist der größte See Schwedens, dreimal so groß wie der Bodensee und schon fast ein kleines Meer: eine Wasserfläche, an deren Horizont kein Land zu mehr zu sehen ist. Also war für uns Navigation mit Kompaß, Karte und GPS angesagt. In den Kanalkarten ist der See nicht enthalten, deshalb braucht

Nicht einmal das Geräusch einer Brandung ist zu hören. Wir fühlen uns fern des Alltags.

man ein spezielles, recht aufwendiges Album mit Karten. Die einsamen Ufer des Vänern, wie die Schweden ihren See nennen, sind durchwegs bewaldet, nur selten sieht man Häuser. Uns begegneten auch nur wenige große Schiffe, dafür sahen wir viele Segelboote, die mit ihren weißen Tüchern wie Schwäne über die endlose blaue Fläche zogen. Unsere Route führte von Vänersborg, wo der Götaälf in den See austritt, zuerst durch eine 20 Seemeilen lange Bucht und dann quer über die andere Hälfte des Vänern nach Sjötorp, wo der Göta-Kanal beginnt.

Der besondere Reiz des Sees liegt darin, daß er durch einen ausgedehnten Schärengürtel in der Mitte geteilt ist. Diesen Archipel kann man an verschiedenen Stellen durchqueren, je nach Zeit, Neigung und Wetter eine breite Durchfahrt wählen oder sich im Schärengarten enge Passagen zwischen kleinsten Felsinseln suchen. Die hervorragenden Seekarten lassen den Skipper dabei nie im Stich und ermöglichen eine sichere Navigation. Ein großes Naturschutzgebiet bewahrt weite Teile des Sees vor der Besiedelung.

Ich suchte für uns eine Route durch den Ekens-Schärengarten, der mir in der Karte besonders verschlungen und malerisch schien. Und wir sollten nicht enttäuscht werden. Im Gegensatz zu den Schären vor Göteborg mit ihren von heftigen Winterstürmen blankgewaschenen Felsen ist im Vänern fast jeder Stein mit Grün überzogen. Selbst auf den kleinsten Inseln findet man Bäume, Sträucher, allerlei Kräuter und

Bei Töreboda schwimmen wir 91,5 m über dem Meeresspiegel.

vor allem verschiedene Moosarten, die den Boden wie ein dicker, weicher Teppich bedecken.

Zum ersten Mal setzten wir unsere eisernen Haken ein, die wir in den Fels schlugen und daran die Heckleinen befestigten. Beim Heranziehen des Bootes an den Fels konnte ich im klaren Wasser genau sehen, ob die Tiefe noch ausreichte. Da nicht einmal das Geräusch einer Brandung zu hören war, erlebten wir vor allem nachts jene völlige Stille, die uns ein vollkommenes Gefühl der Ferne vom Alltagsgetriebe bescherte. Wer allein und ungestört die Natur genießen will, kommt in Skandinavien voll auf seine Kosten. Hier, im hohen Norden Europas, sind aufgrund der geologischen Struktur der Küsten so viele Einbuchtungen und vorgelagerte Inseln zu finden, daß sich eine unbegrenzte Zahl von sicheren Schlupfwinkeln für Boote jeder Größe bietet.

Wenn man einige Wochen auf dem Vänern verbringen und auch die schwedische Landschaft weiter im Norden kennenlernen will, bietet sich die Möglichkeit, über den wildromantischen Dalslandkanal bis fast nach Oslo hinaufzufahren, das Boot durch Norwegen auf einen Tieflader zu setzen und später über das Skagerrak nach Göteborg zurück zu segeln. Der Landtransport ist allerdings nur für Boote unter zehn Meter Länge möglich. Außer dem Dalslandkanal gibt es noch weitere Kanäle, die vom Vänern aus erreichbar sind - zusammen mit dem See selbst entsteht dadurch ein schier unerschöpfliches Angebot an Bootstouren.

Im Göta-Kanal

Im hellen Licht des sonnigen Tages glitt unsere SOLVEIG über den See, weißen Schaum vor sich herschiebend, bis zur ersten Schleuse des Göta-Kanals. Auf den folgenden Kilometern stiegen wir zunächst über 18 weitere Schleusen in die Höhe. Wir waren diese Art von Treppensteigen inzwischen so gewöhnt, daß die nötigen Handgriffe schon reflexartig erfolgten: Das Boot vertäuen und die Leine dichtholen, dann den Tampen über die nächste Stufe der Leiter ziehen und wieder dichtholen. Auch Angelikas Rufe beim Einsteuern in die Schleuse: „Etwas mehr nach Steuerbord!", oder: „Du bist zu dicht an der Mauer!" waren ein selbstverständlicher Teil des Ablaufs geworden.

Völlig neu hingegen war für uns die hier gebräuchliche Abwicklung des Verkehrs in den Schleusen und an den Brücken. Da es auf dem Göta-Kanal keine Frachtschiffahrt mehr gibt, hat man auch auf berufsmäßiges Schleusenpersonal verzichtet. Der Betrieb wird von Studenten und mehr noch von Studentinnen aufrechterhalten, die damit in den Ferien mit viel Spaß und Freude ihr Taschengeld aufbessern. Im Schichtdienst von früh bis abends sorgen die jungen Leute für einen reibungslosen Ablauf des regen Verkehrs. Viele von ihnen sind selbst Wassersportler und kümmern sich deshalb eifrig um jedes einzelne Fahrzeug.

Oft kam es zu Gesprächen, denn unser etwas ungewöhnlicher Bootstyp erregte besondere Aufmerksamkeit. Schließlich waren wir mit einer Art Oldtimer unterwegs, der besonders gut in das historische Umfeld paßte. Aber nicht nur mit den Studenten hatten wir Kontakt. Die Schleusen sind ein beliebtes Ausflugsziel für Touristen, die interessiert die Parade so vieler moderner und traditioneller, zum Teil auch drolliger Yachten an sich vorbeiziehen lassen. An besonders bekannten Schleusen stehen in reizvoller Landschaft Gaststätten oder auch nur Eisbuden, wo Menschen jeden Alters gespannt die Manöver der einzelnen Boote beobachten. Von einem deutschen Segler erhielt ich wertvolle Hinweise für die noch vor uns liegenden Fahrtgebiete in Finnland und Rußland sowie

Zum Teil ist das Fahrwasser so eng, daß eine Slalomfahrt nötig wird, um zwischen den Markierungsstangen hindurchzusteuern.

Unterlagen vom Saimaa-Kanal. Er riet uns, die Anweisungen der Behörden genau zu beachten, da es in Rußland mit den Formalitäten nicht so einfach sei.
Bei Töreboda hatten wir den höchsten Punkt erklommen und genossen das stolze Gefühl, nun 91,5 Meter über dem Meeresspiegel zu schwimmen. Kein Flußbett hatte bisher den Kanal unterstützt, jeder Meter mußte einst mit Schaufel und Hacke, im Fels auch durch Sprengung, mühsam ausgehoben werden. Der Göta-Kanal ist wesentlich kleiner als Trollhättan, aber Boote mit einem Tiefgang bis 2,5 Meter und einer Masthöhe bis zu 22 Meter können die Durchfahrt ohne Probleme meistern.
Bis zum Zweiten Weltkrieg passierten jährlich noch 6000 Frachtschiffe den Kanal, danach aber wurde der langwierige Transport auf dem Wasser unrentabel. Heute sind neben 5000 Sportbooten jährlich nur noch drei oder vier historische Passagierschiffe auf dem Kanal zwischen Göteborg und Stockholm unterwegs. Das älteste Schiff stammt aus dem Jahr 1874 und ist wie die anderen beiden genau für die Maße des Kanals gebaut. Vier oder sechs Tage dauert eine Reise, je nach Länge des Aufenthalts an den sehenswerten Orten. Der Göta-Kanal ist ein nationales und kulturhistorisches Monument Schwedens und wurde niemals modernisiert. Für Sportschiffer ist es bestimmt ein außergewöhnliches Erlebnis, die historische Schiffahrtsstraße zu befahren. Im Grunde kann man die Kanalgebühr gleichzeitig als Eintrittskarte in ein lebendes Museum betrachten.
In einer der Schleusen entdeckte ich die in Stein gehauene Jahreszahl 1822. Der schwedische Reichstag hatte den Bau 1810 freigegeben, 1832 wurde er vollendet und mit „Pauken und Trompeten", wie es in einem Prospekt heißt, eröffnet. Der Göta-Kanal war, wie so viele große Errungenschaften, das Lebenswerk eines einzelnen Mannes, des Grafen Baltzar von Platen, Marineoffizier und Minister. Für den Bau wurden vom König 58 000 Soldaten verpflichtet, 15 Regimenter waren an den Arbeiten beteiligt. Die Soldaten gruben, sprengten und mauerten 22 Jahre lang jeden Tag zwölf Stunden. Der Graf hatte sich eine vielbefahrene Wasserstraße mit blühenden Städten an ihren Ufern erträumt, aber schon zur Jahrhundertwende, im Zeitalter der Eisenbahn und später der Lastwagen, verlor der Kanal mehr und mehr an Bedeutung. Um so reizvoller und interessanter ist er heute für Sportschiffer.

In Stein gehauene Jahreszahlen erinnern an die historische Bedeutung der Wasserstraße.

Nach einer beschaulichen Fahrt durch Wiesen und Wälder, unter Brücken hindurch und an Dörfern vorbei, begann für uns der Abstieg auf das Niveau von mehreren kleineren und größeren Seen, die ineinander verschlungen und in engen Biegungen ein geheimnisvolles Fahrwasser durch die dunklen Kiefernwälder bilden. Mir wurde in der zauberhaften Landschaft an manchen Stellen geradezu andächtig zumute, wenn ich nach einer scharfen Biegung in ein neues Teilstück des Sees steuerte und wieder andere bizarre Felsinseln, mit hohen Fichten und Kiefern bewachsen, vor mir auftauchen sah. Hier und da schmückte ein umgestürzter Baum die Szene, dicht mit Moos überwachsen.

Um den Tann nicht allzu dunkel erscheinen zu lassen, glänzten zwischendurch die Blätter heller Laubbäume an breiten Ästen in der Sonne.

Gustav Wasas Trutzburg

Nach 30 Kilometer Fahrt durch die verwunschene Seenlandschaft gelangten wir bei Karlsborg in den Vättern, den zweitgrößten See Schwedens und fünftgrößten Europas. Er mißt in Nord-Süd-Richtung 135 Kilometer und kann bei Starkwind ausgesprochen bösartig werden. Nur wenige Inseln liegen vor den Ufern, der Seegang hat dadurch freien Lauf über die gesamte Wasserfläche, die immerhin so groß ist wie die Ostsee zwischen Warnemünde und Trelleborg.
Eine mäßige Dünung empfing uns und auch etwas Windsee. Wir wollten den Hafen einer alten Burg bei Vadstena auf der gegenüberliegenden Seite anlaufen. Eine Stunde vor Beginn der Dämmerung, gegen 19.00 Uhr, steuerten wir nach einer ruhigen Überfahrt zwischen zwei langen Molen auf das Schloß zu. Zu beiden Seiten der Einfahrt lagen Plätze für Boote, aber wir wollten im historischen Burggraben festmachen, der sich um die ganze Feste herumzieht. Und wir hatten Glück: Nur ein paar Meter vor SOLVEIGS Liegeplatz am Kai ragten die schwermütigen, dunklen Mauern aus dem stillen Wasser, in dem sie sich mit ihren düsteren Fenstern und Türmen noch einmal spiegelten. König Gustav Wasa hatte das Schloß mit seiner imponierenden Architektur bauen lassen - im 16. Jahrhundert, der großen Zeit Schwedens.
Wir kletterten an dem steinernen Bollwerk hoch auf die Straße und befanden uns inmitten eines Parks mit großen schattigen Laubbäumen. Im Hintergrund sahen wir die Dächer der Ortschaft. Die mittelalterlichen Holzhäuser der Stadt waren gut erhalten und boten einen malerischen Anblick. Wieder an Bord, tauchten wir ein in eine wunderbare Stille. Nur wenige Menschen hielten sich im Umkreis auf, die Holzbrücke über den Burggraben war gesperrt, und der Wind, der am Tag kräftig geweht hatte, war nun endlich zur Ruhe gekommen.
Nach einem Drei-Stunden-Trip an der Küste des Vättern erreichten wir den Kanal bei Motala. Diese Industriestadt ist ein Wirtschaftszentrum des Gebiets und Sitz der Kanalverwaltung. Wir gingen kurz an Land, um unsere Gebühren zu entrichten. Danach lag nochmals eine Strecke mit mehreren Seen vor uns, die zum Teil nicht nur Inseln, sondern steinige Flachstellen aufwiesen. Das Fahrwasser ist dort zwar gut markiert, aber so eng, daß eine regelrechte Slalomfahrt nötig war, um mit unserem breiten Boot zwischen den roten und grünen Markierungsstangen hindurch zu steuern. Urige Felsblöcke ringsum, winzige Inseln mit einem oder zwei Bäumen - das alles war so beschaulich und bildschön, daß ich mich zwingen mußte, den Blick nicht vom Fahrwasser zu wenden. Einmal beobachtete ich fasziniert, wie der Kapitän des Passagierdampfers JUNO die Strecke meisterte. Im Schneckentempo drehte und wendete er sein Schiff in die jeweils günstigste Richtung und wurde dabei manchmal so langsam, daß die JUNO stillzustehen schien.
Der Teil des Kanals zwischen Motala und dem Roxen-See ist noch einmal gespickt mit insgesamt 22 Schleusen und 17 Brücken. Ein wenig Geduld und Freude am Manövrieren muß man schon mitbringen, wenn man den Göta-Kanal genießen will. Und auch Zeit. Die Landschaft mit ihren Wälder und Seen ist wunderbar und entschädigt reichlich für längeres Warten oder andere kleine Mühsal. Geradezu spektakulär war der Blick von oben über die sieben Kammern und neun Tore der Carl-Johan-Schleusentreppe, die in gleichmäßigen Stufen bis zum weiten blauen Spiegel des tief unten liegenden Sees absteigt.
Viel Spaß hatten wir beim Kontakt mit den Jungen und Mädchen der Schleusenwache. Sie mußten mit dem Fahrrad zur jeweils nächsten

omfortabler Liegeplatz
n Burggraben des
chlosses von König
ustav Wasa bei
adstena

Brücke oder Schleuse strampeln und immer einen ganzen Block von Kanalanlagen bedienen. Auf diese Weise blieben wir oft längere Zeit in Verbindung mit einer Wärterin und bekamen Gelegenheit zu netten Gesprächen. Manchmal ging es auch bezüglich der Arbeitseinteilung locker zu, etwa wenn die Betreuerin meinte: „Ich muß jetzt mal eine Pause machen und etwas essen. Bin in einer halben Stunde wieder da." Ähnliches hatten wir schon in Frankreich erlebt, nur ist die Landschaft im dünn besiedelten Schweden ungleich reizvoller, deshalb ist man gern bereit, auch längere Wartezeiten an einem idyllischen Platz zu überbrücken.

Der Roxen war der letzte größere See, den wir durchfuhren. Danach folgte ein langes Kanalstück bis Söderköping, das früher einmal Hafenstadt war. Im Mittelalter ist der Wasserspiegel der Ostsee aber um zweieinhalb Meter gesunken, dadurch hat die Stadt ihre Verbindung zum Meer verloren. In der kleinen Ortschaft Mem endet der Göta-Kanal, und die SOLVEIG V hatte wieder Salzwasser unter ihrem Kiel.

Slalom durch den Schärengarten

Als wir im Hafen festmachten, erhielten wir von einem Motorbootfahrer, der nach Arkösund wollte, einen guten Tip und lernten so eines der schönsten Reviere innerhalb der Stockholmer Schären kennen. „Folgen Sie einfach", lud er uns ein. Zunächst ging es durch einen langgestreckten Sund, den Slätbaken, eine schmale und flache Ausbuchtung der Ostsee. Nach dem Passieren einer sehr engen

Durchfahrt bei Stegeborg und einer weiteren Enge zwei Meilen danach, kamen wir in offenes Wasser. Der Wind strich mit ziemlicher Stärke über die mit weißen Schaumkronen geschmückte See, aber der Wellenschlag hielt sich in erträglichen Grenzen.

Wir lernten, daß man hinter einem zehn Seemeilen breiten Wall von Inseln und Riffen wohl bei jedem Wetter sicher und ruhig fahren kann, wenn man nur eine Route wählt, die nicht gerade über größere Flächen offenen Wassers führt. Immer im Kielwasser des kleinen Motorboots, preschte die SOLVEIG V, aufgeregt Schaum um sich werfend, hinter dem Flitzer her. Mehr und mehr gerieten wir in eine völlig neue Szenerie. Die Felsen der Festlandküste und der Inseln waren ziemlich hoch und oben mit Bäumen dicht bewachsen, darunter aber leuchtete ein breiter Streifen nackter, hellbrauner Felsen bis hinunter zum blauen Wasser. Unterbrochen wurde die Felspartie durch lange weißliche Streifen, die aussahen, als hätte eine riesige Geröllwoge am Stein entlang geschrammt.

Und genau das war wohl auch geschehen: nicht mit Geröll, aber mit Eisschollen bei Sturmflut im Winter. Manchmal müssen Stürme hier eine so gewaltige See auftürmen, daß sie den Inselwall überspült und Eis und Brecher gegen die Felswände schleudert. Verzweifelt krallen sich dann die Wurzeln der hohen Fichten ins Gestein, und wenn ein Baum seine Fühler nicht tief und fest genug in die Furchen der Felsblöcke getrieben hat, reißt ihn der Sturmwind über die Wand herunter in das Inferno der See. Die unbarmherzige Gewalt solcher Naturereignisse ist es, die der Landschaft ihren herben Stempel aufdrückt und das urtümliche Bild nordischer Schären entstehen läßt.

Diese Landschaft war es wohl auch, die das Dasein und die Lebensart der Wikinger geprägt hat: harte Menschen, hart gegen sich selbst und hart bis zur Grausamkeit gegenüber dem Feind und den Unterworfenen. Ein angenehmes und geborgenes Leben ist in Schweden wohl erst in den letzten beiden Jahrhunderten möglich geworden. Der Fortschritt von Technik und Elektronik hat die Nachteile von Klima, Weite und Unwegsamkeit des Geländes ziemlich ausgeglichen. Welchen Umschwung im täglichen Leben hat allein die Tatsache bewirkt, daß man sich telefonisch und schriftlich über große Entfernungen verständigen kann, ohne erst teure Kabel über Hunderte von Kilometern zu den wenigen Hütten verlegen zu müssen.

Derlei Gedanken gingen mir durch den Kopf, nachdem wir das große Land in seiner ganzen Breite im Kanal durchquert und gesehen hatten, mit welchen Mühen sich seine Menschen schon im 19. Jahrhundert bessere Verbindungen erkämpften. Der leichte Erzabbau im hohen Norden half ihnen, aber was nützte das Erz, wenn es nicht in großen Mengen dorthin gebracht werden konnte, wo die Möglichkeit der Weiterverarbeitung bestand?

Unser Vordermann gab erwartungsgemäß nach einiger Zeit seine Langsamfahrt auf. In einer eleganten Kurve steuerte er zu uns zurück und fragte, ob ich nun soweit Bescheid wüßte, daß ich den Arkösund allein finden konnte. Ich winkte mit der Seekarte und nickte, worauf er, eine weiße Schaumspur hinter sich lassend, davonpreschte und nach kurzer Zeit hinter dem nächsten Felsvorsprung verschwand.

Die restlichen neun Seemeilen zum Arkösund waren leichtes Spiel für uns, aber in den Buchten des Sundes selbst einen günstigen Ankerplatz zu finden, war durchaus nicht so einfach, wie ich aufgrund der Karte gehofft hatte. Entweder war das Wasser zu flach, wenn wir dem Ufer zu nahe kamen, oder um die Huk lief noch etwas Dünung, die uns so unerträglich rollen ließ, daß wir sogleich den Anker wieder aufholten und einen anderen Platz suchten. An sechs verschiedenen Stellen probierten wir unser Glück, bis wir endlich, es begann schon zu dunkeln, in einem stillen Winkel zur Ruhe kamen. Der skandinavische Sommer näherte sich sei-

Stürme und Eisgang drücken der Landschaft ihren herben Stempel auf.

nem Ende. Bis jetzt hatten wir noch nicht die leiseste Idee, wo wir das Boot über die Wintermonate lassen sollten. Irgendwo bei Stockholm, so hofften wir, würde sich ein preisgünstiger Platz finden lassen.

Morgens verließen wir unseren Ankerplatz und setzten einen Kurs ab, der schräg über einen breiten Einschnitt der See nach Oxelösund führte. Meinen Unterlagen hatte ich entnommen, daß in Oxelösund sowohl eine Marina als auch eine Bunkerstation zur Verfügung standen.

Gezaust von Zoll und Sturm

Nach drei Stunden Fahrt, noch vor Mittag, steuerte ich anhand der Detailkarte in die Einfahrt von Oxelösund, dem Hafen mit dem so merkwürdigen und unvergeßlichen Namen. Weiße Yachten in mehreren langen Reihen zeigten mir schnell, wo die Marina lag, und bald hatten wir an einem der Gastliegeplätze festgemacht. Man merkte auch hier, daß die Saison bereits zu Ende ging, denn wir lagen allein an einem langen, sehr breiten Schlengel in der Nähe der Tankstelle, mit direktem Zugang zur Straße. Ein paar hundert Meter entfernt, am Scheitel der Bucht, sah ich eine große Werkhalle, dem Firmenschild zufolge

Auf dem Weg nach Mem, dem Ende des Göta-Kanals

eine Verkaufsstelle für Motorboote.

Ich wanderte an der Wasserfront entlang. Auf der einen Seite der kleinen Straße standen ein paar Villen im Grünen, gegenüber lagen an langen Schlengeln Hunderte von Segel- und Motorbooten. Dahinter nichts als Felsen und Wälder. Ich war begeistert von der Lage dieses Wassersportzentrums. Ob hier Boote den Winter über aufgelegt wurden? Der Manager des Yachtgeschäfts empfahl mir die Firma Nogab Marine auf der anderen Seite der Landzunge. Tatsächlich waren dort die Gegebenheiten für uns ideal. Zu günstigem Preis reservierte man uns einen Hallenplatz und bot außerdem an, unsere Ausrüstung in einem geheizten Raum über der Werkhalle einzulagern. Wir konnten soviel

Glück kaum fassen. Später holten wir die Fahrräder aus dem Stauraum unter dem Cockpit und fuhren in die nahe Ortschaft inmitten der unendlichen Wälder.
Der gesamte Ortskern ist nach einem einheitlichen Plan auf dem Reißbrett entworfen worden: eine Siedlung für die Arbeiter und Angestellten des Stahlwerks. Alle üblichen Geschäfte wie Supermärkte, Papierhandlung, Reisebüro, Fotoladen, Banken und Restaurants, auch die Post und ein Hotel, liegen in einem viereckigen Gebäudekomplex um den Marktplatz herum. Dieses Mini-Zentrum befindet sich gerade mal einen Kilometer von der Marina entfernt.
Das Stahlwerk in Oxelösund ist entstanden, weil der Hafen auch Schiffen mit größerem Tiefgang das Einlaufen erlaubt. Die Tore des Werkgeländes liegen direkt an der Pier. Hier entladen die Schiffe das Erz über spezielle Transporteinrichtungen, und wieder andere Frachter befördern den erzeugten Rohstahl in alle Welt. Neben dem kleinen Fischerdorf baute man gewissermaßen über Nacht, mitten in den Wäldern, das hochmoderne Stahlwerk und ein sauberes, wenn auch etwas steriles Städtchen. So künstlich der Marktplatz und alles darum herum auch wirkt, so idyllisch ist Oxelösund mit seinen gepflegten Anlagen für Wassersportler, seinen Wanderwegen an den Ufern der Buchten und seinen zwei Marinas.
Zwei Wochen veranschlagten wir für das Einmotten unseres Bootes. Nicht nur der Motor bedurfte der Überholung, auch die Entsalzungsanlage für das Trinkwasser mußte ich ausgiebig mit Chemikalien reinigen und vor Frost schützen. Mit dem Einpacken der Ausrüstung fingen wir an und holten dazu leere Kartons vom Supermarkt. Als wir die ersten zehn davon gefüllt hatten, kam Werkmeister Thomas mit dem Auto und holte die schwere Last ab. Es war eine ganz schöne Schlepperei, die zum Teil mit Konserven gefüllten Boxen über den Schwimmsteg zum Auto zu tragen. Und diese Anstrengung war anscheinend beobachtet worden.
Einige Stunden später, wir hatten unsere Habseligkeiten in dem geheizten Raum der Werft verstaut, sah ich einen kleinen Lastwagen anhalten; heraus sprangen sechs Männer in hellbraunen Overalls und kamen in betont lässiger Gangart über den Schlengel anmarschiert: kein Zweifel, der Zoll in Kriegsstärke!

Schlagartig fielen mir alle meine Sünden ein. Vor allem hatte ich es versäumt, um Genehmigung zu fragen, ob das Boot ohne weitere Formalitäten den Winter über in Schweden bleiben durfte. Und dann war da noch die leidige „Altschuld" mit der nie vollzogenen Einklarierung. Solches ging mir durch den Kopf, als ich die Männer, voran ein schlanker, blonder Offizier, auf uns zukommen sah. Aber jetzt war es zu spät, ich konnte nur hoffen, mit einem blauen Auge davonzukommen.

„Dürfen wir mal an Bord?" fragte der Offizier höflich. Das war also eine ganz gezielte Untersuchung.

Ich bat ihn und einen Unteroffizier in den Salon, und dann begannen die Fragen. „Wann sind Sie eingereist? Was war Ihr erster Hafen in Schweden? Haben Sie Dokumente von der Einklarierung?"

Die ersten beiden Fragen konnte ich beantworten, die dritte nur ausweichend. „Wir wurden im Trollhättan-Kanal kontrolliert", sagte ich wie selbstverständlich.

„Haben Sie da ein Dokument erhalten?"

„Nein, leider nicht."

„Dürfen wir Ihre Schiffspapiere sehen und bitte auch die Pässe?" Der Offizier war sehr höflich und freundlich, wir unterhielten uns auf englisch.

Anschließend wurden die Räume kurz durchsucht und die Flaschen mit Alkohol gezählt. Soweit war alles in Ordnung. „Haben Sie etwas von Ihrer Ausrüstung oder Alkoholika hier verkauft?"

„Nein, keinesfalls. Wir brauchen alles selbst." Wieder fiel mir eine Sünde ein: Niemals hätte ich die Kartons mit Ausrüstung ohne vorherige Zollanmeldung an Land schaffen dürfen. Aber das war es eben: Ich fühlte mich in Schweden so zu Hause, daß mir keinen Augenblick der Gedanke gekommen war, wegen der Kartons eine Erlaubnis einzuholen. An jedem Platz in Übersee hätte ich selbstverständlich vorher gefragt. Ich erinnerte mich: In Tahiti wäre ein Segler einmal fast im Gefängnis gelandet, als er ein Segel an Land brachte, um es reparieren zu lassen.

Mir war jetzt klar, daß jemand Meldung gemacht hatte, als er sah, wie wir Karton nach Karton, mit schweren Gütern gefüllt, an Land transportiert hatten. Verlegen erklärte ich, daß wir im nächsten Jahr wiederkommen und ganz bestimmt alle Sachen wieder an Bord nehmen würden. Immerhin konnten die Kartons in der Werft jederzeit geprüft werden.

Es folgten weitere Fragen, und darüber vergaßen die Zöllner offenbar die fehlende Einklarierung. Abermals war ich mit Glück durch eine Kontrolle geschlüpft, schwor mir jedoch, es nie wieder draufankommen zu lassen. Der Offizier verabschiedete sich freundlich, wünschte uns gute Reise und ging mit seinem Assistenten und zwei Männern, die das Boot durchsucht hatten, von Bord. Die übrige Truppe schloß sich an.

Nach einer Woche begann sich das Wetter zu ändern. Wild jagende Wolken und dazwischen heftige Regenschauer ließen die Landschaft im düsteren Licht nordischer Sagen erscheinen. Es wurde kalt. Das war also der Herbst, der hier schon Ende August einsetzte! Starkwind fegte über die Schären und trieb spitze, steile Wellen auch im Hafenbereich vor sich her. Über jeder Flachstelle schoß Brandung in die Höhe. Unser Boot begann unruhig an seinen Fesseln zu zerren, obwohl wir an der Leeseite des Schlengels lagen, der den größten Teil des rauhen Wassers abhielt. Eine kleine Felsinsel neben uns, auf der sich an den schönen Tagen immer Enten und Kormorane gesonnt hatten, wurde vom Seegang überflutet.

Wir hofften sehr auf baldige Wetterbesserung, denn in wenigen Tagen würde Ille, Angelikas Mutter, im Auto kommen, um mit uns die Heimfahrt anzutreten. Am selben Tag sollte das Boot aus dem Wasser gehoben und in die Halle gebracht werden. Der dafür nötige große Kran stand an einer Pier am äußersten Ende des

Hafenbereichs, die dem vollen Wellenschlag ausgesetzt war. Sorgenvoll betrachteten wir das Schauspiel der immer höher anbrandenden See. Ille rollte pünktlich in Oxelösund an, wir begleiteten sie ins Hotel und fuhren am nächsten Morgen zu Thomas. Er lehnte es ab, bei Sturm die Verladung zu riskieren. Im Regen vor der Halle stehend, einen Tampen in der Hand, schüttelte er nur den Kopf: „Beim besten Willen, das geht bei solchem Wetter nicht. Wir haben nur selten mehr als Windstärke sechs, aber heute sind es sieben bis acht, das kann ich nicht verantworten."

Wir warteten einen weiteren Tag, besprachen inzwischen in der Werft alle Einzelheiten der Einwinterung und einige kleinere Arbeiten, die während der kommenden Monate ausgeführt werden sollten. Bis zum nächsten Morgen hatte sich das Wetter etwas gebessert. Als wir Thomas nochmals fragten, meinte er grinsend: „Dann kommt mal um zehn Uhr mit eurem Boot. Ich nehme mir noch zwei tüchtige Männer als Helfer."

Später wurde mir klar, weshalb er gegrinst hatte: Die schwerste Arbeit lag bei uns, bei Angelika und mir. Wir warfen die Leinen los, und ich fühlte sofort, mit welcher Kraft der Wind das Schiff packte und zur Seite drückte. Ich mußte Gas geben, viel Gas, um überhaupt steuern zu können. Die Wellen schlugen über das Vorschiff und klatschten so gegen die Scheiben, daß auch die Sicht behindert war. Verdammt noch mal, so hatte ich mir das nicht vorgestellt! Ich hatte nur an die Probleme mit dem Kranen gedacht.

Je mehr ich mich der Hafenausfahrt näherte, desto heftiger schlugen weiße Schaumkämme gegen die Bordwand. Wie sollte ich bei dem Seegang das Boot an den Kai manövrieren, ohne ihn zu berühren? Würde es den Männern gelingen, die breiten, schweren Gurte unter den Rumpf zu legen? Normalerweise findet das Kranen bei ruhigem Wasser statt.

Eine Meile kämpfte ich mich über die Bucht, dann rollte das Boot aufgeregt vor dem Kai. Da war nur die nackte Betonmauer und hoch oben der Ausleger des großen Krans. Vorsichtig näherte ich mich der Verladestelle, indem ich das Boot gegen den Wind mit langsamer Fahrt von der Mauer freihielt. Doch schon wurde ich abgetrieben, und die Männer oben riefen mir zu, ich solle von der anderen Seite anfahren, also mit Wind und Seegang von achtern.

„Die spinnen ja! Das kann ich doch nicht machen!" rief ich entsetzt. „Dann habe ich doch kein Ruder mehr im Schiff und treibe hilflos ab!"

Pragmatisch wie Frauen sind, sagte Angelika nur: „Wenn du willst, fahr zurück, dann kommen wir eben heute nicht aus dem Wasser."

Doch das wollte ich auch nicht. Also wendete ich in sehr weitem Bogen und fuhr von der anderen Seite neu an. Der Wind trieb mich auf den Kai zu. Ich stoppte mit Rückwärtsgang, ein Mann sprang an Deck und hantierte mit dem Gurt. Das Boot wurde gegen die Mauer gedrückt, Fender und Autoreifen sprangen wie Tennisbälle hoch. Endlich war auch der zweite Gurt angelegt, und langsam, unendlich langsam hob uns der Kran an. Ich stand an Deck, man warf mir eine Sorgleine zu, um das Schiff zu halten, damit es im Wind nicht gedreht wurde. Der Kran fuhr ein Stück, wir konnten aussteigen, und ich atmete auf. Thomas kam lachend auf mich zu. „So was!" sagte er. „Bei Sturm ein Boot herauszuholen! Das haben wir noch nie gemacht. Mit einem anderen Skipper hätte ich's auch nicht versucht, aber ich dachte, als Weltumsegler würdest du's schon schaffen."

Da hatte ich mir mit meiner blöden Ungeduld ja was eingebrockt, was beinahe schief gegangen wäre. Aber hinterher ist man immer schlauer.

Wir wanderten zum Auto, fuhren noch einmal zur SOLVEIG, um das Salzwasser gründlich abzuspritzen, und rollten dann Richtung Heimat.

Im Reich der Wasa 7

Der Winter brachte in Schweden schon ab November Rekordkälte mit Temperaturen um minus 25 Grad. Und es blieb so kalt. Anfang April rief ich bei Thomas an, denn der 15. war als Termin für meine Rückkehr ausgemacht. Thomas lachte nur: "Wenn du auf dem Eis zu den Schären wandern willst? Es ist noch 50 Zentimeter dick."

Als wir schließlich am 20. April in Oxelösund eintrafen, war die Kälte noch nicht gewichen, aber der Hafen immerhin eisfrei. Im Wald auf der Landzunge, die ich mit dem Fahrrad überqueren mußte, um in die Stadt zu kommen, lagen noch Reste von Schnee unter den Kiefern, und vom Tauwasser hatten sich kleine Tümpel gebildet, in deren stillem Wasser sich die Bäume spiegelten. Nur leise drangen die Geräusche vom Hafen und vom Stahlwerk an meine Ohren.

Hatte die Landschaft hier schon im Sommer den Eindruck eines Märchenwaldes gemacht, so war es jetzt, im Spätwinter, mit den vor Nässe tropfenden Ästen der knorrigen Bäume ein Zauberwald, in dem man jeden Augenblick erwarten konnte, einem Troll zu begegnen. An den Zweigen hingen helle Eiszapfen, die in der Sonne glitzerten. Manchmal stieg ich trotz der bitteren Kälte vom Rad ab, um die Stille in mich aufzunehmen.

nkunft in
tockholm bei
siger Kälte

An manchen Tagen, wenn dunkle Wolken den Wald noch undurchdringlicher erscheinen ließen und Nebelschwaden über die Felsen zogen, kam es mir so vor, als befände ich mich in der Waldkulisse einer romantischen Oper. Niemals traf ich andere Menschen auf diesen Waldwegen, bis ich dann, mit dem Fahrrad den Hügel hinunter rollend, die Häuser des Hafengebiets wieder erreicht hatte.

Angelika war inzwischen mit dem Auto auf der Rückfahrt nach Bayern und sollte erst später mit der Fähre nachkommen. In diesem Sommer wollten wir Stockholm, die Åland-Inseln, Finnland mit Helsinki und der Saimaa-Seenplatte und als Abschluß und Höhepunkt St.Petersburg besuchen. Spannung und Vorfreude vor allem auf Rußland trugen entscheidend dazu bei, daß wir mit viel Schwung und Tempo unser Schiff wieder aus seinem Winterschlaf erweckten.

Nach und nach kehrte Leben ins Boot zurück: die Wasserleitungen, die Entsalzungsanlage, die verschiedenen Pumpen wurden wieder gängig gemacht. Einen Karton nach dem anderen holte ich aus dem geheizten Raum, baute mit

Der Signalturm, Wahrzeichen am Eingang zum Hafen von Stockholm

Thomas zusammen das neue Radargerät ein. Meine Gedanken richteten sich von Tag zu Tag mehr auf das eine Ziel: mein Boot möglichst bald wieder im Wasser zu sehen. Ein Schiff an Land, das ist wie ein Eisenbahnwagen, der ohne Räder im Schrebergarten ein trauriges Dasein fristet.

Aber ich mußte nicht frieren, denn jeden Morgen wärmte ich das Boot mit der Eberspächer-Heizung ordentlich auf, und während des Tages hielt ein kleiner elektrischer Heizofen die Kajüte warm. Mit Ungeduld erwartete ich den Tag der Ankunft von Angelika und Ille, die uns bis Stockholm begleiten wollte. Sie nahmen die polnische Fähre von Danzig aus. Das war der schnellste und preiswerteste Weg von Süddeutschland in den nördlichen Teil Schwedens, zumal die Fähre Oxelösund direkt anlief.

Erst drei Tage vor dem Wiedersehen, am 7. Mai, konnte SOLVEIG V wieder zu Wasser gelassen werden. Das Wetter war ruhig und sonnig, kein Seegang schob sich mir erschwerend entgegen, während ich zu meinem alten Liegeplatz in der Marina strebte. Ich kontrollierte alle Leitungen, dann schaltete ich ein Gerät, ein Instrument nach dem anderen ein. Alles war in Ordnung und voll funktionsfähig. Auch die Entsalzungsanlage hatte den Winter ohne Schaden überstanden. Welch eine Freude!

Auf der Fähre in Lebensgefahr

In großer Eile machte ich mich daran, den „Haushalt“ in Ordnung zu bringen, damit wir die Fahrt nach Angelikas Ankunft möglichst ohne Verzögerung fortsetzen konnten. Aber auch diesmal kam plötzlich stürmischer Wind auf, der sich am Tag vor der Ankunft zum vollen Sturm steigerte. Ich hatte Mühe, mich gegen die Böen auf dem Fahrrad zu halten, um meine Einkäufe an Bord zu bringen. An die Fähre dachte ich dabei zunächst nicht, denn ich hielt das Wetter für eine örtliche Erscheinung. Doch dann kam ein ziemlich verzweifelter Anruf von Bord des polnischen Schiffs. Angelika rief in den Hörer, daß sich die große Fähre in schwerem Sturm gegen haushohe Wellen über die Ostsee kämpfte, daß die Mannschaft ermattet sei und ich auf jeden Fall mit vier Stunden Verspätung rechnen müßte. Zwei Schiffsunglücke in der Ostsee hatten gezeigt, daß die Fähren durchaus nicht sicher waren. Deshalb war ich entsprechend besorgt. Erst als ich das weiße Schiff in den Hafen einlaufen sah, legte sich meine Aufregung, und eine Stunde später saßen wir zu dritt bei heißem Tee und Kuchen in unserem kleinen, aber seefesten Boot und hatten uns eine Menge zu erzählen. Angelika war die Erleichterung, die Fähre verlassen zu haben, deutlich anzumerken. Es war schon eigenartig, wenn eine Frau, die sechs Jahre lang in einem kleinen Boot über alle Ozeane segelte, vor Grönland im Eismeer gekentert und im Sturm am Kap der guten Hoffnung auf den Mast geklettert war, nun auf einer Ostseefähre in Lebensgefahr geriet. Das Schicksal läßt sich eben nicht in die Karten sehen.

In unserer Kajüte war es wohlig warm, und das Wetter draußen schien sich langsam zu beruhigen. Die schneidende Kälte hatte nachgelassen, dafür bekamen wir andere Folgen des außergewöhnlich kalten Winters zu spüren. Seit zwei Tagen arbeitete ein Trupp der Stadtwerke mit Bulldozer und Schaufeln daran, ein neues Wasserrohr zu verlegen. Die Hauptleitung zur Marina war durch den strengen Frost tief unten im Erdreich geborsten, und wir mußten unser Wasser aus der nahen Gaststätte in Kanistern holen.

Unser Start war auf den 13. Mai festgelegt, sehr zu meinem Kummer, denn die Dreizehn ist nun mal nicht meine Glückszahl. Doch in diesem Fall hatte ich mich überreden lassen, um nicht weitere wertvolle Zeit zu verlieren. Daß ich an diesem Tag besonders vorsichtig durch die Schären, Felsen und Inseln steuerte, die das landschaftlich wunderbare Gebiet zwischen Oxelösund und dem Mälarsee beherrschen, versteht sich von selbst. Durch die zahlreichen Felsgebilde, die bald flach wie ein Pfannkuchen, bald steil wie ein Bergmassiv ihre Kuppeln aus der tiefblauen See reckten, wurde die Landschaft niemals eintönig. Man könnte jahrelang durch diese Mischung aus Wald, Gebirge und Meer steuern, ohne des Anblicks müde zu werden.

Natürlich waren wir in erster Linie mit der Navigation befaßt, für die wir dank der hervorragenden Kennzeichnung durch Tonnen, Bojen, Leuchttürme, Baken und Stangen außer einem guten Fernglas eigentlich keine weiteren Geräte benötigten. Eine grobe Peilung hin und wieder, wenn wir bei einer größeren Wasserfläche einmal nicht genau wußten, wo es weiterging, gab uns dann Gewißheit für den Kurs. Um die Mittagspausen richtig genießen zu können, suchte ich Ankerplätze dicht am bewaldeten Ufer, wo uns der würzige Duft von Fichten, Kiefern und allerlei Kräutern in die Nase wehte. Für die kleinen Abstecher aus dem Fahrwasser war vorher ein intensives Studium der Seekarte nötig und bei der Ansteuerung des Ankerplatzes minimale Geschwindigkeit. Angelika stand dann vorsichtshalber am Bug, um Unterwasserfelsen erkennen zu können. Falls es dennoch zu einer Grundberührung kam, so blieb sie jedenfalls ohne Folgen.

Unser Lohn für diese Mühe war ein ruhiges

Stockholms imponierende Wasserfront mit klassizistischen Bürgerhäusern

Im Hafen der Ausflugsschiffe

Plätzchen, zum Beispiel bei dem Inselchen Risö, wo Boot und Crew in so völliger Stille entspannen konnten, daß wir versucht waren zu flüstern, um den Frieden der Natur nicht zu stören. Nur aus scheinbar weiter Ferne hörten wir das Klatschen der Wellen an die äußeren Felsen und von irgendwo das dumpfe Summen der Brandung an einer vorgelagerten Insel.

Die Schären nahmen kein Ende, Insel neben Insel tauchte auf. Es wurde eine unvergeßlich schöne Fahrt an der Küste der Provinz Sörmland und den großartigen Waldgebieten um Nyköping und Trosa entlang. Betrachtet man die Landkarte im Umkreis von Stockholm, sieht man fast mehr blaues Wasser als Landmasse. In jeder Vertiefung, so scheint es, haben sich über dem felsigen Grund kleinere und größere Seen gebildet, die jeweils von einem Bach oder Fluß gespeist werden. So kann es nicht wundern, daß der drittgrößte See Schwedens, der Mälar bei Stockholm, ebenfalls mit der Ostsee verbunden ist, und zwar im Süden durch einen langen schmalen Sund, in den wir hineinsteuerten. Für die Wikinger war dieser Sund der Weg ins Binnenland um Stockholm, denn sie konnten ihre Boote über die kurze Landbarre bei Södertälje ziehen, die heute auf einem Kanal durchfahren wird.

Schloß Gripsholm

Noch vor Södertälje übernachteten wir vor Anker im Sund hinter der Insel Köpneh und liefen am nächsten Vormittag in den Mälarsee ein. Seine Ufer sind schon wegen der Nachbarschaft zu Stockholm voller Sehenswürdigkeiten. Wir hatten uns Gripsholm, eines der berühmtesten Königsschlösser, als lohnendes Ziel ausgesucht. So wie die Burg in Vadstena am Vätternsee wurde Gripsholm unter König Gustav Wasa erbaut, also vor rund 350 Jahren. Mariefred heißt das Hafenstädtchen, das im Lauf der Jahrhunderte zu Füßen des Schlosses gewachsen ist. Kurt Tucholsky beschreibt die „klitzekleine Stadt am Mälarsee" mit ihrer stillen Natur als einen Ort, „von dem kaum jemand Notiz nehmen würde, gäbe es hier nicht eines der ältesten schwedischen Schlösser." Übrigens liegt Tucholsky auf dem Friedhof von Mariefred begraben.

Viel Platz stand in dem engen Hafen für Yachten nicht zur Verfügung, aber wir waren ohnehin die einzigen Besucher, wohl wegen der immer noch anhaltenden Kälte. So konnten wir uns die schönste Stelle mit Blick auf das Schloß aussuchen, gegenüber dem ältesten Gasthaus Schwedens, dem Gripsholm Värdshus, heute ein feudales Hotel.

Die Wasserleitung zum Hafen war auch hier noch eingefroren, und niemand ließ sich blicken, der von uns eine Liegegebühr gefordert hätte. Dunkle Wolken zogen auf, ein Wettersturz stand bevor. So hatten wir es eilig, unseren Spaziergag zu dem massigen und doch eleganten Schloß zu beginnen. Die schon abendliche Sonne tauchte seine Mauern in ein zauberhaft rötliches Licht. Vielleicht hatte es Tucholsky zu seiner Zeit ebenso erlebt, wenn er schrieb: „Das Schloß, aus roten Ziegeln erbaut, stand leuchtend da, seine runden Kuppeln knallten in den blauen Himmel - dieses Bauwerk war dick, seigneural, eine bedächtige Festung...Ich weiß nur, wenn ich mir eins baute, so eins baute ich mir."

Für eine Besichtigung war es schon zu spät, aber wir wanderten durch den wunderbar gepflegten Park, der das ganze Schloß umgibt, und freuten uns an seiner herrlichen Lage auf der lieblichen Halbinsel im See. Zwei Runensteine standen etwas verloren auf dem Rasen, mit Übersetzung des Textes auf beigefügten Tafeln. Der schwedische Staat gibt offenbar große Summen aus für die Erhaltung seiner Kulturgüter. Tradition wird gepflegt, und fast jede Stadt hat nicht nur ein altes (meist nicht mehr bespieltes) Theater, sondern auch ein Museum.

Am Abend, wir hatten unseren Rundgang durch die Ortschaft Mariefred kaum beendet, begann es zu regnen; am Morgen sahen wir das Schloß nur noch schemenhaft durch einen dichten Nebelvorhang. Die Welt um uns hatte sich in weiße Watte gehüllt. Wir warteten zunächst zwei Stunden und entschlossen uns dann, die Weiterfahrt dennoch zu versuchen.

Zwar besaßen wir jetzt ein Radargerät, wußten aber noch nicht so recht damit umzugehen. Hin und wieder tauchte plötzlich der Umriß eines Schiffes hinter dem weißen Vorhang auf. Doch als wir am frühen Abend Stockholm erreichten, hatte sich der Nebel soweit gelichtet, daß wir die imponierende Wasserfront mit ihren klassizistischen Bürgerhäusern voll in uns aufnehmen konnten. In der in einem weiten Parkgelände gelegenen Marina Wasahamn machten wir fest, dicht neben dem berühmten Wasamuseum, in dem das königlich schwedische Kriegsschiff WASA aus dem 17. Jahrhundert steht. Es wurde berühmt und weit über die Grenzen Schwedens hinaus zu einem Begriff, nicht etwa wegen eines ruhmvollen Sieges, sondern durch seinen

Blitzsauberes Stockholm – hier ein klassisches Telefonhäuschen

eher unrühmlichen und bis heute nicht endgültig geklärten Untergang in der ersten Stunde nach der Indienststellung, noch im Hafen von Stockholm.

Wir waren fast die einzige Gastyacht in der großzügig angelegten Marina, was uns nicht wunderte, denn auch in den folgenden Tagen blieb es unverändert kalt und naß; nachts sanken die Temperaturen sogar unter den Gefrierpunkt. Um so mehr genossen wir, daß der Wasahafen auf einer Museumsinsel lag und die Haltestellen von Bus und Straßenbahn nur wenige Minuten entfernt waren: ideal, um bei jedem Wetter die Stadt zu erkunden.

Angelika schrieb in ihr Tagebuch: „Stockholm begeistert mich stündlich mehr, auch das offensichtlich unverkrampfte Verhältnis der Schweden zu ihrem Königshaus. Man unterhält sich ganz locker mit den Wachen am Schloß und macht seine Scherze. Auch das Gebäude selbst mutet eher zurückhaltend und bescheiden an. In London roch alles ein wenig vermodert und angestaubt, als ob die Stadt fast ängstlich in alten Traditionen verharrt, das wirkliche Leben aber an ihr vorüberzieht. Stockholm verquickt in harmonischer Symbiose Geschichte mit Gegenwart…“

Das untergegangene Statussymbol

Das imponierendste Beispiel dafür war zweifellos die Gestaltung des erst 1990 eingeweihten Wasamuseums. Es ist sowohl in seiner äußeren Architektur als auch in der Präsentation der Ausstellungsstücke richtungweisend. Hier wird dem Besucher hautnah der spannende Lebenslauf eines außergewöhnlichen Schiffes nahegebracht.

Es gibt Katastrophen in der Geschichte der Seefahrt, die einmalig sind durch ihre besonderen Umstände und über Jahrhunderte Stoff abgeben für Geschichten. Das Kentern und Sinken der WASA vor den Augen tausender Zuschauer war beispiellos und tragisch, denn es befanden sich viele Frauen und Kinder an Bord, die eine Lustfahrt auf dem größten Kriegsschiff Schwedens erleben wollten.

Die genauen Gründe für das Kentern des königlichen Schiffes konnten nie festgestellt werden. Auf jeden Fall war es eine Fehlkonstruktion, hatte zu wenig Raum für Ballast, auf den oberen Decks zu viele schwere Kanonen und eine besonders schwere Takelage. Die damalige Katastrophe, die viele Menschenleben kostete, ist für die heutige Zeit eher ein Glücksfall, denn sie verschafft uns die Möglichkeit, den Schiffbau und das Kunsthandwerk des 17. Jahrhunderts in gut erhaltenen Originalen studieren zu können.

Dazu mußte das Wrack aber erst einmal geho-

Das Heck der legendären WASA, ein Statussymbol der damaligen Großmacht Schweden

ben werden. Nach vielen vergeblichen Versuchen, die ersten davon schon drei Tage nach dem Unglück, gelang es endlich in den sechziger Jahren dieses Jahrhunderts, das Schiff aus 40 Meter Tiefe ans Tageslicht zu bringen und soweit zu festigen, daß es in eine provisorische Werft geschleppt werden konnte. Dort wurde mit der Restaurierung und Konservierung des dreihundert Jahre alten Prunkstücks begonnen.

In dieser Phase des Aufbaus, in den siebziger Jahren, hatte ich die WASA zum erstenmal gesehen. Jetzt war ich gespannt, das Ergebnis der Anstrengungen kennenzulernen.
Schon der äußere Anblick des Museums macht neugierig, denn das Gebäude ist um das Schiff so herumgebaut worden, daß die Masten über das Dach hinausragen und bereits aus der Ferne sichtbar sind. Beim Betreten der Haupthalle

bleibt wohl jeder erst einmal überwältigt stehen. Die künstlerische Ausstattung der WASA, ihre Größe und Pracht, läßt den Besucher staunen. Von mehreren Ebenen des Museums aus hat man freien Blick auf jeden Teil des Schiffes.
Es war ein schwimmender Palast, goldglänzend und farbenprächtig, ein Statussymbol der damaligen Großmacht Schweden. Über tausend Kunstwerke oder Teilstücke davon wurden geborgen. Die Holzschnitzereien stellen Figuren aus der Mythologie, der Bibel und der Antike dar, daneben finden sich Meerjungfrauen und Delphine, Ritter und Löwen. Kein Geringerer als der legendäre König Gustav II. Adolf ließ die WASA als Flaggschiff seiner Flotte in der Ostsee bauen, durch deren Präsenz er seine siegreichen Feldzüge, auch im Dreißigjährigen Krieg, führen konnte. Sehr viel Geld und Gold mußte damals vom schwedischen Volk aufgebracht werden, um einen derart aufwendigen Bau zu finanzieren.

Blitzsauberes Stockholm

Stockholm ist mit seinen Prachtbauten, den Schlössern, der Oper, den repräsentativen Bürgerhäusern und mit seinen breiten, oft baumbestandenen Uferpromenaden eine der schönsten Hauptstädte Europas. Besonders reizvoll ist seine von Wasser umgebene Lage auf mehreren Inseln, die fast alle über Brücken miteinander verbunden sind. Im Boot oder Fahrgastschiff über die zum Teil weiten Wasserflächen zu fahren, ist ein eindrucksvolles Erlebnis. Dennoch gefällt mir die oft gebrauchte Bezeichnung „Venedig des Nordens“ nicht so recht. Mit dem Kleinod im Süden, seinen wunderbaren Kirchen, Palästen und Brücken, seinen Gondeln und engen Kanälen, hat Stockholm eigentlich nichts gemein. Auch nicht mit dem Schmutz und der Dunkelheit seiner enger Gassen, denn Stockholm ist hell und nüchtern, vielleicht die sauberste Haupt- und Hafenstadt Europas.

Für Ille hieß es Abschied nehmen von der SOLVEIG und ihrer Crew. Angelika begleitete sie vormittags zum Bahnhof. Nichts Außergewöhnliches, dachte sie. Aber dieser Bahnhof konnte mit jedem Hotel konkurrieren: Marmorfußböden, wohin das Auge blickte, so sauber, daß man davon hätte essen können; Designerholzbänke mit Schmiedeeisen und an den Wänden große Gemälde in geschmackvollen Rahmen. Auch die sanitären Anlagen waren vom Feinsten und alles selbstverständlich geheizt. Die Glastüren zu den Bahngeleisen öffneten sich automatisch auf ein Infrarotsignal hin. Selbst das Besorgen einer Fahrkarte wurde zum Vergnügen: Man zog eine Nummer und konnte an verschiedenen Leuchttafeln ablesen, an welchem der etwa 20 Schalter die jeweilige Nummer aufgerufen wurde. Da gab es kein Schlangestehen oder Drängeln, niemand war in Eile. Auffallend war auch das gepflegte Erscheinungsbild der Reisenden.
Es blieb weiter bitter kalt. Wenn es zu schneien begonnen hätte, wäre wohl niemand überrascht gewesen. Auch die Stockholmer, die ja Kälte gewöhnt waren, gingen fröstelnd durch die

Kaum zu glauben, dies sind wahrhaft königliche Abfallcontainer!

Straßen. Das lateinamerikanische Festival im Kungsträdgarden wurde trotz heißer Rhythmen ein Flop, da keiner Lust hatte, an den zahllosen Ständen einzukaufen. Das hätte ja bedeutet, daß man seine Hände aus den wärmenden Taschen ziehen mußte. Auch wir freuten uns schon nach kurzen Spaziergängen auf unsere warme Kajüte, wo die Gasflamme des Kochers die Bootsheizung unterstützte. Doch unsere Gasflasche war leer geworden. Kein Problem? Wo immer wir fragten, es gab nur Anschlüsse mit schwedischer Norm.

Schließlich telefonierte ich mit einem großen Hersteller und hatte tatsächlich Glück: Man war bereit, uns zwei deutsche Gasflaschen direkt zum Boot zu liefern, obwohl der Sitz der Firma 35 Kilometer von Stockholm entfernt lag. Auf Kundenfreundlichkeit stießen wir auch in der Post: Als wir schwedische Kronen in Finnmark umtauschen wollten, zögerte die Angestellte einen Augenblick und gab uns dann den Rat, das Geld besser erst in Finnland zu wechseln, da bekämen wir mehr für unsere Kronen. „Außerdem können Sie in Finnland fast überall mit schwedischem Geld bezahlen", fügte sie hinzu. Wir dankten ihr und fragten uns, ob ausländische Touristen in Deutschland bei Post und Bank ebensoviel Hilfsbereitschaft erleben würden.

Die entlegene Gruppe der Åland-Inseln, unser nächstes Ziel, bildet eine Art Landbrücke zwischen Schweden und Finnland und trennt die arktischen Gewässer des Bottnischen Meerbusens von der Ostsee. Die Weiterfahrt durch die schwedischen Schären nach Norden war für Angelika und mich der Beginn einer wunderbaren und vielfältigen Erfahrung: Sowohl die Åland-Inseln als auch Finnland selbst bedeuteten für uns neue Landschaften, neue Reviere, neue Wetterverhältnisse und schließlich sogar ein neuartiges Seekartensystem. Bei mir kam hinzu, daß ich mit Finnland eines der Länder wiedersehen würde, mit dem sich für mich besonders glückliche Erinnerungen aus der Schulzeit verbinden.

Entsprechend hoch waren unsere Erwartungen, als wir bei Sonnenschein die Festmacher lösten. Allein die Fahrt aus dem Hafen von Stockholm mit seinen von farbigen Häusern belebten Ufern, die Begegnung mit Ausflugsschiffen, die hier wie im Göta-Kanal meist historische Dampfer sind, versetzte uns in Hochstimmung. Unser Boot fuhr flott dahin, und schon um 11.00 Uhr, nach einer Stunde, lag die Wasserfront und die alte Burg von Växholm voraus.

Angelika fragte vorsichtshalber, ob sie ein Mittagessen vorbereiten sollte. In dieser Frage hörte ich den Vorschlag heraus, wieder in einer der kleinen Buchten den Anker fallen zu lassen und uns auf diese Weise für eine zusätzliche Stunde an der Schönheit der wunderbaren Schärenlandschaft zu erfreuen. Die Zeit zwischen den von dunklen Wäldern bedeckten Inseln, wenn das Boot sachte an der Ankerkette schwojte und die grünen Ufer und Bäume ringsum lautlos vorbeischwebten, waren so unglaublich schön, daß ich versucht war, laut zu jubeln.

Bei der Insel Kapellskär erreichten wir dann das Ende unseres geschützten Fahrwassers im Schärengarten. Von nun an führte der Kurs an einigen kleineren Felsen vorbei und dann 40 Meilen über die offene See zu den Åland-Inseln und ihrem Hauptort Mariehamn.

Die Ålands 8

Inseln der Seefahrer

Irgendwie hatte ich es mir in den Kopf gesetzt, noch am selben Tag in Mariehamn anzukommen, eine Planung, deren Sinn ich später kaum mehr nachvollziehen konnte, zumal der Wind im Lauf des Nachmittags wieder kräftig aufgefrischt hatte. Verbissen schrieb ich ins Logbuch: „Weiter! Richtung Mariehamn.“ Eine Stunde kämpften wir gegen eine immer gröbere See an, dann sahen wir in der Ferne den großen Leuchtturm von Remmarg voraus.

„Bis zum Leuchtturm versuchen wir es noch“, erklärte ich unnachgiebig. Angelika mühte sich inzwischen, Bücher, Geschirr, Töpfe und was sonst noch in Pantry und Salon beweglich war, bruchsicher zu verstauen. Eine weitere Stunde steuerte der unvernünftige Skipper in Richtung auf die offene See, um dann endlich einsehen zu müssen, daß die Wellenhöhe beträchtlich zugenommen hatte und daß eine Überfahrt in die Nacht hinein eine sinnlose Strapaze oder sogar ein Risiko bedeuten würde. Ganze acht Meilen hatten wir in zwei Stunden geschafft, und nun benötigten wir nochmals zwei Stunden, um wieder zurück bis Kapellskär zu kommen.

Nur der Gesang der Vögel dringt in unser Ohr.

Ein besonders verwunschener Ankerplatz entschädigte uns für die überstandene Anstrengung. Angelikas Tagebuch: „Bereits um 02.30 Uhr aufgestanden. Der Morgen beginnt schon zu erwachen. Diese nordische Sonne - was für eine Stimmung! Eine irreale Szenerie: das Wasser ölglatt, so unberührt wie Neuschnee. Der Horizont verschwimmt mit dem Meer, und auf dem Deck glitzert der Tau der kurzen Nacht. Fast habe ich Angst, die Unberührtheit des neuen Tages mit den Spuren unseres Bootes zu stören. Aber auch SOLVEIG schwebt mehr als sie fährt. Um 09.30 Uhr tauchen die Inseln vor uns auf. Über 6000 kleine und kleinste Eilande - nur 3500 davon mit eigenem Namen! In der Marina von Mariehamn sind wir die einzigen Gäste. Für mich gibt es eine Premiere: In den Serviceleistungen inbegriffen ist ab 18.00 Uhr die finnische Sauna. Herrlich! Da kommen ja heiße Genüsse auf mich zu...“

Diesmal fand eine ordentliche Zollkontrolle statt, denn die Küstenwache hatte uns schon während der Ansteuerung über Funk angerufen und die wesentlichen Daten erfragt. Aber die vier Männer kamen erst am Nachmittag des nächsten Tages. Sie waren schon am Morgen dagewesen, hatten uns aber nicht wecken wollen. So viel Rücksichtnahme!

Mariehamn und die Pommern

Die Åland-Inseln gehören politisch zu Finnland, besitzen aber einen Sonderstatus, auf den die Åländer großen Wert legen. Der überwiegende Teil der Bevölkerung dieses entlegenen, aber größten Archipels Europas ist schwedischer Abstammung und hat durchgesetzt, daß nach dem Ersten Weltkrieg, als die russische Herrschaft der Zaren zu Ende ging und in Helsinki die Republik ausgerufen wurde, ihre Inseln zunächst ausgeklammert blieben. Die Åländer wollten sich Schweden anschließen, dem sie sich zugehörig fühlten und noch fühlen. Finnland aber protestierte, und der Völkerbund entschied 1921, die Inseln endgültig Finnland anzugliedern, allerdings mit einer Sonderregelung: Åland erhielt weitgehende Autonomie und innere Selbstverwaltung. Deshalb besitzt Åland eine eigene Flagge und eigene Briefmarken, auch leisten die Åländer keinen Militärdienst in Finnland.

Als die Wikinger über die Ostsee segelten und auf den großen Strömen bis zur Wolga und dem Schwarzen Meer vordrangen, waren die 6500 Inseln für sie eine wichtige Zwischenstation. Zur Zarenzeit hat man die nach Westeuropa bestimmte Post aus St.Petersburg bei jedem Wetter in offenen Booten über die Ålands nach Schweden gerudert. Sturm und Eis machten diese Überfahrten oft gefährlich; mehr als 250 „Postbauern“ verloren dabei ihr Leben. Offenbar war aber der Landweg über das Baltikum und Polen in der damaligen Zeit noch risikoreicher. Noch heute verkehrt eine der wichtigsten Fährlinien, die Schweden mit der Inselgruppe verbinden, auf der historischen Route zwischen der Insel Eckerö nach Grisslehamn nördlich von Stockholm.

Ankunft in den Ålands bei Morgengrauen

Der vornehm ausgestattete Gästehafen von Mariehamn liegt nur wenige Meter entfernt von der POMMERN. Sie war also unsere Nachbarin und bot einen Anblick, zu dem sich unsere Augen immer wieder hingezogen fühlten. Diese Viermastbark ist neben der PASSAT in Travemünde die letzte erhaltene Repräsentantin der deutschen Flying P-Liner, die für die einst berühmte Reederei Laeisz in Hamburg fuhren. Nach 1923 wurden diese Schiffe vom Großreeder Gustav Erikson in Mariehamn übernommen, der seine Windjammer von den Ålands aus noch viele Jahre nach Südamerika und Australien segeln ließ. Man könnte sagen, auf den Åland-Inseln ist das Segeln zu Hause, denn es wurden - und werden sogar noch heute - große Holzschiffe im traditionellen Stil gebaut, ein Dreimastschoner zum Beispiel, der in der Touristik eingesetzt wird.

Vor uns am Ufer reihten sich schmucke Holzhütten aneinander, für Dusche und Sauna, einen kleinen Laden mit Bootsbedarf, das Hafenbüro und ein hübsches Klubrestaurant mit Terrasse. Der sehr entgegenkommende Hafenmeister hielt alle Einrichtungen in

Im Gästehafen von Mariehamn sind wir fast die einzigen Gäste.

bestem Zustand und bemühte sich auch sonst, den Gästen durch Auskünfte und Prospekte den Aufenthalt zur Freude zu machen. In diesem Jahr aber fühlte er sich von der ungewöhnlichen Kälte genervt und geschädigt. Die Wasserleitung war eingefroren und hatte so viele Löcher bekommen, daß er unseren Tank nur einmal, vor der Weiterfahrt, auffüllen konnte, weil sonst zuviel Wasser verlorengegangen wäre.

Der Weg in die Stadt führte am Liegeplatz der POMMERN vorbei und dann über Treppen und gewundene Wege den Hang hinauf bis zur Straßenebene. Oberhalb der POMMERN fiel uns sofort der moderne Bau des Seefahrtmuseums ins Auge. Aber den Besuch dieser international bekannten Sammlung von Erinnerungen an die Zeit der Großsegler verschoben wir auf den folgenden Tag und wanderten zunächst in Richtung Stadtmitte, die gut einen Kilometer entfernt lag.

Mariehamn wurde 1861 von Zar Alexander II. gegründet und nach seiner Gemahlin Maria Alexandrowna benannt. Die Stadt liegt auf einer schmalen, langgestreckten Landzunge und ist auf beiden Seiten von Wasser umflutet: vom Westhafen mit tiefem Wasser und vom Osthafen, in dem sich eine weitere Marina befindet; hinzu kommt der Strand mit Hotels und Gaststätten. Die Ortschaft, obwohl nur 10.000 Einwohner zählend, glänzt durch eine kleine Fußgängerzone, in der sich eine Reihe ansehnlicher Geschäfte befindet. Schön ist sie nicht gerade, es fehlt ihr der Charme etwa eines ostfriesischen Städtchens mit seinen Ziegelbauten und Reetdächern. Aber Ziegel kennt man hier kaum, und Beton wirkt immer allzu zweckmäßig und etwas charakterlos. Dagegen leuchten die älteren Ortsteile und die Privathäuser mit ihren bunt gestrichenen Holzwänden lebendig und gemütlich in die langen nordischen Sommertage.

Weil praktisch alle Besucher der Inseln mit einem der vielen Fährschiffe ankommen und Mariehamn zudem die einzige Stadt der Inselgruppe ist, spielt sich in diesem Minizentrum eine ganze Menge ab. An die 1,5 Millionen Touristen gehen laut Statistik jährlich in Mariehamn an Land. Aber mit Statistiken kann man sein Spiel treiben. Ich denke mir, daß auch alle Reisenden mitgezählt wurden, die nur für zwei bis drei Stunden aus der Fähre stiegen - für diesen Zwangsaufenthalt sorgt schon der Fahrplan, im Gegenzug wird keine Liegegebühr erhoben -, um nach dem Kauf einiger Postkarten und Åland-Briefmarken ihre Reise Richtung Finnland fortzusetzen. Natürlich enthält die Statistik auch alle Gäste, deren Ferienziel die umliegenden Inseln des Archipels sind. Aber immerhin entdeckt eine stetig steigende Zahl von Urlaubern das bis vor kurzem noch fast unbekannte Erholungsgebiet für sich.

Nebel und Sturm

Als ich am nächsten Morgen etwas verschlafen und taumelig an den Fenstern unseres Salons stand, sah ich draußen nichts mehr. Selbst die hohen Masten der POMMERN waren verschwunden. Dicker Nebel hatte sich über den ganzen Hafen gelegt. Auch das Ufer hatte sich in einem weißen Nichts aufgelöst. Ab und zu hörten wir aus der Ferne die Nebelhörner der großen Fähren, die langsam durch die enge Einfahrt schlichen. Das war der richtige Tag, um ins Seefahrtsmuseum zu gehen.

Mehrere Stunden verbrachten wir in den reich und liebevoll ausgestatteten Räumen. Das moderne Gebäude ist wie ein Schiff gestaltet: Nach dem Eintritt steht man gleich mittschiffs, an den Wänden hängen große Galionsfiguren berühmter Segelschiffe, und in der Mitte sieht man einen Mastfuß. Vor allem das geborgene Inventar des einstmals schnellsten Windjammers der Welt, der HERZOGIN CECILIE, regte unsere Phantasie an. Der vollständige Originalsalon dieser Viermastbark, die 1936 an der eng-

m Nebel gerade
noch zu erkennen:
die hohen Masten
der POMMERN

lischen Küste strandete, wurde geborgen und von Reeder Gustav Erikson nach Mariehamn gebracht. Er muß die großen Segelschiffe wahrhaft geliebt haben, wenn er sie zu einer Zeit, da die Meere längst von Dampf- und Motorschiffen beherrscht wurden, noch immer als Handelsschiffe einsetzte und um Kap Hoorn kreuzen ließ.

Aber nicht nur Gustav Erikson liebte die Segelschiffe. Die gesamte Bevölkerung der Ålands fühlt sich aufs engste mit der See verbunden. Ein lustiger Nebeneffekt: Alle Taxis tragen den Namen eines berühmten Segelschiffs auf dem Nummernschild, und die Fahrgäste erhalten zum Abschied ein Kärtchen mit Informationen über „ihr" Schiff. Uns fiel auch auf, daß die Einheimischen meist Seglerkleidung trugen, was nicht nur mit dem Wetter zusammenhing. Ich glaube, jeder Åländer ist von Geburt an Seemann.

Noch am selben Abend begann der Wind aufzufrischen. Wir hörten die Sturmwarnung im Wetterbericht und waren gezwungen, die SOLVEIG zu verlegen, denn selbst in diesem geschützten Hafen baute sich so starker Seegang auf, daß der Schwimmsteg von Brechern überflutet wurde. Mit großer Mühe verholten wir das Boot auf die Leeseite des Schlengels, vertäuten es mit jeweils zwei Festmachern an zwei Bojen und zweimal am Steg. Auch während des ganzen nächsten Tages gebärdete sich das Wetter so stürmisch und regnerisch, daß wir lieber an Bord blieben. Erst am übernächsten Morgen hatte sich der Wind beruhigt, aber es hingen noch dicke Nebelschwaden zwischen den Hügeln des Sundes, und dunkle Wolken zogen über uns dahin.

„Bei dem Nebel können wir nicht fahren." Nach dieser Feststellung Angelikas krochen wir wieder in unsere Koje. Spät frühstücken, ein bißchen faulenzen, das war zur Abwechslung mal ganz schön. Doch als die Sonne plötzlich durch die Wolken brach, war Beeilung angesagt. Um 11.00 Uhr machten wir los und mußten zunächst die ganze Halbinsel runden, um auf die andere Seite in den Osthafen zu gelangen. Von dort an verlief unser Kurs mitten durch das Zentrum der Inselgruppe, das sogenannte „Festland", zu der etwas isoliert liegenden Insel Kökar.

Im Osthafen von Mariehamn befinden sich ein kleiner Sandstrand, dahinter ein Hotel und einige Restaurants. Bei dem kalten Wetter standen die Stühle und Strandkörbe noch leer, auch sonst war kaum Leben zu beobachten. Die anhaltend rauhe Witterung schien der begin-

Grandiose Felslandschaft in den Ålands

nenden Saison gehörig zu schaden. Auf der anderen Seite des Sundes steuerte ich in eine Durchfahrt, die zunächst kaum erkennbar war, dann in eine Art See und wieder in eine Durchfahrt. Die ganze Gruppe besteht aus Inseln mit solch engen, wassergefüllten Zwischenräumen oder aus freien Wasserflächen mit unzähligen Felsen und verstreuten Eilanden. Je nachdem, mit welchem Ziel und welchem Bootstyp man unterwegs ist, kann man eine Route wählen, die entweder genügend Raum bietet zum Segeln und Kreuzen oder, wie in unserem Fall, über möglichst kleine Wasserflächen führt, auf denen wenig Seegang herrscht und man viel von der Landschaft sieht. Diese engen, kanalartigen Durchfahrten sind nur für Boote mit geringem Tiefgang passierbar, und man muß auf der Karte genau nachsehen, ob man mit Schwierigkeiten zu rechnen hat. Auch eine niedrige Brücke kann zum unüberwindlichen Hindernis werden.

Gewöhnungsbedürftig: finnische Seekarten

Die finnischen Seekarten, mit denen ich auf den Åland- Inseln zum ersten Male Bekanntschaft machte, sind ein Thema für sich und für den Westeuropäer durchaus gewöhnungsbedürftig. Auf den ersten Blick wirken sie unübersichtlich. Hat man sich aber erst in ihre Struktur eingearbeitet, erkennt man darauf eine Unmenge wichtiger Informationen. Im Gegensatz zu den schwedischen Karten, die den englischen oder den unseren ziemlich ähnlich sind, gilt für Finnland ein völlig anderes System, das

schon mit der Farbgebung beginnt. Gelbe Flächen bedeuten bei uns Land, aber auf der finnischen Karte ist flacheres, durchaus noch befahrbares Wasser bis zehn Meter Tiefe gelb eingefärbt. Land dagegen erscheint grün. Das ist auf den ersten Blick verwirrend. Auch die Seezeichen, vor allem die Markierung der Untiefen, unterscheiden sich von unserem System.
Den Bedürfnissen der Sportschiffer jedoch kommen die finnischen Karten sehr entgegen. Von allen Küstengebieten sind komplette Alben zusammengestellt, in denen nicht nur die benötigten Karten im Maßstab 1:50 000 enthalten sind, sondern auf den letzten Seiten auch eine Legende mit Zeichen und Bezeichnungen in drei Sprachen: Finnisch, Schwedisch und Englisch. Damit läßt sich gut arbeiten. Wir hatten uns zum Beispiel das Lateralsystem der Betonnung auf einen kleinen Karton gezeichnet, der neben dem Steuerrad befestigt war, so daß ich jederzeit auf einen Blick erkennen konnte, an welcher Seite das Fahrwasser verlief.
Finnland hat wie Schweden eine schier endlose Landesgrenze im Meer oder - besser gesagt - auf den äußeren Schären zu bewachen. Aus diesem Grund ist der Küstenschutz hervorragend organisiert. Hochmoderne, extrem starke Schnellboote, zum Teil mit Raketenbewaffnung, tauchen ziemlich oft zwischen den Inseln auf. Es empfiehlt sich also durchaus, die wenigen Verbote einzuhalten. Ich lernte auch, diesen Schnellbooten weiten Raum zu geben, um nicht in ihre steile Heckwelle zu geraten. Eine Angstvorstellung für Schweden und Finnland ist das Eindringen spionierender U-Boote in ihre Schärengebiete, was ja schon geschah. Deshalb ist es verboten, andere als die auf den Seekarten vorgeschlagenen Kurse zu steuern, ohne Genehmigung zu tauchen oder Skizzen anzu-

Unser Liegeplatz vor dem Hotel auf Kökar

Innerhalb von Minuten kann das Wetter wechseln.

fertigen. Auf den vorgezeichneten Routen ist es andererseits erlaubt, Sperrgebiete zu durchfahren. Im übrigen ist es auch im Interesse der eigenen Sicherheit nicht empfehlenswert, von den markierten Routen abzuweichen. Dann besteht nämlich keine Gewähr, daß alle Untiefen und Felsen in der Karte eingezeichnet sind.
Alles in allem ist der Sportschiffer in den Schären Finnlands so frei wie kaum woanders. Wenn ich daran denke, wie viele Formalitäten wir für den Besuch jeder einzelnen Insel, auch innerhalb einer Gruppe, in der Südsee erledigen mußten, wie oft Inseln anderswo als Privatbesitz oder Naturschutzgebiete unzugänglich sind, dann kann ich die Freiheit, die ich in Finnland genossen habe, nur mit der in Alaska vergleichen. Auch die Einsamkeit, die Härte der Natur, die Schönheit der Landschaft und die weiten, geschützten Reviere begeisterten uns.
An diesem sonnigen Tag glitten wir zwischen dunklen Kiefernwäldern dahin, die, gemischt mit hellen Laubbäumen und niederen Sträuchern, dicht an uns vorbeizogen. Meine Beschäftigung mit der wie verzaubert wirkenden Landschaft wurde nur erschwert durch die ständige Aufmerksamkeit, die ich dem Fahrwasser schenken mußte. Angelika legte das Fernglas nicht mehr aus der Hand, machte mich auf jede Tonne, auf jede Stange aufmerksam. Immer wieder griff ich kurz zur Karte. Und mehr als einmal, wenn das Boot aus dem Ruder lief, weil ich das Rad losgelassen hatte, bekam ich einen Anpfiff von meinem Ersten Steuermann.
Trotzdem navigierte ich weiter, mal auf die

Karte sehend, mal die nächste Durchfahrt im dunklen Saum der Wälder erspähend, mal auf den Kompaß, mal auf das Echolot schauend. Aber gerade dies machte die Fahrt zwischen den Inseln und Felsen so spannend und interessant. Ich notierte im Logbuch: „13.30: Leuchtfeuer Lumparudd passiert. Abzweigung in sehr enge Durchfahrt bei Draggrund. Es folgen Stunden perfekter Fahrt zwischen Schäreninseln mit Fichten, Kiefern, Birken und vielen kleinen Bäumen. 1A-Wetter! Um 19.00 Uhr vor der Küste von Kökar."

Auf dieser Fahrt machten wir zum ersten Mal Bekanntschaft mit den finnischen Seezeichen: meist Spieren, aber auch Tonnen. Sie haben keine Toppzeichen, da die großen Holzflöße oder der Eisgang im Winter zu viele Schäden verursachen würden. Sie lassen sich nur durch ihre Farbe unterscheiden, und im Gegenlicht ist

Gelb leuchtet das Schilf auf der Insel Kökar.

Vielerlei Moose und Flechten bedecken die Schären.

das oft schwierig. Die Spieren sind nicht einfache Rundhölzer, sondern sehr solide aus starkem Kunststoff gefertigt. Der finanzielle Aufwand für die Anschaffung und Erhaltung der Seezeichen muß astronomisch sein.
Obwohl die Abende lang sind im Norden, wurden wir etwas nervös, denn Kökar war noch weit. Außerdem mußten wir die ganze Insel umfahren, um auf der anderen Seite die Einfahrt in einen schmalen, tiefen Sund zu finden, an dessen Scheitel in der Karte ein besonders verlockender Stützpunkt verzeichnet war. In weitem Bogen steuerte ich um die steile Küste von Kökar, die allein schon ein landschaftlicher Höhepunkt war. Ab einem bestimmt Punkt zählten wir die Felsen, um bei dem richtigen abzubiegen. Dieser Weg war in der Seekarte nur durch eine gestrichelte Linie angedeutet. Die nackten, rundgeschliffenen Felsen ringsum verrieten, mit welcher Wucht im Herbst und Winter hier Stürme und Eis wüten mußten. Mit rötlichem Schein ging die Sonne unter, als wir langsam in die atemberaubende Szenerie hineinglitten. Ich drosselte die Fahrt aus Vorsicht und aus Scheu vor der überwältigenden, unberührten Natur. Wie ein Denkmal stand eine einzige kleine Hütte auf felsiger Höhe: das frühere Lotsenhaus, wo der Lotse wochenlang ein einsames Leben fristete, um Schiffe sicher in den versteckten Hafen zu geleiten.
Von Fels zu Fels tasteten wir uns mit Hilfe der Sonderkarte vorwärts. Die Wassertiefen betrugen stellenweise nur 1,8 oder zwei Meter, doch hinter jedem Felsen taten sich völlig neue Formationen auf. Allmählich gelangten wir an das Ende des Sundes; bewaldete Ufer, erste Wiesen und einzelne Holzhäuser kündigten die nahe Ortschaft an. Neben jedem Haus war ein Bootsschuppen angebaut. Hier waren offenbar alle Bauern auch Seeleute und Fischer - und

Die Felsformationen haben fast Ähnlichkeit mit der Landschaft der Seychellen.

umgekehrt. Hinter der letzten Biegung, es fing schon an zu dunkeln, kam ein offenbar neuer Gebäudekomplex in Sicht, den wir unschwer als Hotel oder Gasthof erkannten. Alles glänzte in frischer Farbe. Eine Terrasse diente als Pier und eine Reihe Pfähle davor zum Festmachen. Einige Bojen waren ausgelegt, um das Fahrwasser zu kennzeichnen, das sich in engen Schleifen wand. Gegen 21.00 Uhr machten wir direkt vor dem Hoteleingang fest, denn wir waren wieder einmal die einzigen Gäste, und es fehlte nicht an Platz. Mit einem Schnitt von 6,5 Knoten hatten wir an diesem Tag 54 Seemeilen in „schwierigem Gelände" zurückgelegt.

Vorbildlicher Umweltschutz

Ein kräftiger junger Mann begrüßte uns und schien sich zu freuen, daß endlich ein Gastlieger eingetroffen war. Wir waren zu müde für ein längeres Gespräch, beobachteten aber später, daß er mit einem Freund sein Motorboot bestieg und mit umfangreicher Angelausrüstung zu einem abendlichen Fischzug auslief. Er war offensichtlich der Chef des Hotels und verwöhnte seine Gäste mit frischem Fisch. Aus den Fenstern des Speisesaals fiel helles Licht auf die Terrasse, und drinnen sahen wir eine gediegene Einrichtung und an mehreren Tischen gutgekleidete Gäste.

Mit dem Schlauchboot brausten wir am nächsten Tag los und suchten uns eine der schönsten Schären aus, an der wir über die Felsen an Land kletterten. Was mir zuerst ins Auge fiel, waren die verschiedenen Moose und Flechten: Weiße, rote, graue und grüne bedeckten fast den ganzen Boden unter den knorrigen Kiefern und schlanken Wachholderbäumen. Dann wieder leuchtete am Ufer eine ganze Wiese aus gelbem Schilf. Dieses wunderbar leuchtende Schilf fand ich später fast überall in und an den finnischen Gewässern. Überwältigend war auch der Blick vom höchsten Punkt der Insel über das Schärengewirr mit seinen unzähligen Klippen und steilen Felsabbrüchen.

Am Nachmittag schwangen wir uns auf die Fahrräder und überquerten die Insel auf einer einfachen, aber gepflegten Straße bis zur anderen Seite, wo wir wiederum auf einen Gasthafen stießen: nicht so komfortabel wie die Musteranlage mit Sauna, Dusche, Kaffeeterrasse und Wasserleitung vor dem Hotel. Aber es gefiel mir, daß die kleine Insel mit ihren wenigen Einwohnern mehrere Gasthäfen anzubieten hatte.

Die Landschaft im Inneren der Insel wirkte idyllisch, aber wahrscheinlich nur in der guten Jahreszeit, denn im Winter brausen Schneestürme über Wiesen und Äcker, krümmen die Wipfel der Bäume und Sträucher, lassen die Wasserläufe und Sunde zufrieren. Schafe und Kühe finden dann Schutz in den Ställen, und

die Bewohner bleiben, von kurzen Wegen abgesehen, in ihre Häuser verbannt. In dieser Zeit holt sich die Natur zurück, was sie den Menschen im Sommer an Licht und Wärme gegeben hat.
Eine ganze Weile hielten wir uns in dem kleinen Supermarkt des Dorfes auf. Neben den notwendigen Lebensmitteln fand ich viel Bootsbedarf, Tauwerk, Farben, Pumpen und Werkzeuge. Außerdem wurde von hier aus die Tankstelle bedient, und ich erfuhr zu meiner Freude, daß für Bootsmotoren steuerfreies Heizöl verkauft wurde, der Liter unter einer Mark. Die hübsche junge Frau an der Kasse sprach mich unerwartet auf deutsch an. Sie hatte eine zeitlang in Wilhelmshaven gelebt und von Freunden Deutsch gelernt. Als wir zurückkamen, empfing uns Thomas, der junge Besitzer des Hotels, am Liegeplatz. Er war gerade damit beschäftigt, am Steg eine hochmoderne Anlage zum Absaugen der Fäkalientanks zu installieren. Auch in Mariehamn hatten wir eine solche Pumpe gesehen. Man nimmt den Umweltschutz sehr ernst in Finnland, wo er bei der geringen Bevölkerungsdichte des weitflächigen Landes auch leichter durchzusetzen ist.
Thomas erzählte uns, daß er den Hotelkomplex nach und nach renoviert und durch weitere Gebäude ergänzt hätte. „Der neueste Teil ist erst ein Jahr alt. Ich habe sehr viel mit meiner Frau selbst gebaut. Und jetzt führen wir die Gaststätte auch nur zu zweit. Ich koche, und meine Frau serviert." Dann zeigte er uns ein altes, aber sehr komfortables Motorschiff mit einem Rumpf aus verleimtem Mahagoni, ein Bau von Abeking & Rasmussen, den er gerade modernisierte und reparierte. Das 15 Meter lange Boot mit mehreren Einzelkabinen stammte aus den fünfziger Jahren. Bis es wieder einsatzfähig war, würde er noch viel Geld und Arbeit investieren müssen. Aber dann wollte er damit seinen Gästen Rundfahrten in den Schären anbieten.
Thomas wußte eine Menge von Estland zu erzählen, wo er als Leibwächter gearbeitet hatte, wahrscheinlich für finnische Unternehmer. Er war erfüllt von tiefem Haß gegen die Russen und alles Russische, was sich aus der jüngsten Geschichte Finnlands und Estlands leicht erklären ließ. „Die gegenwärtige Situation in Estland", berichtete er, „ist dadurch geprägt, daß sehr viele Russen in der Sowjetzeit freiwillig oder zwangsweise angesiedelt wurden. Sie nahmen fast alle führenden Positionen ein und sind jetzt, nach der wiedergewonnenen Unabhängigkeit Estlands, in ihrer neuen Heimat unerwünscht. Diese Russen, ihrer Existenz und zum Teil auch Wohnung beraubt, verhalten sich ausgesprochen bösartig oder werden oft kriminell. Estland steht damit vor einem fast unlösbaren Problem, denn die Regierung des großen Nachbarn unterstützt natürlich ihre ehemaligen Landsleute."
Angelika stand mit den finnischen Karten auf Kriegsfuß und notierte im Tagebuch: „Diese Karten - eine Zumutung! Die meisten Baken, die wir im Wasser sehen, sind nicht einmal verzeichnet. Ein einziges Rätselraten, wo man sich befindet. Ich beneide Rollo nicht, der sich in diesem Wirrwarr zurechtfinden muß. Steuern funktioniert hier nur in Teamarbeit, das heißt, ich sehe durchs Fernglas, sage ihm, welche Seezeichen ich entdecke, während er meine Angaben mit der Karte vergleicht und im günstigsten Fall die Markierungen auch eingetragen findet." Allerdings habe ich wirkliche Fehler in den Karten nur sehr selten entdeckt, auch wenn sie nicht gerade übersichtlich gezeichnet waren. Das Problem waren nicht die Karten, sondern die unendlich vielen Felsen, über und unter Wasser.
Zwei Stunden versuchten wir, bei beträchtlicher Dünung eine Insel zu finden, die Thomas uns empfohlen hatte, dann gaben wir auf. Angelikas Tagebuch: „29. Mai, 21.00 Uhr: vor Anker im Hamnösund. Dunkle Wolken und zunehmender Wind. Was wohl daraus wird? Diese totale

Abhängigkeit vom Wetter hat mir über die Jahre das Vorausdenken völlig verleidet. Wenn die Umstände günstig sind, genieße ich sie, denn morgen kann alles plötzlich ganz anders sein. So habe ich mir auch abgewöhnt, Dinge für sogenannte besondere Gelegenheiten aufzuheben. Nein, hier und jetzt werden sie verwendet. Heute abend habe ich - ohne speziellen Anlaß - die letzte halbe Flasche französischen Rotweins geleert. Von nun an kommen magere Wochen auf mich zu, denn in Finnland ist Wein ja nur mit Gold zu bezahlen..“
Um 04.00 Uhr standen wir auf und warteten, daß es hell wurde. Das Thermometer zeigte acht Grad, der Himmel war düster und die Luft feucht. Wir reinigten Außenwände und Fenster vom Salzbelag, der sich bei der letzten Fahrt angesetzt hatte. Um 06.00 holten wir den Anker auf und waren kaum eine halbe Meile gefahren, als dichter Nebel aufzog. Das Pech vom Vortag sollte sich wohl fortsetzen? Bei den vielen Schären, zwischen denen wir uns durchschlängeln mußten, ehe wir halbwegs freies Fahrwasser erreichten, konnte ich den Törn bei Nebel nicht wagen.
Langsam steuerte ich zurück in einen anderen Sund, den Västersundet, und machte im Gästehafen von Helsö fest. Hier gab es nur einen kleinen Anleger, dahinter eine Holzhütte und weder Wasser noch Strom. Die Anlage war nach der Winterpause noch nicht in Betrieb genommen. „Stege zum Teil verfallen“, schrieb ich ins Logbuch. Und: „Bin enttäuscht und müde.“
Ein Versuch, über UKW den Wetterbericht zu hören, scheiterte. Gegen 11.00 Uhr lichtete sich plötzlich der Nebel, und wir beschlossen spontan, doch noch weiterzufahren. Durch ein Inselgewirr wie aus einem Märchenbuch, dazu Landfetzen, rauhes Urgestein, Bäume im Meer, Schären und Felsen legten wir an diesem Tag 44 Seemeilen zurück, immer den nächsten Ansteuerungspunkt suchend. Die Schären zwischen Åland und Hangö im Südwesten Finnlands sind vielleicht das aufregendste Inselgebiet in der Ostsee. Die engen Passagen und im Zickzack verlaufenden Fahrwasser nehmen kein Ende. Ein Landschaftswunder nach dem anderen öffnet sich dem Blick. Die überfülle an Inselgruppen zeigte sich auch daran, daß wir drei Kartenalben zwischen Kökar und Hängo brauchten, auf einer Distanz von nicht einmal hundert Seemeilen.
Gegen 17.00 Uhr steuerte ich in einen kleinen Sund, in dem laut Karte ein Gästehafen sein sollte. In dem oft nur zehn Meter breiten Fahrwasser hatten wir gerade noch 2,4 Meter oder weniger unter dem Kiel. Das Manövrieren in dieser Inselgruppe, für die wir nicht einmal einen Namen fanden, war ziemlich spannend. Der Sund ist nach allen Seiten geschlossen, und ohne die sehr reichlich angebrachten Seezeichen hätten wir den Ausgang nie gefunden.
Als ich dann aber auf den Landeplatz zuhielt, klopfte mein Herz vor Freude. So etwas hatte ich noch nie gesehen: eine breite und etwa 30 Meter lange, fest gebaute Landungsbrücke führte direkt in den Wald der Insel, die unbewohnt schien und auch keine Hütte oder sonstige Bauwerke aufwies. So stellt man sich die Privatinsel eines Multimillionärs vor, wie ich sie in den USA gesehen hatte. In meinem Tagebuch findet sich unter dem Datum 30. Mai folgender Eintrag: „Wir machen nach sechsstündiger Fahrt in einer zauberhaften Bucht fest. Eine Anlegebrücke steht zur Verfügung, ohne Häuser dahinter. Das Inselchen ist unbewohnt, nur eine Art Briefkasten ist an einem Baum angebracht, in den man bitte das Tagesgeld von 20 Finnmark einwerfen soll. Am Ufer liegt ein kleines Boot, doch kein Mensch ist in der Nähe. Das Schilf ist hoch und leuchtet golden in der Sonne, die seit unserer Ankunft vom plötzlich blauen Himmel lacht. Heute morgen sah alles noch so hoffnungslos aus!“
Am nächsten Morgen schrieb ich weiter: „Liegeplatz an der angenehmen neuen Brücke für Sportboote des Inselchens Birsskär. Ein strah-

lend heller Morgen, wie ich ihn nur selten erlebt habe. Die Sonne wärmt, aber brennt nicht. In der Luft liegt noch die Kühle einer sternklaren nordischen Nacht. Die Schäre ist dicht bewaldet, mit allerlei Moosarten bewachsen und bietet von ihren blank gewaschenen Felsen, die recht hoch aufragen, einen herrlichen Blick über die Bucht - fast hätte ich „Lagune" geschrieben - und die umliegenden Klippen und Schären. Ein Zaubergarten mit kleinen Wasserstellen, in denen sich das grüne Geäst der Bäume, meist knorriger Kiefern, widerspiegelt. Wir sind allein hier, hören nur die Möwen schreien oder Vögel fröhlich singen. Das gelbe Schilf leuchtet jetzt in der Morgensonne noch heller, und wegen der völligen Windstille ist nicht einmal das Geräusch einer leisen Brandung zu vernehmen."

Etwa 50 Meter von der Brücke entfernt war vorsorglich - im Sommer lagen wahrscheinlich mehr Yachten hier - in einer Holzhütte eine Toilette errichtet worden, diskret hinter Bäumen versteckt. Außerdem gab es einen viereckigen Bretterverschlag mit einem sehr gediegenen Abfallplatz, wo mehrere Behälter aufgestellt waren, um jede Art von Abfall aufzunehmen. Auch eine erklärende Tafel fehlte nicht. Ich entdeckte kein Stückchen Papier und keine leere Getränkedose im Moos oder Dickicht. Tiefblau leuchtete das Wasser, so klar, daß man bis zu drei Meter tief auf den Grund sehen konnte. Aber grüne Algen auf den Steinen am Ufer und weißer Schaum deuteten doch auf eine gewisse Belastung durch Industrieabwässer hin.

Auf der anderen Seite des Sundes standen drei oder vier bunt bemalte finnische Holzhäuser, und davor lag eine weitere Landungsbrücke für die Versorgung der Bewohner. Deren Insel heißt Stenskär und war auch nicht größer als „unsere" Schäre: 100 bis 200 Meter breit und einen Kilometer lang.

Vielleicht liegt der besondere Zauber dieser kleinen Inseln darin, daß keine Straße Motorlärm und Abgase heranbringt. Ich weiß nicht, was es noch gibt an Herrlichkeiten der Natur auf den 6 000 weiteren Inseln, aber eines ist sicher: Die Naturschönheiten an der finnischen Westküste und in den Ålands dürften in Europa ziemlich einmalig sein.

Wir legten einen Geldschein in das Kästchen am Baum und verließen erst gegen Mittag diesen verwunschenen Platz. Welch ein Kontrast, als wir Tage später in Hangö am südlichsten Ende Finnlands festmachten! Mächtige Verladeanlagen umrahmten die größte Sportbootmarina des Landes. Der Juni hatte gerade begonnen, deshalb lagen schon einige Yachten aus verschiedenen Ländern im Hafen.

Unser erster finnischer Hafen

Nach Wochen der Einsamkeit gingen wir nur zögernd in die Ortsmitte, sahen aber zu unserer Freude, daß ganze Viertel der Stadt noch überwiegend mit Holzhäusern bebaut und reichlich mit Bäumen bepflanzt waren. Hangö ist eine relativ junge Stadt und 1874 gegründet, als Finnland noch Teil des großen russischen Zarenreichs war. Sie entwickelte sich rasch zu einem beliebten Erholungsort und Seebad des russischen Adels, der von St. Petersburg aus anreiste. Im Brunnshuset, dem heutigen Restaurant-Casino, traf sich die feine Gesellschaft zu Tee und Unterhaltung. Davor beginnen die kilometerlangen weißen Badestrände. Der Sand ist hier nicht so fein wie an der Nordsee, aber um schwimmen zu gehen oder im Wasser zu plantschen, wie es die Damen früher taten, war er sicherlich gut genug. Aus jener Zeit stammen noch viele Gebäude und geben Hangö eine gewisse Noblesse, während das moderne Industriezentrum mehr im Hinterland angesiedelt ist.

Für uns war es nicht nur der erste finnische Hafen, sondern ein fest eingeplanter Orientie-

Willkommen im Paradies!

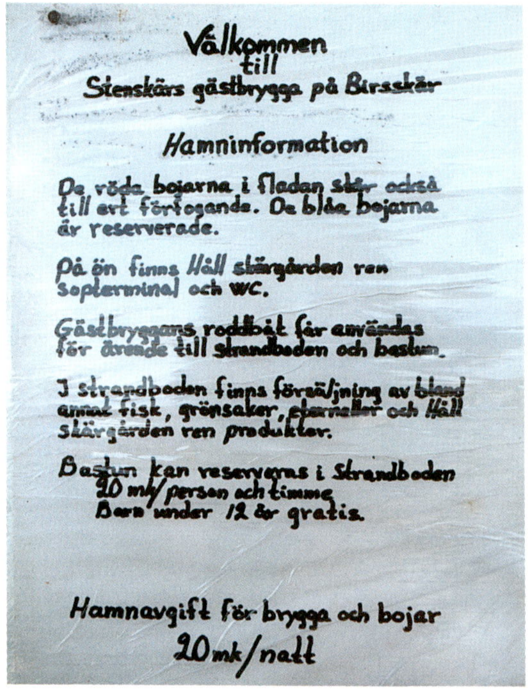

Gepflegter Liegeplatz bei dem Inselchen Birsskär mit der Bitte, die Gebühr in den Briefkasten zu werfen

rungspunkt, wo wir wichtige Entscheidungen für die Weiterfahrt treffen wollten. Wir mußten herausfinden, welche Bedingungen und Formalitäten notwendig waren, um den Saimaa-Kanal zu befahren. Er verbindet die Ostsee mit den finnischen Binnenseen und führt durch russisches Territorium. Ich wußte nur, daß eine Anmeldung schon Wochen vorher gefordert wird, aber nicht, welche Vorschriften zu beachten sind. Danach mußten sich unsere weitere Pläne richten, denn ich wollte die Anmeldung von Helsinki aus in die Wege leiten.

Außerdem interessierten wir uns für Opernkarten bei den berühmten Festspielen in Savonlinna. Wir hatten großes Glück und gerieten in der Touristeninformation an eine besonders nette Dame, die uns mit etlichen Telefonaten und viel Zeitaufwand Karten für die Oper reservierte. Sie fand auch eine aktuelle Broschüre der Kanalgesellschaft von Saimaa mit den von mir gewünschten Angaben. Am Ende ihrer erfolgreichen Bemühungen weigerte sie sich sogar, die Spesen ersetzt zu bekommen.

Nach vier Tagen reger Tätigkeit - Lebensmitteleinkauf, kleinere Besorgungen und Postverbindung mit der Heimat - waren wir ausgeruht und startbereit. Doch kaltes und windiges Wetter (das Quecksilber zeigte ganze elf Grad) dämpfte unsere Lust, den angenehmen Liegeplatz zu verlassen. Wir entschieden uns viel-

mehr, den nächsten netten Hafen nicht mit dem Boot, sondern mit der Eisenbahn zu besuchen.
Für mich war dieser Ausflug gleichzeitig eine Rückkehr in die Kindheit. Zwei Sommer hintereinander hatten wir die Ferien mit meiner Mutter in Finnland verbracht und waren damals weit durchs Land gefahren. Besondere Freude hatte mir die Eisenbahn gemacht, mit ihren vornehmen Schlafwagen und den abenteuerlichen Dampflokomotiven, die damals noch Birkenholz für ihre Feuerung verwendeten. Die Lok mußte von Zeit zu Zeit anhalten, um neues Birkenholz zu laden, das an bestimmten Stellen neben den Gleisen gelagert wurde. Heizer und Lokführer sprangen dann heraus und schleppten gemeinsam die etwa zwei Meter langen Scheite zum Tender.
Neben dem Bahnhof von Hangö stand tatsächlich noch so eine historische Lok mit großem Holztender. Ich stieg in ihren Führerstand und rechnete nach: Genau 60 Jahre waren es her, seit ich mit solch einem Dampfroß durch die Wälder gefahren war, unbekannten und unglaublich aufregenden Zielen entgegen. Was war seither alles geschehen! Die Welt hatte sich dramatisch verändert. Über das arme Finnland waren zwei Kriege hinweggegangen. Ich wunderte mich, woher dieses tapfere Fünf-Millionen-Volk die Kraft nahm, nach der „Wende" 1991 nochmals einen neuen Anfang zu wagen. Solcherlei Gedanken gingen mir auch durch den Kopf, als der moderne Triebwagen mit uns durch die Wälder rollte. Die finnischen Bahnen sind bequem, sauber und technisch auf neuestem Stand. Sie profitieren außerdem von der breiteren russischen Spur, denn die ersten Bahnlinien wurden zur Zarenzeit gebaut. Heute wird die finnische Bahn von der Bevölkerung in viel höherem Maß angenommen als bei uns und überzeugt obendrein mit günstigen Preisen.
An einer der kleinen Stationen mitten im Wald, wo man die in der Nähe liegende Ortschaft nicht einmal ahnen kann, stieg eine fröhliche Schar Schüler ein. Bei uns bedeutet eine Schulklasse meist ungehemmten Lärm, Rufe, Schreie und Gerenne. Nicht so in Finnland. Die Kinder verhielten sich diszipliniert und ruhig, ohne gedrillt zu wirken.
In Ekenäs stiegen wir aus und schlenderten, immer der Nase nach, zuerst in die modern gestaltete Ortsmitte und dann in das malerische alte Hafenviertel. Hier steht eine der wenigen

Vor 60 Jahren bin ich noch mit einem solchen Dampfroß durch die finnischen Wälder gefahren.

erhaltenen Feldsteinkirchen. Sie stammt aus dem 17. Jahrhundert und wurde erst in jüngster Zeit renoviert. Nett anzusehen ist auch das Stadtmuseum, ein Bürgerhaus mit vollständiger Originaleinrichtung aus der Mitte des 19. Jahrhunderts, mit Möbeln und Geräten aus jener Zeit. Ich betrachtete die alte Einrichtung mit etwas Wehmut, denn die Nähmaschine und der eiserne Herd erinnerten mich an meine Kindheit. Ebenfalls aus dem 19. Jahrhundert datieren die gut erhaltenen bunten Holzhäuser im Stadtteil Barckens, die unter Denkmalschutz stehen.

Lustig fanden wir die Spiegel, die wir außen neben vielen Fenstern entdeckten. Ob sie wohl noch benutzt wurden? Sie gehen auf eine Zeit zurück, als die Familie kaum andere Unterhaltung fand, als vom Stuhl aus ihre lieben Mitmenschen zu beobachten. In einigen Gegenden Deutschlands ist es noch immer üblich, ein spezielles Kissen auf die Fensterbank zu legen, um „spazieren zu gucken“, das heißt, um Nachbarn und Vorbeigehende zu betrachten.

Der Hafen von Ekenäs liegt an einer großen Bucht und ist erreichbar über eine Fahrrinne, die auf 4,6 Meter Tiefe ausgebaggert ist, um kleineren Frachtschiffen die Einfahrt zu ermöglichen. Die Stadt spielt eine bedeutende Rolle bei der Holzverschiffung. Auch kann man von Ekenäs mit dem Boot noch sechs Meilen weiter durch einen schmalen Sund ins Landesinnere fahren. Dort liegt in Pojo, dem äußersten Winkel des Sundes, ebenfalls ein Gästehafen. Doch würde ich der großartigen Landschaft immer den Vorzug geben und einen der vielen Ankerplätze aufsuchen, die ich in der Karte entdeckte. Denn das ist das eigentliche Finnland: Inseln und Felsen in der Wildnis, verwinkelte Buchten, klares Wasser und dazwischen die nackten Schären, deren saubergewaschene Felsrücken in der Sonne leuchten. Kein noch so gepflegter Gästehafen kann den gleichen Zauber ausüben. Aber wir müssen dankbar sein, daß ein sportbegeistertes Volk an Hunderten von geeigneten Stellen diese Raststätten eingerichtet hat und sie in bestem Zustand erhält. Gerade das Nebeneinander von hochentwickelter Technik, von Komfort und Modernität mitten in der freien Wildnis, mit ungezähmten Flüssen und der an Felsen aufschäumenden See, macht den besonderen Reiz dieses nordischen Landes aus.

Wir haben mit dem Heck direkt am Felsen festgemacht.

Für diesmal brauchten wir keinen Ankerplatz, denn die finnische Bahn, Rautatie genannt, brachte uns nach Hangö zurück. Rautatiesema, die Bezeichnung für Bahnhof, klingt uns fremd in den Ohren, und ein Blick auf das finnische Schriftbild mit seinen häufigen Vokalwiederholungen kann schon abschrecken. Bei Worten wie „jäämme muutamaski päiväksi“ für „einige Tage“ kapitulierte ich von vornherein und überließ auch das höfliche „Kiitos“ oder „Kiitoksia palju“ für „danke“ oder „vielen Dank“ Angelikas Sprachtalent, die mit ihrer Bemühung viel Freundlichkeit und Aufgeschlossenheit erntete. So weit wie Finnland von Mitteleuropa entfernt liegt, so weit im Osten ist auch seine Sprache entstanden. Das Finnische geht auf den finnisch-ungrischen Sprachstamm zurück und wird in den östlichen Gebieten des Urals gesprochen, ist auch teilweise mit dem Ungarischen verwandt. Von den meisten Finnen, mit denen wir in Berührung kamen, insbesondere im maritimen Bereich, wurde aber Englisch verstanden. Die besten Aussichten auf eine Verständigung hat man bei jungen Leuten und Schülern, weil sie fast ausnahmslos in der Schule Englisch lernen.

Idylle zwischen Felsen

Es zog uns wieder in die Schärenlandschaft, wo die verschwiegenen und gut geschützten Ankerplätze auf uns warteten, die, nebenbei bemerkt, auch nichts kosteten. Allerdings erwartete uns zwischen den Schären auch ziemlich offene See, von der eine beständige Dünung heranrollte, die SOLVEIG V unablässig von einer Seite auf die andere torkeln ließ. Manchmal fiel es schwer, die einzelnen Felsen nach der Karte zu bestimmen; auf mehrere Meilen Entfernung waren verschiedene Ausfahrten in ähnliche Richtungen kaum zu unterscheiden. Rote und grüne Seezeichen schwammen überall, und so geschah es dann, daß ich in ein falsches Fahrwasser geriet.
Der Anblick der Ufer und Seezeichen stimmte plötzlich nicht mehr mit der Karte überein, aber ich redete mir ein, daß mein Kurs stimmen mußte, denn ich wollte nicht glauben, daß ich mich verfahren hatte. Doch immer deutlicher tauchten auffällige Landmarken auf, die laut Karte hier nicht sein durften, und umgekehrt waren auf der Karte Zeichen eingetragen, die ich draußen nicht finden konnte. Schließlich wurde ich mit der Wahrheit konfrontiert: Ich sah den Hafen von Ekenäs vor mir, den ich von unserem Ausflug am Vortag noch gut in Erinnerung hatte. Ausgerechnet Ekenäs, das wir schon besucht hatten!
Also mußte ich wenden und sechs Seemeilen zurücksteuern, bis ich in die richtige Durchfahrt einbiegen konnte. Eine schmale Fahrrinne, die unsere unfreiwillige Rundfahrt erheblich abgekürzt hätte, konnte ich wegen einer Flachstelle mit weniger als einem Meter Wassertiefe nicht nutzen. Auf den finnischen Seekarten, die ich inzwischen schätzen gelernt hatte, sieht man auf einen Blick, ob das Fahrwasser ausreichend tief ist, denn die eingezeichneten Linien für den Kurs enthalten auch eine Angabe über die geringste Wassertiefe.
Fast eine Stunde brauchte ich, bis ich die richtige Markierung gefunden hatte. Danach gingen wir in einer stillen Bucht vor Anker, um den Ärger zu vergessen. Ringsum standen grüne Wälder mit dunklen Kiefern, mächtigen Eichen und zarten Birken, durch deren Laub die Sonne ihr Licht auf die Uferfelsen warf. Angelika ließ es sich nicht nehmen, eine köstliche Mahlzeit aufzutischen, die mit Krabben, Salat, würzigen Nudeln und Schokoladencreme unseren Unmut schnell verjagte. Wir fuhren weiter in ein besonders wildromantisches Revier zwischen den Inseln Gullö und Skärlandet, mitten im schönsten Schärengebiet, und erlebten eine landschaftliche Überraschung nach der anderen. Sanfte Ufer mit moosbewachsenen Steinen, Schilfwiesen und gelegentlich auch grünem Gras wechselten ab mit Felswänden und engen Schluchten.
Ich begann schon frühzeitig, auf der Karte nach einem Ankerplatz zu suchen, und fand ein Versteck, das ich bis zum späten Nachmittag erreichen wollte. Die Fahrt durch das Insellabyrinth dauerte am Ende aber länger als gedacht, und wir kamen erst gegen 18.30 Uhr, aber noch bei hellem Tageslicht, vor der Insel Stora Angestö an.

Vom Fahrwasser aus sah die Insel nicht außergewöhnlich aus, sie war sogar mit mehreren Ferienhäusern bebaut, oft mit drei- bis vierhundert Meter Abstand voneinander. Diese Hütten oder auch komfortabel ausgestatteten Holzhäuser gehören zu den Schären wie die Almhütten zu den bayerischen Bergen. Oft ohne Straßenanbindung, aber immer in der Nähe des Ufers, und mit reichlich eigenem Waldgrund und natürlich einem Bootssteg, sind sie das Ziel der finnischen Familien für Wochenenden am Wasser, für Urlaub oder den ganzen Sommer. Das Leben in der Natur ist der Ausgleich für harte Arbeit, die die Finnen leisten; Ausgleich auch für endlose Winternächte in eisiger Kälte. Man kann sich den Luxus des eigenen Ferienhauses leisten in einem Land, das so groß ist wie Deutschland, aber nur fünf Millionen Einwohner hat.

In der Seekarte ist jede einzelne Hütte vermerkt. Deshalb wußte ich, daß wir hinter der Insel an dem angesteuerten Platz kein Haus zu erwarten hatten. Mit größter Vorsicht verließ ich das Fahrwasser, fuhr in einigem Abstand vom Ufer an der Insel entlang und gelangte nach einer Viertelstunde auf der anderen Seite von Stora Angestö in eine Durchfahrt, die an der nächsten Insel, Litta Angestö, vorbeiführte. Dort wurde allmählich eine kleine Ausbuchtung sichtbar, die, von hohen Felswänden umgeben, völlig abgeschlossen vor uns lag. Mein Herz jubelte bei diesem Anblick, und Angelika schrieb später begeistert: „Wir haben SOLVEIGS Heck direkt an einem hohen, steilen Felsen mit Leine festgemacht, um bequem aussteigen zu können. Aber welch eine Kulisse! Das ist Norwegen, Schweden und Finnland zusammen... Zum ersten Mal auf dieser Reise ohne lange Jeans in der Sonne gelegen. Und da wir uns noch im Salzwasser befinden, fehlen auch die berüchtigten finnischen Mückenschwärme."

Möwen kreisten in der Luft, und von fern hörte ich in der Stille jemanden hämmern. Auf der anderen Seite des Sundes stand ein kleines Ferienhaus und darunter, auf halbem Weg zum Ufer, eine Saunahütte. Aber nirgendwo ein Zaun. In Finnland gilt ebenso wie in Schweden das Recht des Gemeingebrauchs. Später sah ich einen Mann auf der anderen Seite des Sundes an seinem Boot hantieren, aber er war weit entfernt und nahm anscheinend keine Notiz von uns.

Am Scheitel unserer Bucht ergoß sich zwischen Gras und Schilf ein kleiner Bach. Auf der Felswand gegenüber standen hohe Bäume, Kiefern vor allem, und nahmen die Sicht auf die dahinterliegende See. Drei Enten schwammen gemächlich auf dem spiegelglatten Wasser, dessen Oberfläche von keinem Windhauch berührt wurde. Wir waren von unserem rötlich in der Abendsonne schimmernden Felsversteck so begeistert, daß wir sofort ausschwärmten, um das Hinterland zu erkunden. Ich wanderte auf einem kaum sichtbaren Pfad, der sich bald hierhin, bald dorthin wand, bis zum höchsten Punkt der Insel und hatte von da freie Sicht über das Meer bis zur anderen Seite. Den ganzen Hang hinunter lagen, wie ein einst von Riesen verlegtes Pflaster, breite glatte Felsen terrassenförmig bis zur See, deren müde Wellen kaum hörbar gegen das Gestein klatschten. Bei Sturm mußte sich hier eine tosende Brandung wütend gegen die Felsen werfen. Jetzt aber herrschte tiefer Friede. Die Felsplatten waren nicht nur trocken, sondern von der Sonne wie Herdplatten aufgeheizt.

Keine Spur von Menschen in der Nähe, nur Vögel kreisten am Ufer, und ein leiser Wind bewegte die Blätter und Äste. Ein dünnes Bächlein, Überrest des Regens der letzten Tage, floß durch das dichte Moos; so weich und üppig ist dieses Moos, daß der Fuß darin versinkt, als ob er auf ein Kissen träte. Für ein paar Minuten setzte ich mich neben einen Wachholderbaum auf einen Stein, genoß die Ruhe und sah weit im Westen die sinkende Sonne, deren Schein die entfernteren Schären und Inseln im

Gegenlicht als dunkle Streifen hervorhob. Nach einer Weile suchte ich den Pfad zurück, konnte ihn aber nicht mehr finden, und stolperte über Äste und gefallene Bäume langsam abwärts.
An einer anderen Stelle des Felsmassivs trat ich aus dem Gestrüpp und sah die SOLVEIG tief unter mir friedlich daliegen. Angelika war von der anderen Seite der Bucht zurückgekehrt. Sie war über die sumpfige Wiese gestapft und drüben an den Felsen wieder hochgeklettert. Von dort aus, berichtete sie, hätte man den schönsten Blick auf die Landschaft und unser Boot; sie hatte von verschiedenen Stellen aus Filmaufnahmen gemacht.
Wir blieben noch einen Tag vor unserem Felsen liegen, nicht ohne uns bei der Ente für die Störung zu entschuldigen. Immer wieder umschwamm sie das Boot, suchte die Ufer nach Nahrung ab und näherte sich dann vorsichtig der Felswand, die unterhalb ihres Nests aufragte. Langsam, wie zufällig, stieg sie auf die Ufersteine, verharrte eine Weile und rannte dann - es sah unglaublich komisch aus - mit nur leichter Hilfe ihrer Flügel die steile Felswand fast senkrecht in die Höhe.
Am nächsten Tag bereiteten wir die Weiterfahrt vor, erlebten aber eine böse Überraschung. Als ich den Schlüssel drehte, um den Motor zu starten, rührte sich nichts. Wir hörten nicht einmal das vertraute „Klack" des Anlassers. Das durfte doch nicht wahr sein! Wie sollten wir hier herauskommen? Ich kontrollierte die Schalter, die Verbindungen zu den Akkus und zog die Schrauben an den Klemmen nach: eine unangenehme Arbeit unten im engen Motorraum. Allmählich trat die bittere Wahrheit zutage: Die Batterien waren leer, denn aus Versehen war die Motorbatterie mit den Akkus für die Geräte zusammengeschaltet gewesen. Ich hatte vergessen, den Trennschalter umzulegen. Jetzt hatte ich die Bescherung: Kein Gedanke daran, den Motor zu starten. Einziges Fortbewegungsmittel, das uns blieb, war das Schlauchboot. Ich erinnerte mich an den Mann, den ich gesehen hatte. Wir fuhren zu jenem Haus auf der anderen Seite der kleinen Bucht und schilderten dem jungen Mann, der etwas Englisch verstand, unser Pech. Sofort bot er uns an, den leeren Akku am Stromnetz aufzuladen. Nach drei Stunden holte ich den Akku zurück, nicht ohne ein Dankeschön in Form einer Flasche Rum.
Im Logbuch hielt ich fest: „Um 15.15 Uhr Batterie zurück und angeschlossen. Motor startet nicht! Zweite Batterie, die ebenfalls entladen ist (10 V) dazugeschaltet. Zweiter Versuch. Nur gerade eben klickt das Ritzel mühsam ein, und der Motor dreht. Langsam, aber er dreht und springt an! Erst mal hingesetzt." Ich schwor mir, in Zukunft besser aufzupassen und nach Möglichkeit ein kleines Ladeaggregat oder eine stets geladene Batterie als Reserve mit an Bord zu nehmen.
Erleichtert steuerten wir ins Hauptfahrwasser zurück. In ein paar Tagen wollten wir uns mit Eira, Angelikas Jugendfreundin, in Helsinki treffen.
Die Schärengewässer wurden immer enger, die Ufer rückten manchmal zum Greifen nahe heran. Über lange Strecken steuerten wir nur noch im Slalom und auf sehr flachem Wasser von 1,5 m Tiefe nach dem Motto: Siehst du die rote (oder grüne) Spiere links (oder rechts) vor der Insel? Küstenwachboote der finnischen Streitkräfte preschten an uns vorbei. Der dunklen Farbe der Wälder angepaßt, tragen sie entsprechend schwarze und dunkelgrüne Tarnfarben, mit hellen Streifen zur Andeutung von Fels. Die Schiffskörper sind zwischen den Inseln nur schwer zu erkennen, besonders wenn sie still in einer Bucht liegen. Diese mit modernster Technik ausgerüsteten Spezialschiffe sind in ständigem Einsatz, auch nachts, und liegen dann auch mal ohne Licht unter einer Felswand auf der Wacht. In Hangö hatte ich beobachtet, wie eines der Boote jeden Abend auslief.

Helsinki 9

Die weiße Stadt am Meer

Nach einer letzten Nacht vor Anker machten wir uns am 12. Juni auf in den Hafen der finnischen Hauptstadt. Ich habe Helsinki seit meinem ersten Aufenthalt als junger Schüler immer besonders geliebt. Nicht nur, weil es eine am Meer gelegene, mit dem Meer eng verbundene und saubere Hafenstadt ist, sondern auch wegen ihrer freundlichen und aufgeschlossenen Menschen.

Da wir den Hafen nicht „von See" ansteuerten, sondern von Westen kamen, passierten wir eine verwirrende Vielzahl von Seezeichen, bis das Stadtgebiet mit seinen weißen Bauten vor uns lag. Unglaublich viele Fahrwasser führen in den Hafen und am Hafen vorbei zu Verladeplätzen oder Fabriken in den Vorstädten Helsinkis, und dazwischen liegen natürlich immer Dutzende von Inseln und Schären.

Etwa zehn Gasthäfen oder Marinas machten mir die Auswahl schwer, aber ich hatte mich für den ältesten Yachtclub entschieden, nahe dem Zentrum auf einer Schäre im innersten Hafen. Die Stadt liegt auf einer Halbinsel, die wir erst runden mußten, um zu unserem „Südhafen" zu kommen. Vorbei an allen Verladekais, Uferpromenaden und Inseln, gelangten wir endlich in die schmale Einfahrt des Passagierhafens.

Abendstimmung vor der Stadtsilhouette Helsinkis

Mit einem Mal hatten wir die ganze Innenstadt vor uns, das wohlbekannte Bild mit der goldenen Kuppel des Doms und den ebenfalls goldenen Türmen der Uspenski-Kathedrale, dazwischen die weißen Geschäftsbauten. Der Dom war leider eingerüstet, und die Kathedrale, früher vom Hafen aus gut sichtbar, war von modernen Hochhäusern fast verdeckt. Aber am Gesamteindruck hatte sich seit den dreißiger Jahren nichts geändert. Der Verkehr im Hafen war beachtlich; in erster Linie Ausflugsschiffe, aber auch kleine Sportboote und Fähren belebten die Wasserfläche vor dem Markt und zwangen mich zu ständiger Aufmerksamkeit. Wir fuhren an den großen Fährschiffen der Finnline vorbei, die fast den ganzen Hafen ausfüllten. Und mitten drin, auf einer Schäre, hatte der Club sein Haus errichtet und hielt eine Anzahl Liegeplätze für Besucher bereit. Das schöne alte Holzgebäude, um die Jahrhundertwende erbaut, war zweistöckig und auffällig genug, um uns Gewißheit zu geben, daß wir am Ziel waren.

Mit langsamer Fahrt steuerte ich auf die Anleger zu, und bald zeigte sich eine schlanke Frauengestalt, die uns eifrig winkte und mit ausgestrecktem Arm einen Platz zuwies. Mich beherrschte in diesen Minuten nur die freudige Feststellung: Wir sind angekommen in der Hauptstadt Finnlands, der nördlichsten Metropole Westeuropas. Ein großes Fahrtziel war erreicht. Gewiß hatte ich damals, als ich 16jährig an Deck des stolzen Schiffs vom „Seedienst Ostpreußen" hier einlief, auch nicht im Traum daran gedacht, einmal auf eigenem Kiel die weiße Stadt am Meer zu besuchen.

In meinem Gedächtnis hatte Helsinki immer als sehr reale Erinnerung fortgelebt, denn nicht nur in der Schulzeit war ich zweimal als Besucher hier angekommen, auch nach dem Krieg hatte ich als Kameramann die Kurzreise einer großen Versicherungsgesellschaft nach Helsinki begleitet. Auch Angelika kannte verschiedene Orte Finnlands schon aus ihrer Schulzeit, sie hatte dort gemeinsam mit ihrer finnischen Freundin Eira erlebnisreiche Sommerferien verbracht, war aber noch nie in der Hauptstadt gewesen.

Nur wenige Kilometer außerhalb von Helsinki: unberührte Natur

Liegeplatz zwischen Superfähren

Die Lage des Yachtclubs mitten im Zentrum war ganz nach unserem Geschmack. Welch eine Kulisse! Nur wenige Meter entfernt lagen die Superfähren. Und der Schwell der zahllosen Ausflugsboote war beachtlich. Tagsüber rollte unser Schiffchen unausgesetzt, aber wir kamen meist erst abends wieder an Bord.

Als wir mit dem kleinen Clubtender zur Stadt übersetzten und am Kai ausstiegen, machten wir uns zu Fuß auf den Weg. Wir gingen in Richtung Markt und von dort zum anschließenden Esplanadenpark, der großen Allee

mit breiten Grünanlagen im Mittelpunkt der Stadt. Wie war die Stadt seit meinem letzten Besuch aufgeblüht! Nicht nur, daß die Fassaden der repräsentativen Bauten in frischer Farbe leuchteten, auch das Leben von einst schien zurückgekehrt zu sein. Die Straßencafés waren überfüllt mit gut gekleideten Gästen, kein Tisch, kein Stuhl waren mehr frei; auf dem grünen Rasen in der Mitte des Boulevards saßen Jungen und Mädchen mit Radios oder Walkmen und ließen sich von der Junisonne wärmen. In den phantasievoll dekorierten Schaufenstern sahen wir elegante Mode. Kurzum, die Szenerie erinnerte ein wenig an Berlin oder Paris.

Die Menschen allerdings waren hier zurückhalten-

Kamerafrau Angelika bei Dreharbeiten auf dem Clubsteg

Das historische Clubhaus; im Hintergrund eines der großen Fährschiffe

Im Hafen von Helsinki: Fischverkauf vom Boot aus

der, der Verkehr floß ruhiger, obwohl sich eine kaum überschaubare Menge Touristen aus aller Welt auf den Gehwegen tummelte. Das Fest der Mittsommernacht stand bevor, mehrere warme Tage hatten die Leute aus ihren Wohnungen gelockt, und die Damen trugen farbige Kleider und Hüte. Schon nach kurzer Zeit waren wir beeindruckt von der großartigen Architektur, die dem Markt und der Esplanade einen ganz besonderen Charakter verleiht.

Das heutige Helsinki entstand in der Zarenzeit, also nach 1812 und den napoleonischen Kriegen. Es wurde von Anfang an als neue Hauptstadt des Landes geplant. Wie schon Peter der Große für die Paläste von St.Petersburg, so beauftragte Zar Alexander I. Architekten und Stadtplaner aus Mitteleuropa, ein neues Kultur- und Wirtschaftszentrum für Finnland zu entwerfen. Der geniale deutsche Baumeister Carl Ludwig Engel aus Berlin, ein Zeitgenosse von Schinkel, schuf zwischen 1816 und 1840 viele der repräsentativsten Bauten. Er hat das Bild von Helsinki geprägt, allein schon durch den Dom, dessen Kuppel zum Wahrzeichen der Stadt geworden ist.

Zurück am Landeplatz der Clubfähre, zogen wir den kleinen Signalarm am Mast in die Höhe, damit der Diensthabende im Büro wußte, daß jemand auf die Überfahrt wartete. Fast so nobel wie die Stadt selbst wirkte von Land her die hundert Jahre alte Villa unseres Clubs, die, mitten im Hafen als einziges Gebäude auf einer kleinen Insel errichtet, prominent zwischen Bäumen und Flaggenmasten in der Abendsonne leuchtete. Es dauerte nur wenige Minuten, dann näherte sich die Barkasse mit ihren langen Bänken und dem altmodischen Steuerstand mittschiffs. Lage und Ausstattung des Gästehafens waren für uns ein Glücksfall, hatten wir doch jede halbe Stunde Verbindung zur Stadt und zur Straßenbahn, die uns zu allen wichtigen Plätzen brachte.

Wir gewöhnten uns auch an den Schwell. Nachts blieb es ohnehin ruhig, und am Tag fühlten wir uns mitten im Geschehen und waren jedesmal wieder fasziniert, wenn sich eines der riesigen Fährschiffe dicht an uns vorbei durch die schmale Einfahrt schob, um mit Hilfe der Bug- und Heckstrahlruder an den modernen Terminals festzumachen. Nur meterweise, kaum wahrnehmbar, bewegte sich dann der Koloß und verdeckte für mehrere Minuten vollständig die Stadtkulisse. Ich glaube, diese Schiffe werden mit der Auflage bei einer Werft bestellt, daß sie auf den Zentimeter genau in die Einfahrt passen, da jeder halbe Meter weniger den Gewinn mindern würde. Ein anderer Anlegeplatz würde dagegen die Passagiere um den spektakulären Blick auf die Architektur der Stadt bringen und den Weg ins Zentrum verlängern.

Am Abend gab es für uns nur ein Gesprächsthema: das Wiedersehen mit Angelikas Freundin Eira, die am Vormittag an Bord kommen wollte. Seit einigen Jahren wohnte sie wieder in Helsinki. Vorher hatte sie als Managerin eines Touristikunternehmens in Kairo und anderen ausländischen Städten gearbeitet. Die typische Nordländerin, sportlich, blond und mit dem breiten finnischen Kopf, der einen baltischen Einschlag vermuten läßt, sprach gut deutsch. Wir hatten sie vor Jahren einmal in München getroffen, und früher hatte sie eine zeitlang bei Angelikas Familie gewohnt.

Von ihr erhoffte ich mir Auskünfte über den Saimaa-Kanal, der durch russisches Staatsgebiet in die finnische Seenplatte führt. Ständig änderten sich die Bestimmungen für die Fahrt durch Rußland. Zwar kannte hier jeder den Kanal dem Namen nach, aber niemand, auch nicht die Sekretärin im Club, wußte die Einzelheiten der Regelungen für die Durchfahrt. Der Kanal war anscheinend ein wohlgehütetes Staatsgeheimnis, und die Bedingungen für seine Benutzung lagen gut verpackt in den Aktenschränken der Kanalgesellschaft. Überhaupt wurden alle Erkundigungen, die mit Rußland zusammenhingen, nur ungern oder zögerlich beantwortet; die Angst vor der mächtigen Sowjetunion steckte noch tief in den Gemütern. Gab es Befürchtungen wegen der Sicherheit? Empfand man Rußland neuerdings als Konkurrenz im Fremdenverkehr?

Getrübte Freundschaft

Gegen 11.00 Uhr am nächsten Tag traf Eira mit dem Fahrrad ein. Sie winkte uns zu, hatte uns längst entdeckt, bevor wir sie erkannten. Bald darauf kam ihr Fährboot, und schon auf dem Steg gab es Umarmungen. Wir feierten das Wiedersehen mit Wein und Saft und berichteten über unsere Erlebnisse. Eira erzählte von ihrer jetzigen Arbeit beim Fernsehen: „Ich habe die anstrengende Aufgabe, Nachrichten und Kommentare aus dem Deutschen und Englischen ins Finnische zu übersetzen und dafür zu sorgen, daß sie an der richtigen Stelle unter die Bilder kommen. Dafür stehen meistens nur Minuten zur Verfügung. Bei großen Ereignissen bin ich nach ein paar Stunden fix und fertig."

Beim Fernsehen mußte sie viel über die Stimmung im Land erfahren, deshalb fragte ich sie nach dem Ansehen der Deutschen bei ihren Landsleuten; vor dem Krieg waren sie noch mit besonderer Herzlichkeit und Freundlichkeit empfangen worden. Eira überlegte einen Augenblick und sagte dann ein wenig verwundert: „Das ist nicht mehr so, die Zeiten haben sich geändert." Und nach einer kleinen Pause: „Es ist inzwischen viel geschehen, und im Zweiten Weltkrieg sind Dinge vorgekommen, die wir nicht vergessen können..."

Eine so deutliche Antwort hatte ich nicht erwartet. Wehmütig erzählte ich ihr von meinen freundlichen Erinnerungen und wollte dann wissen, wie sich das Verhältnis zu Rußland jetzt, nach dem Ende der Sowjetunion gestaltete.

Eira wurde sehr ernst: „Das Ende der Sowjetunion war für uns wie ein Wunder. Es war die endgültige Befreiung Finnlands, auch die Befreiung von ständiger Bespitzelung und von der Knebelung unserer Wirtschaft. Unabhängig waren wir nur auf dem Papier. Gerade vor kurzer Zeit haben wir noch einen Schock erlitten: Aus den jetzt geöffneten Archiven in Moskau wurde bekannt, daß wir 1944 nur ganz knapp davor bewahrt wurden, noch ein weiteres Mal von der Roten Armee besetzt und eine Sowjetrepublik zu werden. Dann hätten wir alles verloren, und es sähe bei uns jetzt so aus wie in den anderen Ländern Rußlands."

Die Finnen hatten auf diese Nachricht reagiert wie ein Reisender, der erfährt, daß das Flugzeug, das er verpaßt hat, soeben abgestürzt ist. Der Schreck über das „Nichtgeschehene" fuhr ihnen nachträglich in die Glieder. „Erst seit kurzer Zeit haben wir Straßencafés", erzählte Eira weiter. „Die Menschen trauen sich wieder, hübsch angezogen in der Öffentlichkeit zu erscheinen. Ist es dir aufgefallen, wie voll die Lokale sind?"

Wir verabredeten uns für einen der kommenden Abende in ihrer Wohnung zum Essen, und Eira versprach, uns mit den Formalitäten zu helfen, die für den Saimaa-Kanal notwendig waren. Die Unterlagen, die ich von der Kanalgesellschaft erhalten hatte, waren ziemlich komplex und verwirrend. Vor allem enthielten sie eine wahre Flut von Ausrüstungsstücken, die man an Bord haben mußte. Ich hatte wenig Lust, Dinge wie zum Beispiel eine Rettungsinsel und einen Treibanker für ein paar tausend Mark anzuschaffen, nur um den Kanal befahren zu dürfen.

Schon am nächsten Tag piepste das Handy, und Eira vermittelte uns die frohe Botschaft, daß sie meine Fragen im wesentlichen beantworten konnte. Sie hatte mit Seglerfreunden gesprochen und von ihnen gehört, ich solle mir keine Sorgen wegen der Ausrüstung machen, niemand würde danach fragen. Wichtig sei nur, daß wir korrekt die Gebühren bezahlten, die Kanal- und Lotsengelder an die Gesellschaft. Unbedingt erforderlich sei daneben die rechtzeitige Anmeldung, und zwar auf dem vorgeschriebenen Formular, und später, mindestens zwölf Stunden zuvor, die endgültige Anmeldung für den Lotsen vor der Grenze, telefonisch oder über Funk.

Das klang verständlich, und nun hieß es handeln. Wir machten uns auf in ein Fotogeschäft, wo ich mir Kopien anfertigen ließ von dem Formular für die Kanalanmeldung, das ich dankenswerterweise von deutschen Seglern erhalten hatte. Allerdings blieb die Weiterfahrt vom Kanal nach St.Petersburg immer noch im Dunkel. Ein Besuch auf dem russischen Konsulat würde nötig sein, um die grundsätzliche Frage zu klären, ob unsere Visa eine mehrfache Einreise, nämlich zuerst in den Kanal, später nach Viborg und zuletzt nach St.Petersburg, erlaubten. Den Text des Visums in kyrillischer Schrift konnte ich ja nicht entziffern.

Die Perle unter den Hafenstädten

Anschließend fühlten wir uns frei für einen ausgiebigen Stadtbummel und benützten zum ersten Mal die berühmte Straßenbahnlinie 3T. Sie macht eine Rundfahrt durch die ganze Stadt. Wir waren erstaunt über die zeitgemäße Einrichtung der Wagen: Die Stationen wurden über dem Fahrerhaus durch eine Leuchtschrift in vier Sprachen - Schwedisch, Finnisch, Englisch und Deutsch - angekündigt. Als wir in der Innenstadt ausstiegen und zwischen den imposanten Geschäftshäusern umherschlenderten, war ich zunächst beeindruckt von dem Straßenbild, das ja vor mehr als hundert Jahren entstanden war. Den eigentlichen Charakter der Stadt, die besondere Atmosphäre, schuf das Zusammenspiel der klassizistischen Bauten mit der modernen Architektur berühmter finnischer Baumeister und der fast futuristischen Einrichtung mancher Geschäfte. Helsinki ist völlig anders als Kopenhagen oder Stockholm, schon deshalb, weil es mit seiner halben Million Einwohner, die noch dazu weit verstreut in Vorstädten leben, vergleichsweise klein ist und dennoch weltstädtisches Flair besitzt. Und da sich Finnland erst jetzt von den Folgen der drei Kriege 1917/19, 1939/40 und 1941/45 zu erholen beginnt, macht sich in Helsinki eine Auf-

Das Leben von einst ist nach Helsinki zurückgekehrt.

bruchsstimmung bemerkbar, die anderen Hauptstädten wegen des Verlusts ihrer Weltmacht längst abhanden gekommen ist.

Helsinki ist eine Perle unter den großen Hafenstädten, ein Lebenszentrum, auf das wir als Europäer stolz sein können. Was den überseeischen Metropolen wie Sydney oder Hongkong bei all ihrer Größe und ihrem überquellenden Reichtum fehlt, nämlich Kultur und Stil - auch im Umgang der Menschen miteinander -, das besitzt Helsinki im Übermaß. Es bietet eine gelungene Mischung aus nordischer und östlicher Tradition. Gustav Wasa und Peter der Große haben dieses Land regiert, und neben dem Kunstsinn der Finnen und dem ihrer berühmten Architekten haben deutsche und französische Baumeister ihre Ideen mit eingebracht.

Finnland ist inzwischen ein wohlhabendes Land geworden und besitzt mit den höchsten Lebensstandard in Europa. So geben sich die Finnen selbstbewußt und stolz auf das Erreichte. Seit jeher versuchen sie, ihren eigenen Weg zu gehen, ganz besonders die Frauen. Über Emanzipation muß hier eigentlich nicht mehr gesprochen werden, sie war in den dreißiger Jahren erreicht. Schon damals übten Frauen alle Berufe aus. Ich staunte, als ich in meinen Schulferien die hübschen Blondinen Autobusse und Straßenbahnen fahren sah und von ihnen im Schlafwagen betreut wurde. Fast alle Frauen trugen Hosen, und zu meiner großen Verwunderung hatte jede ein Messer am Gürtel, was ich aufregend und reizvoll fand. Finnische Fahrtenmesser waren schon vor dem Krieg nach Deutschland exportiert worden. Natürlich nahm auch ich mir damals eines als Andenken mit.

Inzwischen hat sich die Mode gewandelt, und die jungen Damen sind betont weiblich gekleidet, viele mit sorgsam gepflegtem langem Haar, das sie meist offen tragen. Frauen in aller Welt färben ihr Haar blond, aber einige finnische Mädchen färben ihre blonden Haare neuerdings rot: Was der Mensch nicht hat, das möchte er unbedingt besitzen.

Das Essen in den Restaurants ist keineswegs mehr so üppig wie früher, als die Butter noch in großen, viele Kilo schweren Ballen auf den Buffets stand. Nahrungsmittel sind teuer geworden, aber die gute Qualität ist geblieben. Zwei Geschäfte mögen für die vielen anderen stehen, in denen man gut einkaufen kann: das Warenhaus Stockmann und die Akademische Buchhandlung an der Esplanade. Hier findet man alles, was gut und - leider - auch teuer ist, in der Buchhandlung auch Seekarten. Ein Gang durch die Abteilungen dieser beiden durch einen Gang im Souterrain verbundenen Häuser ist ein reines Vergnügen. Besonders interessant fand ich die Papierabteilung mit modernsten Bürogeräten in tollem Design und das große Angebot verschiedener Papiersorten aus heimischer Produktion. Der integrierte Supermarkt präsentierte erstklassige Lebensmittel, besonders Fisch und Fischkonserven. Der Lachs aus den Flüssen Lapplands oder Kareliens und große Lachsforellen, die in Aussehen und Geschmack von echtem Lachs kaum zu unterscheiden sind, waren sogar bezahlbar.

Bei Fisch oder Obst bot uns natürlich der Markt am Hafen eine weit größere Auswahl und vielleicht noch frischere Ware, denn der Fisch wird hier zum Teil direkt aus dem Boot verkauft. Außerdem machte es Spaß, durch das bunte Gewimmel zu schlendern und uns am Anblick der vorbildlich sauber angebotenen Lebensmittel und bunten Blumen zu erfreuen. Nur etwas sahen wir nicht: ein Sortiment guter Weine und Spirituosen. Was man bei uns an jeder Ecke kaufen kann, wird in Finnland gewissermaßen versteckt. Weinflaschen sieht man nirgends ausgestellt, und man bekommt das kostbare Getränk außer in den staatlichen „Alko"-Geschäften, die unauffällig und ohne Schaufensterdekoration in Nebenstraßen angesiedelt sind, nur in der Sonderabteilung bei Stockmann und vielleicht auch anderen Warenhäusern.

Mit Alkohol haben die Finnen Probleme. Trunksucht ist eine verbreitete Volkskrankheit, und es heißt, daß mit der hohen Alkoholsteuer das gesamte staatliche Gesundheitswesen finanziert wird. Trunkenheit ist ein Delikt, und wir beobachteten einmal, wie ein alter Mann, der sich auf eine Bank im Freien gesetzt hatte, vor sich hin sprach und schimpfte, fünf Minuten später von der Polizei in einen vergitterten Wagen geschoben wurde.

Auf unsere idyllische Schäre zurückgekehrt, gingen wir ins Sekretariat, um uns Auskünfte und Unterlagen über den Club zu holen. Ich ersah daraus, daß er auf eine lange und ruhmreiche Tradition noch aus der Zarenzeit zurückblicken kann. Daher auch das feudale Clubhaus und die wirklich unbezahlbare Lage mitten im inneren Hafen. Erstaunlich: Dieser Club ist ein ausschließlich schwedisch sprechender Verein, Finnisch ist unerwünscht. Die Begründung findet man in der Geschichte Finnlands, die sehr bewegt war und viele Jahrhunderte von der übrigens sehr erfolgreichen schwedischen Herrschaft geprägt wurde. Finnland war immer zweisprachig gewesen, doch daran hat sich in den letzten 50 Jahren viel geändert. Ich kannte Helsinki früher nur als Helsingfors, denn der schwedische Einfluß überwog in der Hauptstadt. Die eigentlichen Finnen fand man eher im Hinterland, im Gebiet der Seen und vor allem in Karelien und Lappland. Leitende Stellungen in Politik und Wirtschaft nahm der schwedisch sprechende Teil der Bevölkerung ein.

Erst nach dem Ende des Zweiten Weltkriegs und wegen des dominierenden Einflusses der Sowjetunion verließen die meisten Schweden das Land. Der schwedische Anteil der Bevölkerung sank auf sieben Prozent, dennoch behielt er gleichberechtigt seinen Status und seine Sprache. So war unser Club ein Relikt aus vergangenen Zeiten. Doch für den Bootsfahrer bietet er mit seinen hervorragenden Anlagen einen Aufenthalt, wie er besser in keinem Luxushotel sein könnte.

Am folgenden Tag zogen dunkle Wolken auf und sorgten für großartige Farbstimmungen über den Kuppeln der beiden imposanten Kirchen. Es dauerte noch lange, bis die ersten Tropfen fielen, aber dann brachen Regen und Sturm gleichzeitig los und veranstalteten ein Inferno, das wir auf dieser kleinen Insel, die nach allen Seiten offen war, besonders eindrucksvoll erlebten. Donner krachte, Blitze zuckten, der Regen fiel so dicht, daß es dunkelte, als sei die Nacht hereingebrochen.

Auf breiter Spur zum Polarkreis

Uns kam der Wetterwechsel nicht gelegen, denn wir hatten Schlafwagenplätze für eine Bahnfahrt in den hohen Norden gebucht. Ich wünschte mir, mit Angelika im Zug durch die weiten Wälder Finnlands zu rollen und ihr den Polarkreis zu zeigen. Damals, in meiner Jugendzeit, hatte ich auf Lappland verzichten müssen. Wir wollten abends abfahren und am anderen Morgen in Rovaniemi, der Hauptstadt Lapplands, eintreffen. Ein Tag Aufenthalt am Ende der Welt sollte genügen, für den Abend war die Rückfahrt gebucht. Auf diese Weise brauchten wir kein Hotel. Die Schlafwagen der finnischen Staatsbahn waren bei mir noch in bester Erinnerung. Schon der Bahnhof von

Helsinki, der seit seiner Vollendung 1914 als eines der repräsentativsten Gebäude der Stadt gilt, beeindruckte uns durch seine monumentale Architektur in rötlichem Sandstein, gekrönt von einem mächtigen Uhrturm. Auch innen konnte sich das Kunstwerk aus der Zarenzeit sehen lassen.
Unser Zug stand bereit, und wir nahmen unser geräumiges, sauber und bequem eingerichtetes Abteil in Besitz. Angelika schwärmte in ihrem Tagebuch: „Hier sind die Schlafwagen zweiter Klasse komfortabler als bei uns die erste Klasse. Sicher liegt das auch an der breiten Spur, aber es sind daneben die sogenannten kleinen Dinge wie der Gepäckwagen, in dem man beim Schaffner vor dem Einsteigen schwere Koffer, Kinderwagen und Fahrräder loswerden kann. Auf den geräumigen Toiletten findet man auch das Töpfchen für die ganz Kleinen, und in den Abteilen gibt es jede Menge Haken, Bügel, breite Ablagen, natürlich Waschbecken, Toilettenschrank mit Klapptisch und nicht zu vergessen: blütenweise Bettwäsche. Außerdem erhält jeder Passagier eine Lochkarte für die Tür zum Abteil."
Als sich der Zug in Bewegung setzte, der übrigens nur aus Schlafwagen bestand, waren für mich auf einmal 60 Jahre zu einer winzigen Zeitspanne geschrumpft. Ich sah mich mit meiner Mutter im Abteil stehen und meine Nase an der Fensterscheibe plattdrücken, um von dem fremden Land möglichst viel zu sehen. Angelika rief mich in die Gegenwart zurück, als sie fragte, ob wir nicht eine Filmszene im Abteil drehen sollten. Wir trafen die notwendigen Vorbereitungen, während draußen Wohnblöcke und Lagerhallen großer Industriebetriebe vorbeizogen. Der Himmel war mit dunklen Wolken verhangen, es fielen die ersten Regentropfen, als eine halbe Stunde später Wiesen und Wälder und später nur Wälder die Landschaft prägten. Der Zug dröhnte in die Weite des kaum besiedelten Landes. Die Gleichzeitigkeit von erstklassiger Bahn mit einer Fahrt durch die Wildnis kann man in Europa wohl nur hier so dramatisch erleben.
Als wir nach mehreren Stunden Schlaf erwachten, war es längst hell, denn im Sommer gibt es hier nur Dämmerung, keine Nacht. Noch immer rollte der Waggon in die Unendlichkeit des Nordens. Der üppige Waldbestand hatte sich in eine Art Moorlandschaft mit Birken und einzelnen Kiefern verwandelt. Wir waren in Lappland. Hier sind die Bäume jedes Jahr fünf Monate lang mit Schnee beladen, und nicht alle überstehen den harten Kampf mit dem übermächtigen Winter.
Nach langer Einöde tauchten einzelne Häuser auf. Sehr moderne Häuser, aber noch keine Andeutung einer Stadt. Der Zug hielt vor einem kleinen Stationshaus mit einfacher Beschriftung: Rovaniemi. Dahinter führte eine asphaltierte Straße vorbei. Die Fahrgäste stiegen aus, gingen über die Gleise und verschwanden irgendwo. Ein paar Autos verließen die Station. Es war noch früh am Tag. Wir waren wie benommen, zögerten und standen auf einmal allein da. Die Kameratasche hing schwer an meiner Schulter. In welcher Richtung ging es weiter?
„Wo geht es zur Stadt?" fragten wir eine junge Frau, die uns entgegenkam.
„Nur immer weiter, über die Brücke und dann links."
Ich kam mir ein bißchen dumm vor. Ich hätte auch fragen können: „Wo, bitte, geht's zum Polarkreis?" Hier Angelikas Eindrücke: „Die Welt am Polarkreis zeigt sich uns fast wie im Winter: strömender Regen und kaum Tageslicht. Rovaniemi erinnert an andere Outposts in den hohen Breiten: unzählige Bierpubs, Spielsalons, die Häuser nüchtern und zweckmäßig. Wir wärmten uns in einer Tankstelle mit dünnem Kaffee und lauwarmem Tee (Rollos Alptraum in ganz Skandinavien!) und zogen dann mit unserem Film- und Fotogepäck weiter Richtung Stadt. Dort fanden wir schließlich eine Bleibe, wo der Kaffee etwas kräftiger, der

Tee leider ebenso lauwarm, dafür die Backwaren hervorragend waren. Entsprechend gestärkt, erkundigten wir uns nach einem Bus zum acht Kilometer entfernten Polarkreis. Und dann ging es los zum großen Ziel des Tages."
Dort erwarteten uns - wie könnte es anders sein - jede Menge deutsch und japanisch sprechender Reisegruppen, die sich nicht zuletzt wegen des immer stärker werdenden Regens auf die überdachten Souvenirläden stürzten. Viele Japaner trotzten dem Regen und schossen mit oder ohne Schirm ihre Erinnerungsfotos vor der mehrsprachigen Hinweistafel. Der Polarkreis ist im Grunde eine ziemlich unspektakuläre und unsichtbare Linie an der großen Staatsstraße nach Norden, zum Eismeer - wäre da nicht die Tourismusindustrie. Große Schilder in verschiedenen Sprachen weisen auf die magische Linie hin. Auch ein kleines Dorf im Lapplandstil, mit Gaststätten und Verkaufsständen, ist direkt am Polarkreis errichtet. Weitere Schilder führen zur „Werkstatt des Weihnachtsmanns".
Wir unternahmen einen Rundgang durch die sehr ausgedehnten und dennoch total überfüllten Verkaufsräume. Neben viel Ramsch gab es auch hochwertige Textilwaren, Ledererzeugnisse, Messer und Kunstgegenstände - zu entsprechenden Preisen. Am Ende stießen wir wieder auf den Weihnachtsmann, der hier seine Wohnung hat und Briefe wie Pakete mit seinem Stempel verziert. Ein kurzer Gang zum „Santa Claus Post Office" genügt, um den begehrten Aufdruck zu erhalten.
Doch Rovaniemi hat für jeden Geschmack etwas zu bieten, und da ohnehin sintflutartiger Regen eingesetzt hatte, entschlossen wir uns zur Flucht. In Sprüngen rannten wir über große Pfützen zum Bus, der uns in die Stadt zurückbrachte. Nach kurzem Imbiß liefen wir im strömenden Regen zum Arktischen Zentrum, auch als „Arktikum" bekannt. Allein schon der exzentrische Baustil dieses erst wenige Jahre alten Glaskäfigs machte uns neugierig.
Es war aber wohl mehr die hervorragende Erläuterung der Themen, die dem Institut 1964 den Museumspreis des Europarats eingebracht hat. Herkunft und Zukunft der Menschen in der Arktis sind in anschaulichen Szenen mit lebensgroßen Figuren dargestellt. Interaktive Computerprogramme gehören ebenso zur Ausstattung wie beleuchtete Schautafeln und Bildersammlungen über die Entwicklung Lapplands in den letzten Jahrhunderten. Das Arktikum ist ein Wissenschaftszentrum, in dem die verschiedensten Aspekte der Nordpolarregion erforscht und gesammelt werden.
Für mich als ehemaligen Soldaten der Wehrmacht war jene Abteilung des Museums besonders interessant, die sich mit der Rolle des deutschen Heers an der Lapplandfront befaßte. Von Norwegen aus waren 1941 Gebirgsdivisionen unter dem legendären General Dietl zur Unterstützung der finnischen Armee nach Lappland vorgedrungen, hatten die Rote Armee zurückgedrängt und damit Finnland die Wiedergewinnung Kareliens ermöglicht. Als die finnische Armee 1944 den deutschen Truppen in den Rücken fiel, was von ihrem Standpunkt aus durchaus opportun war, brannte die Wehrmacht auf dem Rückzug die Stadt Rovaniemi nieder. Die verwerfliche Tat wird im Museum ausführlich geschildert, während die Gründe für den unguten Abschied der ehemaligen Bundesgenossen unerwähnt bleiben. Diese Geschichtsbeugung hat leider die deutsch-finnische Freundschaft von einst nachhaltig beschädigt.
Nach dem Museumsbesuch wateten wir im Regen über die nassen Straßen und eine große Wiese, um einen Blick auf den Kemijoki zu werfen, den großen Fluß Lapplands, der sich 100 Kilometer unterhalb von Rovaniemi in den Bottnischen Meerbusen ergießt. Vom Hochufer des breiten Stroms, der wegen des Regens viel Land überschwemmt hatte, konnten wir weit in die Ferne sehen. Nur undeutlich waren die Konturen des Strandes zu erkennen. Hinter

dem Fluß tauchten zum Teil bewaldete Hügel auf, die eine endlose öde Weite ahnen ließen. Das war Lappland. Der grau bewölkte Himmel ließ nur wenig Licht aufs Wasser fallen, das sich glasig vom finsteren Horizont abhob und bleiern glänzte. Sehr verloren, sehr klein kam ich mir vor in diesem Land, das mich an Sibirien denken ließ. Doch der Regen ließ uns keine Zeit für langes Träumen; Angelika stellte noch eine Filmszene ein, und dann flüchteten wir in eine Hotelhalle.

Das größte Fest: Mittsommernacht

Für die Rückfahrt nahmen wir einen früheren Zug, was zur Folge hatte, daß wir sehr zeitig in Helsinki ankamen und ziemlich müde auf die SOLVEIG taumelten, die nicht an ihrem Platz auf uns wartete. Der Hafenmeister hatte das Boot verlegen müssen, um Raum zu schaffen für einige angemeldete Regattaboote. Die Sonnenwende stand kurz bevor, und Angelika freute sich darauf, diesen wichtigen Tag der Nordländer aus der Nähe mitzuerleben.
Am 21. Juni brachen wir um 19.30 Uhr nach Seurasaari auf, zur großen Mittsommernachtsfeier. Seurasaari ist ein weitläufiges Freilichtmuseum mit historischen Häusern aus dem alten Finnland und liegt sehr hübsch im Grünen. Tausende strömten zu dem Ereignis des Jahres, und selbst der Himmel spielte ausnahmsweise mit. Unter dem Applaus aller Gäste und begleitet von zwei Herren und einer Dame hoch zu Roß, fuhr in einer vornehmen alten Karosse ein Hochzeitspaar zum großen Festplatz. Die Braut, ganz in Weiß, stammte aus Karelien und der Bräutigam aus Schweden. Viele Liebespaare träumen davon, an Mittsommer getraut zu werden, wer es aber am Ende schafft und wie das Paar ausgewählt wird, konnten wir nicht erfahren.

Vor dem riesigen Auditorium tanzte das Paar seinen Hochzeitswalzer und bestieg anschließend ein etwa 20 Meter langes Boot, in dem es von Freunden zu einem großen Felsen vor dem Festplatz gerudert wurde. Andächtig verfolgten die Zuschauer jede einzelne Geste, bis die Braut pünktlich um 22 Uhr mit einer Fackel ein pyramidenartiges, mit Stroh und vielen grünen Zweigen dekoriertes Holzgestell anzündete. Unter den Klängen alter Weisen stiegen die gelben Flammen des mächtigen Feuers über der Schäre empor, ein Zeichen, daß von nun an die Tage wieder kürzer wurden. Oder kündigte das Feuer endlich den Sommer an, die Zeit der langen, hellen Nächte? Viele Paare stießen mit Sekt und Bier auf die Sonnenwende an. Ich glaube, dieser Tag bedeutet den Skandinaviern mehr als Silvester. Langsam wuchs die Spannung, was unsere Rußlandpläne betraf. Wir waren anscheinend das einzige Freizeitboot, das auf eigene Faust nach St.Petersburg fahren wollte. In einem englischen Yachtführer wurde dringend empfohlen, Fähre und Hotel zu buchen und auf das eigene Boot zu verzichten. Für alle Fälle versuchte Angelika - mit begrenztem Erfolg -, die kyrillischen Buchstaben zu lernen.

Unter den Klängen alter Weisen steigen die Flammen des Mittsommerfeuers über der Schäre empor.

Im grünen Herzen Finnlands

10

Um 05.00 Uhr früh schrillte der Wecker in unserem Schlafraum. Wir durften keine Zeit verlieren, wenn wir die 60 Seemeilen bis Kotka, unseren Ausgangshafen für die Kanalfahrt, bis abends schaffen wollten. Alle Formalitäten beim Yachtclub hatten wir schon am Vortag erledigt. Soviel Eile wäre nicht nötig gewesen, aber in mir war nicht nur Unruhe, es tobte ein seelischer Sturm, der vom Kopf über die Brust bis in den Magen ging: Zum ersten Mal seit Kriegsende trat ich eine Reise in Richtung Rußland an. Nach 50 Jahren war ich im Begriff, alle Schwüre zu brechen, die ich damals geleistet hatte, als ich mit einigen gesundheitlichen Schäden, aber lebend, aus dem Hexenkessel der Ostfront entkommen war. Nie wieder Rußland, hatte ich gelobt. Jetzt sah freilich alles anders aus. Wir hatten Gorbatschow und das Ende der Sowjetunion erlebt, Rußland hatte sich grundlegend verändert. Aber die Erinnerung an vier Jahre des Grauens zwischen Smolensk und Jalta war in mir lebendig geblieben und stand an diesem 25. Juni, als ich mich anschickte, die Grenze zu Rußland zu überqueren, wie ein drohendes Gespenst vor mir.

)ie wechselnden .andschaften östlich ·on Helsinki wirken ıuf mich noch ein- ɫringlicher als die ›chären im Westen.

Tiefe Brücken, flaches Wasser

Der Tag war auch durchaus dazu angetan, schwermütige Gedanken aufkommen zu lassen. Es war kalt, ganze zwölf Grad zeigte das Thermometer, und der regennasse Wind hatte Stärke fünf erreicht. Um 06.30 Uhr machte Angelika mit klammen Fingern die Leinen los, während der Motor schon sein vertrautes Lied sang. Diesem Boot und seiner Maschine konnte ich vertrauen, es würde mich nicht im Stich lassen.

Innerhalb weniger Minuten verließen wir den Hafen von Helsinki. Vorbei an der alten Festungsinsel Suomenlinna steuerte ich auf den Leuchtturm von Koivusaari zu, einen Orientierungspunkt zwischen mehreren Inseln inmitten einer größeren Wasserfläche. Ich wählte ein 2,5 Meter tiefes, inneres Fahrwasser, um von dem schmalen Wasserweg aus die Landschaft besser genießen zu können und dem ruppigen Seegang weiter draußen zu entkommen. Am Eingang zu diesem Fahrwasser befindet sich eine Brücke, die uns mit ihrer lichten Höhe von 3,5 Meter zwang, den Mast zu legen: eine Übung, die in den hinter uns liegenden Kanälen zur Routine geworden war. Diesmal allerdings drückte uns eine plötzliche Bö im letzten

Augenblick gefährlich nahe an den Brückenpfeiler.
Wir fuhren dicht unter Land, und die kurzen Wellen mit ihren kleinen weißen Schaumkronen, die aggressiv gegen die Bordwand klatschten, konnten uns nichts anhaben. Schnell ziehende Wolken waren ein Zeichen für rauhes Wetter. Mit Land auf beiden Seiten ließ sich am besten mit den Augen navigieren, weshalb ich auf das GPS-Gerät verzichtete. Mühe machte uns nur die Sonne, die tief im Osten stand und uns direkt in die Augen schien, was das Erkennen der Markierungsstäbe und ihrer schwarz-gelben Farbstreifen zum Glücksspiel werden ließ. Ich drosselte das Tempo, denn meine Augen brannten so stark, daß ich sie immer wieder schließen mußte.
Gegen 08.30 Uhr zog sich der Himmel völlig zu, dicke schwarze Wolken türmten sich drohend auf, und ich war froh, viele geschützte Ankerplätze in der Nähe zu wissen. Doch nur ab und zu erwischte uns eine gröbere See und ließ das Boot heftig rollen. Die Strecke offenen Wassers lag schon bald hinter uns. Wieder konnten wir in enge Durchfahrten kriechen und uns so vor jedem Wetter schützen.
Vor der Autofähre zur Insel Sundön entdeckten wir eine Bucht, Suniviken genannt, die uns so attraktiv erschien, daß wir schon eine Stunde vor der Mittagszeit auf geschütztem Wasser den Anker fallen ließen. Die Sonne allerdings wollte sich nicht sehen lassen. Zum Trost tischte Angelika ein leckeres Essen auf, mit Lachsforelle, Kartoffeln und Blumenkohl, und wir ließen es uns ausgiebig und lange schmecken. Danach steuerten wir einen wilden Zickzackkurs zwischen unzähligen gelbschwarzen und schwarz-gelben Stangen, was einerseits Spaß machte, andererseits aber Nerven kostete, weil sich der Maßstab der Seekarten innerhalb desselben Albums gelegentlich änderte und dadurch eine schnelle Schätzung der Entfernungen erschwert wurde. Das Log war hierbei unentbehrlich, vor allem aber auch der GPS, der ja nicht nur die Position angibt, sondern auch die mit „Echtzeit" berechnete Geschwindigkeit und zurückgelegte Strecke über Grund. Nach einer kurzen Teepause vor Anker entschieden wir uns, auch weiterhin das innerste Fahrwasser zu benutzen, das uns freihielt von Seegang, aber mit nur 1,2 Meter Tiefe in der Karte stand. Das war sehr knapp und erforderte ständige Beobachtung von uns beiden.
Wir überquerten einen Sund, die Einfahrt zu dem großen Industriegebiet um Loviisa, wo in den siebziger Jahren das erste Kernkraftwerk Finnlands erbaut worden war. Massige Speicherhäuser, Hochspannungsleitungen und ein riesiger Fernmeldemast standen hier unmittelbar neben einer Enge, in der wir eine nur drei Meter hohe Brücke zu durchfahren hatten. Ganze 20 Zentimeter Luft blieben über dem Kajütdach. Die Brücke, die deshalb von größeren Fahrzeugen nicht passiert werden kann, und das nur 1,20 Meter tiefe Wasser wirkten wie ein Filter: Mit einem Mal waren wir völlig allein, schlängelten uns durch einsame Wälder und sumpfige Wiesen. Hier, und nur hier, entdeckten wir ein Naturphänomen: Riesige Felsblöcke, so groß wie kleine Häuser, lagen verstreut im Wasser und an Land, als hätte ein Riese mit diesen Steinen gespielt. Uns bot sich ein völlig neues Bild, da die Inseln nicht mehr felsig in die Höhe ragten, sondern sich nur knapp über die Wasserfläche erhoben. Deshalb hatten sich auch keine tiefen Rinnen gebildet, dagegen lagen die erratischen Felsblöcke im und unter dem Wasser; ihnen mußten wir ausweichen. Diese eigenartige Szenerie war unter den Gletschern der Eiszeit entstanden, die hier im hohen Norden noch lange Bestand hatten, nachdem in Mitteleuropa das Eis schon längst geschmolzen war.
Überhaupt fand ich die wechselnden Landschaften östlich von Helsinki noch eindringlicher und abenteuerlicher als die Schären im westlichen Teil. Wir kamen uns in diesen ver-

wunschenen Gewässern vor, als seien wir mit dem Fahrrad durch Wälder unterwegs und könnten jeden Augenblick anhalten und absteigen. Natürlich konnten wir dabei auch, wie mit dem Fahrrad, über jeden Stein stolpern. SOLVEIGS genauer Tiefgang war uns nicht bekannt, da wir viel geladen und den Normalwert sicher überschritten hatten. Später bei Kyrksundet bewegten wir uns zwischen Schilf und Gras auf 1,80 Meter Tiefe nur noch sehr langsam vorwärts, jeden Augenblick darauf gefaßt, daß eine Grundberührung die Weiterfahrt unmöglich machte.

Die Seeschlacht bei Kotka

Nach zwölfstündiger Fahrt hatten wir Kotka zwar noch nicht erreicht, aber trotz des regnerischen Wetters einmalige Landschaftseindrücke mitgenommen. Demgegenüber war alles andere zweitrangig. Schließlich fanden wir in Kotka einen geräumigen Sportboothafen, den letzten dieser Größe vor dem Grenzgebiet. Ob es am Wetter lag, daß so viele Anleger leer blieben? Die Stege waren auch hier im schönsten Erholungsgebiet der Stadt gebaut worden, an einem großen Park, von dem aus man über eine Brücke direkt ins Zentrum gelangte. Der Ort selbst machte einen sauberen, angenehmen Eindruck.

In der Geschichte hatte Kotka als Grenzfestung gegen Rußland eine bedeutende Rolle gespielt. 1790 fand hier die Seeschlacht vom Svensksund statt, an der über 500 Schiffe und 30 000 Mann von Schwedisch-Finnland auf der einen Seite und von Rußland auf der anderen teilnahmen. Die katastrophale Niederlage der russischen Flotte, mit 9 000 Toten und 6 000 Gefangenen, war der letzte Triumph Schwedens im Kampf um die Vorherrschaft in der Ostsee. Obwohl die von Peter dem Großen geschaffene Flotte vernichtend geschlagen wurde, verlor Finnland dennoch 1809 seine Selbständigkeit und wurde ein russisches Fürstentum. An den Langinkoski-Stromschnellen bei Kotka ließ sich Zar Alexander III., Großfürst von Finnland, eine Fischerhütte bauen, die er bis zu seinem Tod 1894 regelmäßig besuchte. Der Zar liebte das einfache Leben in der wilden Natur und war ein begeisterter Angler. Die Zarin kochte selbst, und die kaiserliche Familie fühlte sich in der kleinen Hütte vor Überfällen und Attentaten sicherer als in St.Petersburg. Noch heute ist diese Hütte dank privater Initiativen im Original erhalten und ein von vielen Staatsgästen und Touristen besuchtes Museum: ein gutes Beispiel, wie eine Nation mit Kulturgütern der Vergangenheit umgeht, auch dann, wenn diese dem politischen Gegner gehörten.

Heute sind sicherlich die großen Parkanlagen und die Yachthäfen darin der schönste Teil von Kotka. Mit den Fahrrädern drehten wir eine Runde im Ort und kauften noch einmal gründlich ein. Schließlich waren wir nicht sicher, was uns die nächsten Tage bescheren würden. Auch ein paar Extraflaschen Bier für den Lotsen oder das Schleusenpersonal konnten nicht schaden.

Unsere Fahrt unterlag diesmal einem festen Zeitplan, denn in der Vormeldung hatten wir Daten und Uhrzeiten angeben müssen. Am folgenden Spätnachmittag sollten wir auf der Insel Santio eintreffen, um die finnischen Grenzkontrollen zu durchlaufen und uns für den russischen Lotsen anzumelden. Am 27. Juni gegen 13.00 Uhr war die SOLVEIG seeklar. Auf dem Laptop hatte ich eine genügende Anzahl von Crewlisten ausgedruckt. Bootspapiere und Pässe lagen bereit, ebenso die weiß-blau-rote Gastlandflagge von Rußland. Das Wetter war ruhig, obwohl sich der Himmel wieder bewölkt hatte. Mit sieben Knoten Fahrt zogen wir an den Hafenanlagen und an gelben „Sandbergen“ vorbei, die sich als gigantische Haufen von Sägemehl entpuppten.

Mächtige Industriekomplexe stehen in Finnland manchmal unmittelbar in völlig unberührter Natur. Deshalb waren wir keineswegs ver-

Gegen Abend entfaltet die Insellandschaft ihren ganzen Zauber.

wundert, als schon bald zwischen Schären und Wäldern Dutzende großer Öltanks sichtbar wurden und dahinter die Raffinerieanlagen von Hamina. Die vor Kotka so eindrucksvolle Landschaft mit Felsblöcken und kleinen Inseln setzte sich auf unserer Route fort, und wieder verzauberte uns eine märchenhafte Szenerie, die in dieser Art wohl nur in Finnland anzutreffen ist.

Um 15.30 Uhr lagen noch zehn Seemeilen vor uns, eine gute Stunde Fahrzeit bis zur Grenzinsel Santio. Ich war zu nervös, um die Drehzahl des Motors zu drosseln, und fuhr weiter mit sieben Knoten nach Osten, über eine ölglatte See. Inzwischen regnete es wieder, aber ich nahm es kaum wahr. Angelika ist in solchen Situationen die Ruhe selbst, sie sieht den Ereignissen fatalistisch entgegen. Manchmal beneide ich sie um diese Einstellung. Zwar denke ich ähnlich wie sie, neige aber zur Grübelei. Zweifel kamen auf, ob ich nicht vielleicht doch einen Fehler begangen, etwas Wichtiges außer acht gelassen hatte. Die Auskünfte der finnischen Freunde in Helsinki lauteten, ich solle die Vorschriften nicht so genaunehmen, die Russen seien ohnehin schwer berechenbar. Dies sollte sich im späteren Verlauf der Reise bestätigen. Ich schrieb ins Logbuch: „16.00 Uhr. Insel Mustamaa querab. Sonne kommt wieder heraus. Die Landschaft ist immer noch großartig, aber die einzelnen Inseln liegen so weit voneinander entfernt, daß der geschlossene Eindruck von Fels und Wald verlorengeht.“ Wir waren jetzt aus dem nordischen Dschungel heraus und fuhren auf offenerem Wasser.

Stippvisite in Russisch-Karelien

Ein schnelles Patrouillenboot erschien und umkreiste uns. Mit dem Fernglas suchte ein Offizier, den Namen unseres Bootes zu erkennen. Ganz klar: Dies war eine heiße Grenze. Unsere Anmeldung war sicher mehrmals vervielfältigt worden und befand sich vermutlich an Bord aller Wachboote auf beiden Seiten des einstigen Eisernen Vorhangs.

Endlich hatten wir die felsige Küste von Santios vor uns, konnten aber zunächst keine Einfahrt zum Ankerplatz ausmachen. Nach einer Weile begriffen wir, daß wir um die ganze Insel herumfahren mußten, um die enge, versteckte Durchfahrt zu erreichen. Dort war dann schlicht auf den Felsen ein Pfeil gemalt, mit dem Wort „Customs“, also Zoll, darunter. Als ich weiter in Pfeilrichtung steuerte, tat sich eine Öffnung zwischen den Felsen auf, und eine neuerbaute Holzbrücke, an der bereits eine Yacht festgemacht hatte, wurde sichtbar.

Langsam glitten wir auf die Brücke zu. Der gut geschützte Liegeplatz in einer kraterartigen, von Felsen umgebenen Bucht mit nur einer schmalen Einfahrt war eine ideale Kontrollstelle. Von außen nicht zu erkennen, konnten hier mehrere Boote versteckt liegen und bei Bedarf in wenigen Minuten über die offene See jagen.

Neben der Yacht machten wir fest. Ein Fußweg führte zu dem kleinen, modernen Gebäude auf einer Anhöhe, wo ein großer Funkmast gewichtig die Stellung hielt. Laut Karte verlief die Grenze direkt hinter der Insel. Nach einiger Zeit kamen Beamte - Zoll und Grenzpolizei -, betrachteten eingehend unsere Papiere, verglichen sie mit ihren Unterlagen und setzten ihre Stempel darunter. Von ihnen erhielt ich auf meine Frage die Faxnummer der russischen Lotsenstation in Viborg; die Nummer in meinem Informationsheft für den Kanal hatte sich inzwischen geändert. Nun kam die große Stunde für meinen Computer. Ich hatte ein Modem für meinen Laptop zur Hand, mit dem ich über das Handy faxen konnte.

Regen, Kälte und Nebel begleiten in diesem Sommer häufig SOLVEIGS Wege.

Also holte ich das kleine Gerät hervor, steckte die Karte in den Schlitz und schrieb eine Meldung mit Bootsnamen und Ankunftszeit. Dann faxte ich diese samt einer Crewliste an die Russen in Viborg. Das Fax ging durch, was in Rußland durchaus nicht selbstverständlich ist. Mir kam es vor, als hätte ich einen Halt gefunden, etwas zum Anfassen in diesem rätselhaften Land.

Nur langsam kroch die Dunkelheit aus dem Schatten der Kiefern und deckte die Ufer der kleinen Bucht für einige Stunden mit ihrer grünlichen Schwärze zu. Wir führten endlose Gespräche, wie wir uns verhalten wollten und ob wir später im Saimaa-Kanal, natürlich auf finnischer Seite, übernachten oder besser bei Dunkelheit noch weiterfahren sollten bis Lappeenranta, den ersten Hafen im Saimaa-See. Durften wir überhaupt nachts im Kanal fahren? Waren die Schleusen 24 Stunden in Betrieb? Ich las das Informationsheft wieder und wieder durch, fand aber auf viele Fragen keine Antwort. Die Kanalgesellschaft gab in ihrem Heft vor allem Hinweise auf das, was man nicht durfte, und dazu gehörten auch Fotografieren und Filmen. Eine Kamera durfte nur unter Deck, also auch nicht im Salon oder im Cockpit, abgelegt werden. Ich schloß daraus, daß ganz erhebliche Kontrollen stattfanden. Deutsche Segler hatten mir im vorigen Jahr berichtet, daß die russischen Grenzbeamten ziemlich unangenehm werden konnten. Der verwaltungsmäßige Aufwand, der mit dem Kanal getrieben wurde, war jedenfalls beachtlich, und

ich merkte, daß ich die wirtschaftliche und politische Bedeutung dieses Wasserwegs völlig unterschätzt hatte.
Schon im 17. Jahrhundert war das Projekt eines Kanals als Verbindung zwischen dem Finnischen Meerbusen und der großen Seenplatte des Saimaa erwogen, aber nicht verwirklicht worden. Erst Mitte des 19. Jahrhunderts wurde unter Zar Nikolaus I. mit dem Bau begonnen, und 1856, anläßlich der Thronbesteigung seines Nachfolgers Alexander I., folgte die Eröffnung. Vor dem Ersten Weltkrieg wurden jährlich 700 000 Tonnen Güter mit Hilfe der damals 28 Schleusen von der Ostsee in den Saimaa befördert.
Der Kanal in seiner heutigen Form entstand erst in den zwanziger Jahren und wurde 1932 vollendet, zwischen 1963 und 1968 aufwendig renoviert und nochmals vergrößert. Von da an waren es nur noch acht Schleusen, die den Höhenunterschied von 80 Metern überwanden. Die Häfen an den Seen können somit von allen Meeren der Welt aus erreicht werden, und Frachter aus 20 Ländern machen von dieser Möglichkeit Gebrauch. Die jährliche Frachtrate ist auf zwei Millionen Tonnen Güter angestiegen: in erster Linie Erzeugnisse der Holzindustrie und der Bergwerke, aber auch für die Fabriken benötigte Rohstoffe, besonders Öl. Sportboote, so viele es auch sein mögen, spielen hier, im Gegensatz etwa zum Götakanal, nur eine untergeordnete Rolle.
Verschiedene Industrien sind an den bis weit in den Norden hinaufreichenden Seen angesiedelt und haben über den Kanal Verbindung zu bedeutenden Schiffahrtswegen, die vom Ende des Kanals in Viborg nach Osten und Westen verlaufen. Wichtig ist vor allem die Anknüpfung an Westeuropa, an England, Frankreich, Spanien und an das Mittelmeer. In östlicher Richtung gelangen die Güter nach St.Petersburg und weiter durch die russischen Ströme und Kanäle bis ins Kaspische Meer oder über den Don ins Schwarze Meer. Dort schließt sich der Kreis durch den Bosporus. Eine dritte Route führt von Vyborg nach St.Petersburg und durch den Ladogasee ins Weiße Meer nach Murmansk. Es ist ein wahrhaft gigantisches Netz von Wasserstraßen, das sich durch Europa zieht, denn zusätzlich besteht ja durch den Rhein-Main-Donau-Kanal auch eine Verbindung von der Nordsee zum Schwarzen Meer. Da alle diese Wasserwege grundsätzlich auch von Sportbooten genützt werden können, sind die Möglichkeiten für Fernreisen zu Wasser durch unseren wunderbaren Erdteil nahezu unbegrenzt. Die letzten Hemmnisse für die Befahrung russischer Kanäle werden hoffentlich in absehbarer Zeit gelockert werden, obwohl Sprache und Schrift hier noch Schwierigkeiten bereiten.
Ein einmalig schöner Morgen mit blauem Himmel, kühler Luft und nur leichter Brise ließ uns morgens zeitig aufstehen. Wegen des immer noch kalten Meerwassers, das kaum 15 Grad erreichte, konnten wir frische Lebensmittel wie Obst, Gemüse und Butter bequem in der Gastkabine lagern. Nach einem ausgiebigen Frühstück verließen wir unsere hübsche Bucht und steuerten in Richtung Vyborg.
Schon kurze Zeit später hielt ein russisches Wachboot auf uns zu, ein grauer Koloß, der sehr nahe herankam. Mein Herz begann etwas schneller zu schlagen. Vier Mann standen mit Ferngläsern auf der Brücke und betrachteten die SOLVEIG V mit großem Interesse. Dann drehte das dunkle Kriegsschiff noch eine Runde um unser Boot und entfernte sich langsam. Vor uns lief eine Segelyacht, die aber wegen des schwachen Windes nicht recht vorankam. Bald barg die Crew ihre Segel und setzte den Motor ein. Wir steuerten einen Kurs von 83 Grad, also ziemlich genau nach Osten. Auf der Insel Kozlinys, die wir dichtbei passierten, drohte ein wuchtiger Wachtturm neben dem anderen, und danach sahen wir auf jeder der kleinen Inseln eine der aus Ostdeutschland nur zu gut bekannten Gitterkonstruktionen. Warum verursachten

mir diese Türme ein so unbehagliches Gefühl? Wir hatten gewiß nichts zu verbergen.
Das Wetter blieb ruhig, wahrscheinlich wegen des stetig fallenden Barometers. Wir hatten jetzt ein Motorboot und drei Segelboote vor uns, die gemütlich unter Maschine über die blaue Fläche schaukelten. Gegen Mittag näherten wir uns der Insel Vihrevoy, deren weißer Leuchtturm eine gute Marke zur Ansteuerung bot. Ob hier wohl der Lotse kam? Doch im gleichen Augenblick sahen wir, daß er schon auf dem vorausfahrenden Motorboot an Bord gegangen war. Er winkte uns und den Segelbooten, ihm zu folgen. So gelangte der ganze Konvoi zur Grenzstation Vysock. Die russische Abfertigung verlief reibungslos, aber nicht besonders freundlich. Dann wurde uns Wartezeit auferlegt. Wir nützten sie für einen Imbiß. Kurz vor 13.00 Uhr kam der Lotse im Laufschritt zurück, schnell wurden die Leinen losgeworfen, und in einem Pulk von inzwischen fünf Booten steuerten wir auf Vyborg zu. Dort trennten sich die Kanalfahrer von den Vyborg-Besuchern.
Der Lotse bog mit den anderen Yachten in Richtung Hafen ab, während er uns und dem Motorboot Anweisung gab, die Fahrt zum Kanal allein fortzusetzen. So ließen wir die einst bedeutende finnische Hafenstadt für diesmal an Steuerbord zurück und liefen weiter in Richtung auf die erste Schleuse. Aus der Ferne machte Vyborg einen traurigen und verfallenen Eindruck. Verrostete Krananlagen reckten ihre Arme in den Himmel. Einige gesunkene Schiffe, deren Aufbauten noch aus dem Wasser ragten, signalisierten die chaotischen Zustände in diesem Hafen, der vor dem Krieg noch der besondere Stolz der Finnen gewesen war.

Wo die neuen Russen hamstern

Unser Kurs führte in einen immer schmaleren Sund, bis wir nach einer Stunde den Vorhafen des Kanals in Brusnitchnoe erreicht hatten. Wieder machten wir neben unserem Vordermann fest, und es dauerte nicht lange, bis die Grenzbeamten in einem Jeep anrollten. Vielleicht lag es daran, daß neben den russischen Beamten die Kanalgesellschaft in Gestalt einer attraktiven jungen Dame vertreten war, jedenfalls waren Polizei und Zoll, die sofort an Bord kamen, sehr freundlich und höflich. Einer sprach sogar etwas deutsch und entschuldigte sich, daß er das Boot bis in den letzten Winkel durchsuchen mußte: nicht etwa nach Alkohol, sondern nach versteckten Einwanderern oder Spionen. So blieben denn auch unser Schlafraum und die Stauräume unter den Kojen von neugierigen Blicken nicht verschont, aber die Prozedur ging rasch vorbei, und die Herrschaften zogen bald wieder ab. „Sie können sofort in die Schleuse einfahren, wenn das Frachtschiff herauskommt", rief uns der Offizier noch zu.
Rußland macht mit dem Kanal sicher ein glänzendes Geschäft. Die 43 Kilometer lange Wasserstraße für Schiffe bis 80 Meter Länge und 2 500 Tonnen Tragfähigkeit wurde zwar von Finnland erbaut, verläuft aber seit 1944 auf einer Strecke von 20 Kilometern durch russisches Hoheitsgebiet. Für diesen Kanalabschnitt zahlt Finnland eine gesalzene Pacht in harten Devisen. Dazu kommen die Gebühren in Dollar für jedes Schiff oder Boot, das die Transitstrecke durchfährt, und obendrein noch die Lotsengelder, selbstverständlich ebenfalls in Dollar, die Sportboote nicht ausgenommen. Im finnischen Teil des Kanals werden von Freizeitbooten keine Gebühren erhoben.
Wir fuhren hinter dem finnischen Motorboot in die Kammer ein und machten fest. Aufregender Gedanke: Wir waren in Rußland, aber merkten nichts davon. Die Schleusen wurden von der finnischen Gesellschaft bedient und instandgehalten, weshalb hier ein hoher technischer Standard sowie penible Sauberkeit und Ordnung als hervorstechende Merkmale ins Auge fielen.
Eine halbe Stunde später mußten wir vor der

Schleuse Iskrovka eine halbe Stunde warten, weil die Kammer gefüllt war mit finnischen Segelbooten, die zu einer Art Gedächtnisregatta am Wochenende nach Vyborg strebten. Diese Regatta, die wahrscheinlich auf eine sehr alte Tradition zurückgeht, konnte erst in den letzten Jahren wieder stattfinden und ist für die Finnen eine Herzensangelegenheit: ein gemeinsamer Besuch in ihrem einst so geliebten Vyborg. Gleichzeitig war die Regatta für das neue, devisenarme Rußland und für die Provinz Vyborg im besonderen eine willkommene Dollarquelle.

Die Verhältnisse an dieser Grenze sind noch grotesker als etwa zwischen Deutschland und Polen. Finnland hat einen höheren Lebensstandard als die Bundesrepublik, und Rußland ist um einiges ärmer als unser Nachbar Polen. Aber wie überall, und gerade in armen Ländern, gibt es auch im heutigen Rußland eine Klasse reicher Leute, die sogenannten „Neuen Russen“, die sich Masseneinkäufe in Finnland durchaus leisten können. Der wachsende Warenverkehr zwischen den Ostseestaaten und Rußland wickelt sich wie zur Zarenzeit über die Küstenstraße von Helsinki nach St.Petersburg ab und führt ein Stück weit am Kanal entlang. Während der Fahrt beobachteten wir neben dem Kanal endlose Kolonnen von Fahrzeugen, die sich kaum oder gar nicht bewegten. Viele Fahrer hatten sich neben der Straße zu einer Mahlzeit niedergelassen, vermutlich übernachteten sie auch in ihren Autos oder in rasch aufgestellten Zelten.

Wir waren in unseren Gedanken so sehr mit den für uns neuen politischen und wirtschaftlichen Verhältnissen beschäftigt, daß wir die Landschaft, durchwegs Wälder, nicht sonderlich beachteten. Doch dann, nach Iskrovka, bot sich ein spektakulärer Ausblick auf die Ufer des Kanals. „Daß ich ausgerechnet hier nicht fotografieren darf!“ beklagte ich mich laut. Wie bei Trollhättan säumten rötliche Wände, die bei der Verbreiterung der Fahrrinne in den Fels gesprengt worden waren, die Ufer. Angelika lief rasch den Niedergang hinunter und holte ihre Filmkamera. Wortlos setzte sie den Sucher ans Auge und drückte auf den Auslöser. Nur mit geballter Überzeugungskraft konnte ich sie davon abbringen, heimlich durch die Fenster ein paar Szenen einzufangen. Bei ihr überwog die Begeisterung für die herrliche Landschaft, bei mir die nackte Angst vor einem russischen Gefängnis.

Nach vier Stunden passierten wir die fünfte und letzte Schleuse auf russischem Gebiet, alle zusammen hochmoderne finnische Konstruktionen. Imponierend waren die technische Perfektion, das rasche Öffnen und Schließen der riesigen Tore, die Bedienung mehrerer Kammern durch einen einzigen Techniker über TV-Kameras und das unheimlich schnelle Einströmen des Wassers mit hohem Druck.

Die Grenze zu Finnland verläuft mitten durch einen kleinen See und ist mit Tonnen markiert. Am Ende des Sees, an einer langen Mole in Nuijamaa, nahm uns der finnische Zoll in Empfang. „Willkommen zurück in Finnland!“ rief der Beamte. „Sind Sie in Vyborg gewesen?“ Als ich verneinte, verriet er: „Viele Skipper gehen nur nach Vyborg, um dort billigen Wodka zu kaufen und ihn dann zu schmuggeln.“ Er grinste. „Haben Ihnen die Russen Ihre Pässe wiedergegeben?“ Erstaunt antwortete ich: „Natürlich“, worauf er meinte: „So natürlich ist das nicht, es kommt schon mal vor, daß ein Paß drüben vergessen wird. Dürfen wir Ihre Pässe mal sehen?“ Er prüfte die Stempel und schien zufrieden. „Wollen Sie die Nacht über hierbleiben?“

Einen Augenblick zögerten wir, waren uns dann aber einig, daß wir möglichst weit kommen wollten. „Wir fahren weiter bis Lappeenranta und hoffen, bis Mitternacht dort zu sein“, antwortete ich.

Er wunderte sich und meinte nur: „Dann müssen Sie sich aber beeilen.“

Wir hatten vorher mit dem finnischen Motor-

Sonne der nordischen Nacht

bootskipper gesprochen. Er mußte noch am selben Tag nach Lappeenranta und hatte angeboten, uns zu lotsen. So fühlten wir uns sicher genug, um die Nachtfahrt zu wagen. Als wir um 22.00 Uhr in Mistola ankamen, dem Sitz der Kanalverwaltung, war ich vor Müdigkeit schon ziemlich wackelig auf den Beinen, und der Weg von der Pier zum Bürogebäude erschien mir lang. Eine ebenfalls müde Mitarbeiterin war noch im Dienst, und ich zahlte meine Schulden: 100 Finnmark (rund 35 DM) für die Durchfahrt und 150 Finnmark für den russischen Lotsen.

Von Lappeenranta sahen wir in der Nacht zunächst nur die hell beleuchteten Fabrikgebäude, in deren Häfen Holzflöße mit vielen tausend Baumstämmen im Wasser lagen und auf ihre Verarbeitung oder auf den Weitertransport durch den Kanal warteten. Danach ging es wieder in Schlangenlinien um kleine Inseln herum und in enge Fahrwasser, bis wir zur Stadt kamen und dort an der Landungsbrücke vor einem großen Park festmachen konnten.

Trotz der vorgerückten Stunde, es war inzwischen nach Mitternacht, fanden wir noch einen hervorragenden Liegeplatz. Als wir verschlafen und ziemlich spät bei Tageslicht die Umgebung betrachteten, trauten wir unseren Augen nicht, so glänzend war das Panorama, das sich uns bot. Lappeenranta besitzt einen idealen Freizeithafen, der von einer geräumigen, gegen den See durch eine Landzunge abgeschirmten Bucht gebildet wird. Vom großen Anlegeplatz für Passagierschiffe, mit Imbißbuden, Restaurants, Verkaufsständen und einem Informationszentrum, zieht sich die von herrlichen alten Lindenbäumen beschattete Seepromenade um den ganzen Scheitel der Bucht. Vor dieser Promenade liegen die Brücken und Stege für Gastboote, dahinter bilden Parkanlagen und einige Spitzenhotels den Anschluß zur Stadt. Um den Kurortcharakter der Uferanlagen noch zu betonen, befindet sich in der Mitte der Wasserfläche eine große Fontäne, die ihre Strahlen breit gefächert im Sonnenlicht funkeln ließ.

Am Bug unseres Bootes entdeckten wir ein Informationsblatt und das Formular für die Anmeldung, zu der wir im Kiosk am großen Landeplatz der Vergnügungsschiffe gebeten wurden. Niemand hatte geklopft und uns gestört. Laut Infoblatt standen Duschen und Sauna im gegenüberliegenden Kurhotel zur Verfügung.

In der kleinen Stadt sahen wir zum ersten Mal

Hinweistafeln nicht nur in den Landessprachen, sondern auch in Russisch. Immer häufiger kamen Russen auch für kleine Einkäufe nach Finnland und waren mit ihrem reichlichen Geld für manche Geschäfte ein wichtiger Kundenkreis.
Am Kiosk der Information gaben uns zwei freundliche Mädchen in gutem Englisch Auskünfte, einen Stadtplan und einige aufwendige Prospekte über die Stadt und das Seengebiet. Alle finnischen Städte lassen ihre farbigen Straßenpläne und oft auch Umgebungskarten auf bestem Hochglanzpapier und in verschiedenen Sprachen drucken. Eines der Mädchen hatte uns am Morgen die Formulare ans Boot gesteckt. Von ihr erfuhren wir, daß in anderen Sommern jeder Liegeplatz belegt war. Gewöhnlich gab es in den Sommermonaten so gut wie keinen Regen, und Ende Juni herrschte sonst schon Hochbetrieb mit Seglern und Motorbootfahrern. Über 60 Liegeplätze hatte dieser Gasthafen zu bieten, dazu gab es noch zwei weitere in Lappeenranta. Was für ein Paradies des Wassersports!
Aus Angelikas Tagebuch: „Morgen früh wollen wir weiter. Freue mich unglaublich auf die große Seenfahrt. Abends Bummel über die Uferpromenade. Ein Lokal neben dem anderen, auch die alten Fahrgastschiffe sind zur Kneipe umgebaut und voll junger Leute. Darunter viele Studenten, die ihren Abschluß feiern. Höchst originell, was ihnen als Anmache alles einfällt: In zerrissener Eishockeykleidung bieten sie für zwei Mark ein Hockeyspiel zu zweit an wie beim Tischfußball. Und immer wieder findet sich ein Mädchen, das eine Runde mitmacht. Nüchtern sind nur noch wenige, aber irgendwie sind sie alle nett und überhaupt nicht aggressiv. Auch viele junge Familien mit Kleinkindern und Babys sind unterwegs. Und vor allem junge Väter, die Kinderwagen schieben und sich auch sonst intensiv mit den Kleinen beschäftigen. Die Sportboote sind so voll Menschen, daß keine Mücke mehr Platz hätte. Auf Booten, die kleiner sind als unseres, tummeln sich Ehepaare mit drei bis vier Kindern und meistens noch ein Hund. Da leben wir auf unseren zehn Metern wirklich im Luxus.
30. Juni: Am späten Vormittag Leinen los zur Weiterfahrt durch das riesige Saimaa-Seengebiet. Das Navigieren hier ist im Vergleich zu den Schären kinderleicht und eine Erholung. Immer wieder begeistern uns Engpässe durch die mit Birken bewachsenen Felsen und Hügel. Hier und da liegt versteckt eine kleine Holzhütte mit Ruderboot davor. Ja, die Finnen können wuchern mit ihrer Natur! Statistisch entfallen auf jeden Einwohner etwa 40 Meter Seeufer."

Im Labyrinth der Saimaa-Seen

Das Saimaa-Gebiet ist ein riesiges Labyrinth aus Seen und waldbedeckten Hügeln, auf das die Sonne im Sommer zwanzig Stunden lang ein sanft wärmendes Licht ergießt. Im ganzen sind es über 30 000 Inseln, die eine insgesamt 55 000 Kilometer lange Küstenlinie bilden: Zahlen, die jede Vorstellung übersteigen. Im Gegensatz zu den Schären an der Küste überwiegt hier die Landfläche. Ein weiterer auffälliger Unterschied ist die Uferformation. Die tiefgrünen Wälder reichen bis zum Wasser hinunter, kleinere Pflanzen stehen stellenweise noch bis hinein in den klaren See. Starken Wellenschlag, der an den Felsen frißt, die Erde wegschwemmt und den Stein blankwäscht, gibt es hier nicht. Nur hin und wieder wird das Gewirr der Wasserwege von einer größeren Seenfläche unterbrochen, die sich oft lange hinzieht, aber meist nicht breiter ist als zwei bis drei Meilen. Auf den engen Gewässern und an den Ufern sind auch die Farben und Spiegelungen von ganz anderer Art als in den Schären und bewirken einen Zauber, den es in dieser Art nur hier im hohen Norden geben kann.
Als weitere Besonderheit kommt hinzu, daß

das Saimaa-Gewässer stellenweise ein ziemliches Gefälle aufweist und sich wie ein Fluß benimmt, der auf breiter Fläche zwischen den Inseln hinabströmt und am Ende in den russischen Ladogasee mündet. Wo immer sich Engstellen gebildet haben, wird die Strömung stärker, und früher brauste das Wasser als breiter Wildbach durch die Wälder: ein ideales Revier für die Holzflößer, denen Finnland einst seinen Wohlstand verdankte. Diese Stellen sind heutzutage durch Schleusen auch für größere Schiffe befahrbar, daneben schießt aber immer noch der Fluß zu Tal und bietet für Wildwasserfahrer ein herrliches Revier.

Wir hielten einen Generalkurs nach Norden, mußten uns aber nach den gewundenen Fahrrinnen richten, die in den Seekarten eingezeichnet sind und zuverlässig durch das Gewirr der Inseln führen - wenn man brav die Seezeichen zählt und keine der Inseln verwechselt. Bei jeder Route ist auf der Karte der größtmögliche Tiefgang angegeben, so daß sich der Skipper einen für sein Boot tauglichen Weg aussuchen kann. Wie im Hafen blieben die Wassertiefen ungewohnt gering. Unser Echolot pendelte zwischen zwanzig und zwei Meter: Klar, wir waren nicht mehr auf See oder auch nur zwischen den Schären.

Mittags ankerten wir, wie früher in den Küstengewässern, an besonders schönen Plätzen. Nur war es hier bedeutend leichter, eine geeignete Stelle zu finden. Wir brauchten lediglich in Richtung Ufer zu steuern, bis die Wassertiefe zwei bis vier Meter betrug, und den Haken fallen zu lassen. Bei dem ruhigen Wetter war das Wasser ölglatt, und nicht der kleinste Schwell ließ das Boot rollen.

Inzwischen befanden wir uns auf 61 Grad Nord. Ins Logbuch schrieb ich: „Inseln, Felsen, Wälder, immer wieder Wälder. Die Temperaturen sind trotz fehlender Sonne viel angenehmer als auf der Ostsee, weil die Wassertemperatur

Finnland, wie in den Prospekten abgebildet: ein einziges Insellabyrinth

höher liegt. Die Seen haben maximal 30 bis 40 Meter Wassertiefe, im Schnitt zehn bis 15 Meter. Wir bemerken, daß sich die Finnen Mühe geben, ihre Sommerhäuser möglichst unauffällig ein Stück landeinwärts und oft mit grüner Farbe getarnt hinter den Bäumen zu verstecken, so daß das Gesamtbild der Insel nicht leidet. Selbst ganze Ortschaften sind vom See aus kaum zu erkennen."

Bis 20.00 Uhr setzten wir an diesem Tag die Fahrt nach Norden fort, dann suchten wir einen Ankerplatz mit gutem Fernsehempfang. Das Gerät hatten wir eigentlich nur an Bord, um Videoaufnahmen betrachten zu können. Heute aber ging es um etwas Besonderes, das Endspiel der Fußball-Europameisterschaft. Der Empfang war schlecht, obwohl ein Sender in der Nähe stand; schuld war wohl unser Stahlkäfig ohne Außenantenne. Nach dem Ausschalten von GPS, Echolot und anderen Instrumenten konnten wir einigermaßen erkennen, was auf dem Rasen vor sich ging und mit den Zuschauern in Deutschland um den Sieg zittern.

Ein besonders schöner Morgen leuchtete uns an diesem lauschigen Ankerplatz. Zum ersten Mal war es nicht kalt, und ringsum lag die Natur in völliger Stille. Wir waren restlos glücklich. Das sind Stunden im Leben, die ich gerne festhalten würde oder doch wenigstens verlängern. Erst im Laufe des Vormittags fuhren wir weiter. Das Barometer war stark gefallen, aber noch ließ die Sonne die Wipfel der Bäume erstrahlen und die Tautropfen hell glänzen, während die unteren Zweige im Dunkel lagen. Nie leuchtet das Licht so klar wie vor einem Wetterwechsel. Leichte Wolkenstreifen hatten sich schon über den Himmel gezogen, und die Luft blieb reglos. Ich ließ den Motor hohe Touren laufen und steuerte das Boot mit sieben Knoten über den See.

Ein großes Containerschiff kam uns entgegen, ein Stück Technik, das mit seinem massigen Rumpf nicht recht in die poetische Landschaft passen wollte; doch bald war der bunte Riese hinter der nächsten Insel verschwunden, und wir waren wieder allein mit der Natur. Hügel und Felsen erhoben sich allmählich höher, und die Szenerie wuchs vor unseren Augen. „Wir fahren durch eine traumhaft schöne Landschaft: Felsen, Wälder, blauer See, rote Häuschen, weiße Segel. Überall möchte man anhalten und ankern, einfach nur schauen und genießen", notierte ich begeistert.

Nach dem Mittagessen - vor Anker, versteht sich - machte ich mich an die Seewasser-Entsalzungsanlage, deren Filter verschmutzt waren. Zum Wechseln mußte ich unter dem Cockpit in die Bilge kriechen. Wir hatten die Anlage in den Schären täglich in Betrieb genommen, wenn der Motor viele Stunden lief, und auf diese Weise unseren Tank immer voll Wasser gehalten. Im See drückten wir genauso das Süßwasser durch den Osmosefilter und erhielten ausgiebig keimfreies Wasser zum Kochen, Trinken und Waschen. Diese Unabhängigkeit erlaubte uns, zu jeder Zeit an einem Ankerplatz zu bleiben oder Liegeplätze ohne Trinkwasseranschluß aufzusuchen.

Am Nachmittag näherten wir uns Savonlinna, dem städtischen Mittelpunkt der Seenlandschaft und dank seiner mittelalterlichen Burg ein Wahrzeichen für ganz Finnland. Von hier aus unternehmen die Passagierdampfer Zwei-Tages-Fahrten in beide Richtungen, nach Lappeenranta im Süden und nach Kuopio im Norden. In jedem Sommer finden in Savonlinna Opernfestspiele statt, die zu den bedeutendsten Theaterereignissen in Skandinavien gehören. Wir hatten unsere Karten für den Fliegenden Holländer schon in Hangö bestellt. Allein der Gedanke, diese Aufführung während einer Seereise zu erleben, hatte etwas besonders Reizvolles.

Erstes Ansteuerungsziel in Savonlinna war natürlich die Burg, die prächtig vor uns aus dem Wasser aufragte. Dieses Olavinlinna liegt malerisch auf einer kleinen Felsinsel, die von den Befestigungsanlagen vollständig bebaut ist, ohne eine feste Brücke zum Land, mitten in der einzigen Durchfahrt, die den südlichen Teil der Seen mit dem nördlichen verbindet. Eine strategische Schlüsselstellung also, der Savonlinna auch seine geschichtliche Bedeutung verdankt. Die Stadt selbst ist auf einer Halbinsel erbaut, die das riesige Seengebiet des Saimaa in der Mitte teilt.

Die Stadt selbst gefiel uns zumindest vom Wasser aus nicht sonderlich, aber wir brauchten dringend Diesel, und so steuerte ich auf eine Bucht zu, in der sich laut Karte eine Bunkerstation befinden sollte. Wir mußten schon sehr nahe heranfahren, um die kleine Holzbrücke zu erkennen, an der die Tankstelle lag. Ich bezeichnete sie im Logbuch als „unwirtlich". Die Bedienung erfolgte schleppend, doch schließlich bekamen wir den benötigten Kraftstoff und suchten einen Ankerplatz. Die Gasthäfen von Savonlinna schienen uns nicht besonders verlockend. Aber auf der Karte entdeckte ich eine geschützte Bucht an der Nordseite der großen Landzunge, Teil einer etwas abgelegenen Insel.

Um dorthin zu gelangen, fuhren wir noch einmal an der Stadt vorbei und am Schiffahrtsmuseum, wo eines der alten Personenschiffe mit zwei überdachten Promenadendecks lag. Eine zunehmend kräftige Strömung verlangte Aufmerksamkeit, denn ich mußte die Engstelle zwischen der Burg und dem schroffen Felsufer passieren. Wir machten kaum noch Fahrt über Grund, und ich hatte Mühe, so zu steuern, daß mir das Boot nicht aus dem Ruder lief. Unter zwei Brücken hindurch gelangten wir wieder auf ruhiges Wasser und schließlich bei der mit schönen Parkanlagen bestandenen Insel Sulosaari auf unseren Ankerplatz.

Hinter Savonlinna liegt einer der wenigen wirklich großen Seen, der Haapavesi, den wir am folgenden Morgen überquerten. Die riesige Fläche des Sees machte richtige Navigationsarbeit erforderlich, denn die Ufer waren nicht mehr zu erkennen. Als es gar anfing zu schütten und auch noch Nebel aufkam, hatten wir Mühe, die Orientierung zu behalten. Das Fahren machte keine Freude mehr. Bei immer stärkerem Regen tasteten wir uns von einem Seezeichen zum nächsten.

Vor Varkaus gingen wir durch eine Schleuse, um den Höhenunterschied zu den oberen Seen zu überwinden. Endlich hatte der Regen nachgelassen. Wir machten im Gästehafen fest, der sich ein Stück von der Stadt entfernt mitten im Wald befindet. Nur per Bus, Taxi oder Fahrrad konnte man in den Ort gelangen. Dafür aber lag ein Museumsstück, der über 70 Jahre alte Dampfer PAUL WAHL, neben uns. Hier im Wald versteckt, schlummerte das gut erhaltene Schiff vor sich hin, das noch immer für Sonderfahrten eingesetzt wurde. Jugendliche kamen am Morgen auf Fahrrädern und machten Dusche, Sauna und die Wege sauber. Einer der Jungen blieb tagsüber in einer Holzhütte, die als Büro diente. Hier erhielten wir einen besonders aufwendigen Stadtplan mit allen nötigen Auskünften.

Holzhütten wie auch Wege und Stege, Wasserleitung und elektrische Anschlüsse waren in bestem Zustand; auf mehrsprachigen Hinweistafeln und Wegweisern wurden die Besucher über das Service-Angebot informiert, zu dem auch eine Tankstelle gehörte. Die Verbindung von Waldidylle und Komfort beeindruckte mich. Angelika notierte: „Jeder zweite Satz von Rollo lautet: 'Also technisch sind uns die Finnen schon weit voraus.' Das bezieht sich auf ziemlich alles - angefangen vom Flaschenrückgabe-Automat im Supermarkt, der gleich das Geld ausspuckt, bis zu den vollautomatischen Schleusen mit Schwimmpollern, auf denen man die Leinen nicht immer wieder umstecken muß. Es gilt auch für die Gastmarinas, wo man sich zur Bequemlichkeit des Skippers eine Menge einfallen läßt, von der Tageszeitung, die morgens gebracht wird, bis zu aufwendigem Informationsmaterial und modernen sanitären Anlagen."

Die Industriestadt Varkaus liegt auf sechs Halbinseln im See und beherbergt einen riesigen Werkkomplex der Papier-, Maschinen- und Holzindustrie. Solche Anlagen verschaffen Finnland trotz geringer Bevölkerungsdichte und ausgedehnter Wildnis einen hohen Lebensstandard. Als Besonderheit gibt es hier eine Einrichtung, die weit über die Landesgrenzen hinaus bekannt ist: ein Museum für mechanische Musik. Automatische Klaviere, merkwürdige Musikschränke, augenverdrehende Bildnisse der Mona Lisa, Stereogrammophone und ein 4000 Kilo schwerer Kasten, der ein komplettes 75-Mann-Sinfonieorchester imitieren kann, gehören zu den zahlreichen Exponaten.

Ballett auf 63 Grad Nord

Wir wollten noch einige Seemeilen weiter nach Norden vorstoßen, bis Kuopio, der nördlichsten Stadt an den Seen, die noch Dampferverbin-

Oben: Die Stadt Savonlinna aus der Perspektive des Wasserflugzeugs

Die Burg Olavinlinna – ein Wahrzeichen Finnlands

dung mit Savonlinna hat. Das Wetter wurde traumhaft schön, als wir an Varkaus vorbei in neue Wasserwege steuerten. Vornehme Villen an den Ufern, Parks und Gärten, Bootsanleger und gepflegte Rasenflächen erinnerten uns an die Alster in Hamburg.

Danach wieder Einsamkeit. Kaum ein Boot begegnete uns, und auch die nächste Schleuse konnten wir ohne Wartezeit in 15 Minuten durchfahren. Wind wurde auf den größeren Wasserflächen spürbar, Vögel zogen ihre Kreise. Wie es hier wohl vor tausend Jahren ausgesehen hatte? Die Gewässer müssen von Lachsen gewimmelt haben, falls nicht Bären, die es auch heute noch gibt, zu viele junge Fische mit ihren Pranken erwischten. Wölfe streiften in großen Rudeln durch die Wälder, dazu unzählige Rentiere und Elche. Menschen dagegen konnten nur unter großen Strapazen überleben: Lappenvölker, die hier ihr karges Dasein fristeten.

Bei Kuopio erreichten wir fast die Breite von 63 Grad Nord und den nördlichsten Hafen unserer Reise. Damit waren wir ein gutes Stück weiter im Norden als seinerzeit in Alaska. Gleich bei der Stadt machten wir fest, obwohl die Marina eher bescheiden war und an den Brücken weder Wasser noch Strom zu bieten hatte. Dafür gab es eine Motorenwerkstatt, einen großen Verkaufsraum für Bootsbedarf, eine Bunkerstation, eine Absauganlage und einen gemeinsamen Wasseranschluß. Die Nähe zum Anlegeplatz der Passagierschiffe, die hier täglich von und nach Savonlinna verkehrten, hatte mich in diese Marina gelockt. Platz und Park sind ein Vergnügungszentrum und Treffpunkt von einheimischen und fremden Schaulustigen.

Man könnte meinen, daß hier das Ende der Welt, zumindest der zivilisierten und kulturell anspruchsvollen Welt, erreicht sei. Aber weit gefehlt! Kuopio ist mit seinen 80 000 Einwohnern zwar nicht so reich wie das kleinere Varkaus, aber es blickt auf große Traditionen zurück und hält sie sorgfältig am Leben. Mir schien es unglaublich, was es in diesem entlegenen Ort an Besonderheiten zu sehen und zu erleben gab.

Eigentlich hat jede Stadt in Finnland mehrere Museen, und darüber hinaus besitzt fast jeder Ort auch einen Konzertsaal und ein Theater. Eine große Rolle spielte hierbei sicherlich die wechselhafte Vergangenheit und die über hundertjährige russische Herrschaft, die dem Kulturleben Finnlands Farben gab wie keinem anderen skandinavischen Land. Der russisch-orthodoxe Einfluß ist in Kuopio besonders stark zu spüren, deshalb befindet sich hier auch das größte orthodoxe Kirchenmuseum Europas. Die Sammlung kam dadurch zustande, daß die Schätze des berühmten Klosters Valamo am Ladogasee 1939, vor der Plünderung durch die Rote Armee, hierher verbracht wurden und dazu 1944 die wertvollsten Ikonen und andere Devotionalien aus dem Kloster Petsamo am Weißen Meer.

Ausgesprochen malerisch ist die Brücke der Passagierdampfer, wo oft mehrere der schönen alten Schiffe liegen. Der Platz wird von einem großen Park umschlossen, und im alten Zollhaus daneben ist die große Hafen-Tanzbar mit breiter Terrasse und einer alten Dampflok mittendrin ein Stück echter Tradition. Auf der Freilichtbühne für Konzerte und Tanzveranstaltungen fand gerade ein einwöchiges Ballettfestival statt, mit international bekannten Tanzgruppen aus Frankreich, China, Thailand, Bali, Brasilien, Schweden und natürlich aus Finnland selbst. Von den Dutzenden anderer Veranstaltungen war eine für deutsche Besucher von besonderem Interesse: eine Ausstellung der bekannten Fotografin und Filmkünstlerin Leni Riefenstahl.

Lebendiges Zentrum der Stadt ist der Marktplatz mit seinen Verkaufsständen für Gemüse, Obst, Fisch und Fleisch, aber auch für handwerkliche Kostbarkeiten. Wie ein Garten ist der breite Verkaufsplatz für Blumen angelegt, eingerahmt von großen Geschäftshäusern und

der neuen Markthalle. In der Mitte der Häuserfront prangt das schöne alte Rathaus, ein Backsteinbau aus der Zarenzeit. Auch hier wurde eine große Bühne errichtet für einen Teil der Tanzveranstaltungen, die am Tag sogar bei freiem Eintritt zugänglich waren.
Der Höhepunkt von Kuopio im wahrsten Sinn ist der Puijoturm, ein Fernsehturm auf einer Bergkuppe mit grandioser Aussicht über die finnische Bilderbuchlandschaft. Der Turm ist 75 Meter hoch und liegt 300 Meter über dem Meeresspiegel. Sein Restaurant hat 100 Plätze, dreht sich von 11.00 bis 23.00 Uhr und ist per Aufzug schnell zu erreichen. Eine kurze Buslinie verbindet die Bergkuppe mit der Stadt.
Aus Angelikas Tagebuch: „Am 5. Juli Regen und kräftiger Wind. Auf neuer Route geht's zurück nach Savonlinna, denn in vier Tagen kommt dort unsere russische Freundin Nadja an. Sie ist Pianistin, stammt aus St.Petersburg und leitet jetzt in Salzburg eine Klasse am Konservatorium. Als sie von unseren Plänen hörte, begeisterte sie der Gedanke, uns ihre geliebte Heimatstadt zeigen zu können. Ich freue mich auf sie. Nadja ist noch nie auf einem Boot gefahren und entsprechend nervös, hat Angst vor der Seekrankheit. Aber sie ist Russin und eine Frau - diese Kombination bedeutet Energie und Kraft im Überfluß.
19.00 Uhr: Ein finnischer Segler ist rührend besorgt um SOLVEIGS Sicherheit. Der Zufall wollte es, daß wir dieselbe Nebenroute ausgesucht hatten wie er und deshalb hinter seinem Boot herfuhren. Er fuchtelte wild mit den Armen und signalisierte pantomimisch, wo Unterwasserfelsen lauerten, indem er mit den Unterarmen ein Kreuz zeigte, das in der Seekarte verwendete Zeichen für Felsen. Wie konnte er auch wissen, daß wir durchaus daran gewöhnt waren, auf Nebenrouten Ankerplätze zu suchen? Kurzum, er rief, wir sollten ihm zu einem sicheren Ankerplatz folgen. Rollos Begeisterung darüber hielt sich in Grenzen, andererseits wollte er den besorgten Segler auch nicht kränken. So fuhren wir brav in seinem Kielwasser - bis, ja bis wir an einem Inselchen vorbeikamen, an dem wir nun wirklich bleiben wollten. Rollo gab ihm Zeichen. Blankes Entsetzen auf dem Gesicht des Finnen. Zunächst folgte er uns, dann drehte er ab. Drei Stunden später, nach dem Abendessen, sahen wir ein kleines Dingi mit zwei Personen beim Fischen. 'Das ist doch...' sagte Rollo, und er war es tatsächlich. Unser besorgter Segler hatte auf der anderen Seite der Insel geankert und diskret nach uns Ausschau gehalten. Soviel Fürsorge für einen fremden Gast ist schon einmalig."
Einen Tag später hätte es fast ein Unglück gegeben. Mein Logbuch: „09.00 Uhr Start. Die schöne kleine Bucht gab uns gestern abend noch Gelegenheit zum Fotografieren, als die Sonne am Abend kurz herauskam. Am nächsten Tag um 12.00 Uhr großer Schreck: Das Markierungssystem hatte gewechselt, ich geriet auf die falsche Seite einer Spiere, und schon krachte es! Ein ziemlicher Schlag, dann rutschten wir über Fels. Zwar kamen wir sofort wieder frei, erlitten aber einen gehörigen Schock. Mir zitterten die Hände. Angelika war vorne unter Deck gewesen und bei dem Aufprall gegen den Kleiderschrank geflogen. Einige blaue Flecken trug sie als Erinnerung davon.
12.30 Uhr. Eine Schleuse. Daneben, in den Stromschnellen, sehen wir Wildwasserfahrer und am Ufer viele Zuschauer: ein Sportfest. Rettungsschwimmer und Wasserwacht sind zur Stelle, beteiligen sich an den Wettfahrten. Kurz danach Schleuse Nummer zwei. Diesmal 20 Minuten Wartezeit, da zwei Passagierschiffe zuerst bedient werden. Wie schön diese alten Schiffe sind! Alle Hinweisschilder nur in Finnisch, da wohl kaum Ausländer die Schleusen benützen.
16.30 Uhr. Die dritte Schleuse. Das Gefälle in den Seen ist beachtlich. Wir laufen sofort ein, und als ich grüße, zieht der Schleusenmeister seinen Hut! Und das ist ernst gemeint."
Die drei Schleusen erklären sich dadurch, daß

wir ein Fahrwasser für Boote mit wenig Tiefgang gewählt hatten, wo noch ältere Kammern mit geringem Hub in Betrieb sind. Um so romantischer war die Landschaft mit ihren hohen Felsen zu beiden Seiten. Kurz vor Savonlinna überquerten wir trotz Müdigkeit noch einen der größeren Seen. Am Spätnachmittag fiel plötzlich nie gekannte Dunkelheit über uns herein, ein Vorbote schlechten Wetters. Nirgends war ein anderes Fahrzeug zu sehen, nur die endlose graue Wasserfläche und tiefhängendes Gewölk. So mögen sich die Menschen im Altertum den Eingang zur Unterwelt vorgestellt haben.

Wo waren wir hingeraten? Mich überfiel ein Gefühl der Unsicherheit. Nach der anstrengenden Fahrt im Regen und bei schlechter Sicht war ich nicht mehr voll belastbar und wollte nur noch eines: Endlich den Ankerplatz erreichen, den ich schon vor Tagen in der Karte eingezeichnet hatte. Dort wollten wir ganz für uns meinen Geburtstag feiern.

Um 22.00 Uhr hatten wir es geschafft. Die felsigen Inseln, hinter denen ich in einer Bucht Schutz suchen wollte, lagen vor uns. Die Nacht war inzwischen so dunkel, daß kleinere Felsen, die nur mit der Spitze aus dem Wasser ragten, kaum mehr zu sehen waren. Entsprechend schwer wurde es, eine günstige Ecke zu finden. Mehrere Versuche blieben vergeblich, da der Wind, sobald die Kette gespannt war, das Boot wieder dicht an einen Felsen trieb. Im Grunde war dies die typische Situation für einen Unfall. Wir wußten es beide und kämpften deshalb verbissen gegen die Müdigkeit, die uns verleiten wollte, in der nächstbesten Bucht zu ankern. Wir suchten aber so lange, bis wir glaubten, einen wirklich sicheren Platz gefunden zu haben.

Geburtstag in der Felsenfalle

Wenige Meilen nur waren wir von Savonlinna entfernt, aber ich wollte meinen Geburtstag lieber in der freien Natur als in einer Marina verbringen. Doch die so sehnlich erhoffte Ruhe war uns nicht vergönnt. Wenige Minuten, nachdem wir uns zu einem Imbiß hingesetzt hatten, hörten wir den ersten Donner. Starkwind und peitschender Regen setzten ein. Der Regen fiel so dicht, daß wir fast nichts mehr sahen, und der Wind trieb sein eigenes Spiel mit uns. Da ich hinter einem Hügel Schutz gesucht hatte, schossen die Böen mal von der einen, mal von der anderen Seite um den Felsen herum, so daß die Ankerkette jedesmal in voller Länge über den steinigen Grund geschleift wurde. Für ein neues Ankermanöver war es inzwischen zu dunkel geworden.

„Wir haben so ein Wetter in Europa noch nie erlebt", notierte ich im Tagebuch. „Dieser Abend vor meinem Geburtstag ist schon bemerkenswert. Blitze schlagen krachend in der Nähe ins Wasser, der Wind dreht innerhalb von zwei Minuten um 180 Grad." Zum ersten Mal hatte ich richtige Angst um das Boot, und mein Gefühl der Hilflosigkeit war quälend. Auf einem engen Ankerplatz ist man bei plötzlicher Wetteränderung oft nicht mehr handlungsfähig, weil das Aufholen des Ankers sofortige Strandung bedeuten würde.

Die Nacht wurde scheußlich, nur die überwältigende Müdigkeit ließ mich trotz der in der Klüse schabenden und krachenden Kette stundenweise schlafen. Harte Stöße gingen durchs Boot, wenn die Kette plötzlich steifkam. Morgens hatte zwar das Gewitter aufgehört, aber der Wind pfiff in den höchsten Tönen um den Kajütaufbau; SOLVEIG flog geradezu von einer Seite des Ankerplatzes zur anderen, und jedesmal spannte sich die Kette mit einem harten Ruck. Nur wenige Meter trennten dann das Heck noch von einem tückischen Unterwasserfelsen.

Jede Sekunde konnte sich der Anker lösen, deshalb mußten wir nun doch den Platz verlassen. Aber das war nicht einfach. In dem Augenblick, in dem der Anker aus dem Grund brach, mußte ich Gas geben und aus dem engen Becken steuern. Dieser Moment war bei dem schlechten Wetter nicht zu erkennen, nur zu fühlen, sobald das Boot anfing zu treiben. Angelika bediente die Ankerwinde meisterlich und gab mir genau im richtigen Moment Zeichen, den Gang einzulegen. Großes Aufatmen, als wir endlich aus der Falle freikamen, in die ich mich selbst begeben hatte. Damit waren wir aber noch nicht aus dem großen, von Felsen umgebenen Nebenfahrwasser heraus. Nur die grobe Richtung zum Hauptfahrwasser wußte ich noch, konnte aber nicht ausmachen, um welche Felsen wir uns in der Dunkelheit getastet hatten. Bei Windstärken von sechs bis acht Beaufort durfte ich auch nicht extrem langsam fahren. So suchte ich eine möglichst breite Öffnung und war froh, als Angelika im Fernglas endlich eine der wohlbekannten, gelbschwarzen Stangen erkannte. Was für ein Geburtstag!

In der Stadtmitte von Savonlinna, in einem schmalen Wasserarm zwischen dem Marktplatz und einer Hotelinsel, war im Handbuch eine zum Hotel gehörige Marina angegeben. Dieser Winkel mußte völlig geschützt sein gegen Wellenschlag. Als wir einige Inseln umfahren hatten und neben dem Casino-Hotel die Ansammlung von Yachten sahen, war uns sofort klar, daß sich sehr viele Boote in diese Enge geflüchtet hatten und kaum ein Platz frei sein würde. Wir fuhren die Reihen der Segel- und Motorboote ab und entdeckten nur eine einzige und noch dazu sehr schmale Lücke. Ich sah keinen anderen Ausweg, als mich langsam und vorsichtig, Zentimeter für Zentimeter, in die Lücke zu drücken und zu beiden Seiten genügend Fender auszubringen. Damit hatten wir für die nächsten Tage einen Liegeplatz gefunden, der nicht besser hätte sein können, lag doch eine Haltestelle der Bahn nur wenige Meter entfernt. Nadja konnte hier aussteigen und sich so den weiten Weg vom Bahnhof ersparen.

Eine echte Sauna in der Achterkajüte eines kleinen Motorboots

Das Wetter hatte sich nicht gebessert, der Wind heulte weiter. Nun aber brauchten wir uns nicht mehr zu sorgen. Keine einzige Yacht verließ an diesem Tag den Schlupfwinkel. Zufällig kamen wir mit unseren Nachbarn, einem finnischen Ehepaar, ins Gespräch; sie baten uns an Bord und erwähnten, daß sie in ihrem nur acht Meter langen Boot eine Sauna eingebaut hätten, im Achterschiff hinter dem Cockpit.

Angelika, bei der jeder Saunabesuch Begeisterung auslöst, konnte es nicht glauben. „Kommen Sie, ich zeig's Ihnen“, bot die Frau des Skippers an. Angelika stieg mit ihr nach achtern. Tatsächlich war, nachdem das Schiebeluk geöffnet wurde, ein Saunaraum zu sehen: die Wandung mit Holzlatten verschalt, eine kleine Bank und ein Holzofen mit Rauchabzug durchs

Deck eingebaut. Das Motorboot war ein in Skandinavien weitverbreiteter Typ, ein Spitzgatter mit Achterkajüte. Auf den zweiten Schlafraum hatten die beiden verzichtet und dafür die Sauna eingerichtet.

Tschaikowsky bei Blitz und Donner

Am Abend fand die Eröffnung der Festspiele mit *Mazeppa* statt, einer wenig bekannten Oper von Peter Tschaikowsky. Es handelte sich um ein Gastspiel des berühmten Mariinski-Theaters aus St.Petersburg, mit Orchester, Chor und Ensemble. „Das ist ein schöner Vorgeschmack auf Petersburg!" rief ich freudig, als ich mit den Karten in der Hand auf Angelika zuging.

Später erfuhren wir, daß Nadja einen Tag früher eintreffen würde, und zwar am Abend der Aufführung. So blieb uns nichts anderes übrig, als ihr ein Fax mit dem Lageplan unseres Liegeplatzes zu schicken und der Angabe, wo das arme Mädchen den Bootsschlüssel finden konnte.

Die ganze Stadt war im Festspielfieber, in vielen Geschäften hingen Künstlerfotos im Schaufenster. Unterwegs sahen wir ganze Kolonnen gut angezogener Menschen unter Regenschirmen Richtung Theater wandern. Im Ölzeug radelten wir los und parkten unsere mobilen „Bordtaxen" gleich vor der großen Pontonbrücke, über die man zur Burg gelangt. Dort suchten wir unseren Weg zum Zuschauerraum durch verwinkelte Gänge und Tore. Die riesige Bühne war besonders geeignet für große Chöre und viele Statisten, außerdem bot sie die Möglichkeit, zwei Szenenbilder gleichzeitig aufzubauen. Als Dach diente eine aus dicken Plastikbahnen gefertigte Decke mit spezieller Ableitung für den Regen.

Das Vorspiel war ein Genuß, ein hervorragendes Orchester ließ die Musik Tschaikowskys voll erklingen. Auch in den Gesangsszenen blieb die Musik beherrschend. Wenn die Sänger mit ihren Stimmen weniger glänzen konnten, so lag es daran, daß das Werk ein musikalisches Drama ist und die Melodien nicht so reichlich strömen wie in einer italienischen Oper. Um so mehr begeisterten uns die gekonnten Balletteinlagen.

Während der Pause verstärkte sich der Regen, und gelegentlicher Donner kündigte ein Gewitter an. Mit Befriedigung lehnte ich mich auf meiner Bank zurück. Diesmal mußte ich keine Sorge haben um Boot und Anker. Unterdessen verstärkte sich der Wind hörbar und übertönte stellenweise sogar das große Orchester. Etwa eine halbe Stunde vor dem Finale heulte der Sturm mit solcher Wut um die Mauern der Burg, und der Donner krachte so laut, daß der Kontakt zwischen Musikern und Sängern verlorenging, vom Publikum ganz zu schweigen.

Bald darauf begann ein Wolkenbruch. Immer lauter prasselte der Regen auf das Plastikdach. Bald stürzten ganze Bäche zwischen den Plastikplanen herab, die vom Wind immer wieder hochgerissen wurden. Wasser ergoß sich auf Bühne und Orchester. Einige Sänger liefen in die Kulissen, andere versuchten, ihren Part weiterzusingen. Doch als das Orchester aus Angst um seine Instrumente die Flucht ergriff, verschwand auch die letzte Sängerin. Arbeiter versuchten, wertvolle Teppiche und Requisiten vor Nässe zu schützen. Schließlich erhob sich das Publikum und suchte die Ausgänge. Die Vorstellung war zu Ende.

Noch nie in der über 60jährigen Geschichte der Festspiele hatte eine Aufführung abgebrochen werden müssen. Dieses Wetter sprengte alle normalen Verhältnisse. Bedrückt suchten wir unsere Fahrräder und strampelten völlig durchnäßt zum Hafen zurück. An Bord erwartete uns eine von der langen Reise erschöpfte, aber glückliche Nadja. Sie hatte es sich schon einigermaßen gemütlich gemacht, selbst das Unwetter hatte ihre gute Stimmung nicht beeinträchtigen können. Sie war eine anpassungsfähige und einfühlsame Begleiterin, und wir freuten uns, sie an Bord zu haben.

Wir gehen in die Luft

Nadja führte von Anfang an ein Tagebuch und erlaubte uns, Auszüge davon wiederzugeben.
„9. Juli: absurde Reise mit Flugzeug, Bus, Zug u.s.w. Somnambulischer Zustand. Unglaublich vertraute Landschaften. Schlafen, schlafen, schlafen und den Ärger der letzten Wochen hinter sich lassen. Den Schlüssel zur SOLVEIG geholt und nach viertelstündigem Suchen helle Begeisterung über das komfortable Boot. Jause bei gemütlichem Kerzenlicht. Fühle mich verdächtigerweise wie zu Hause. Regen, Blitz, ziemlich nasse Füße... Endlich erscheinen meine durchgenäßten, überaus netten Gastgeber unter Blitz und Donner auf ihren Klapprädern. Bin ich froh!
Bekomme unter anderem eindrucksvollste Erklärung über Handpumpe, die das Klospülen zu einem einmaligen Erlebnis macht. Noch nie so viel nachgedacht, wie man ein selbstgemachtes Häufchen wegbekommt. Das Boot und meine Kajüte sind so etwas von gemütlich, entzückend, genial! Aus lauter Begeisterung werde ich aufsässig."
Nach dem Unwetter folgte ein weiterer Schreck. Als ich eine neue Crewliste für die bevorstehende Einreise nach Rußland eingetippt hatte, bemerkte ich, daß mein Laptop nicht mehr drucken konnte. Alle Versuche scheiterten, auch die Überprüfung von Drucker und Kabeln brachte nichts. So blieb nur der Weg in ein Fachgeschäft, wo man vielleicht das System neu einspielen konnte. Wir machten uns auf die Suche.
Das Wetter war noch windig und kühl, aber der Himmel licht und klar, was uns, beladen mit Computer, Drucker und etlichen Disketten, die Suche nach einem Spezialgeschäft erleichterte. Leider stellte sich nach eingehender Erprobung heraus, daß das Gewitter auch bei mir eingeschlagen hatte: Der Druckerausgang war durch Blitzschlag zerstört: ein endgültiger Schaden, denn für mein Billiggerät gab es in Finnland keine Ersatzteile. Ich war ziemlich geknickt. Erstens brauchte ich gelegentlich ein gedrucktes Blatt, zweitens kann ich es nur schwer ertragen, wenn irgendein Gerät an Bord nicht funktioniert. Natürlich konnte ich jetzt auch kein Fax mehr versenden. Zornig packte ich den Drucker in eine finstere Ecke.
Zur Ablenkung wurden wir aktiv, um den vielleicht einzigen Sonnentag in Savonlinna zu nutzen. Wir charterten ein Wasserflugzeug, das halbstundenweise vermietet wurde. Mit Leica, mehreren Objektiven und einer Filmkamera bewaffnet, zogen wir gegen 13.00 Uhr zum Anlegeplatz der Maschine und packten unsere Geräte neben die engen Sitze. Der Pilot war davon nicht eben begeistert, zumal wir auch ein Fenster öffnen wollten. Vermieter stellen sich gern auf den Standpunkt, daß, wer viele und zudem noch professionelle Fotos macht, möglicherweise hinterher damit Geld verdient, folglich mehr bezahlen sollte als ein Feriengast. In diesem Fall hatten wir, dank einschlägiger Erfahrung, unseren Piloten vorher so festgelegt, daß ihm kein Spielraum für eine Preiserhöhung blieb.
Schon der Start zwischen der Stadt und den Inseln war ein Erlebnis, aber wir mußten uns auf die Kameras konzentrieren. Angelika war mit Filmen beschäftigt, und ich wollte endlich die finnische Seenlandschaft aus der Luft ablichten. Der Blick von oben war dann aber so hinreißend, daß ich fast das Fotografieren vergaß. Es tat richtig weh, durch den Sucher zu starren, statt mit beiden Augen gelassen die Schönheit dieser gigantischen Natur einzusaugen.
Am Abend gingen wir zusammen mit Nadja in den *Fliegenden Holländer*. Schon während der Ouvertüre war zu hören, daß das Orchester der Festspiele mit dem der St.Petersburger Oper nicht konkurrieren konnte. Das war schade,

denn die Sänger, allen voran der finnische Weltstar Matti Salminen als Kapitän Daland, begeisterten das Publikum mit ihren herrlichen Stimmen. Eine besondere Delikatesse für mich als Segler boten die seemännisch gekonnten Darstellungen von Chor und Statisten, die in der romantischen Burgszenerie die Masten enterten und sich auch sonst so benahmen, daß die Seefahrersaga glaubhaft wurde.
Der Tag danach wurde bei strömendem Regen zum reinen Arbeitstag. Ich schrieb einen Brief und die notwendige Crewliste auf Diskette, ging dann in den Computerladen und bat die nette Bedienung, mir die Texte auszudrucken, den Brief zu faxen und die Crewliste mehrfach zu kopieren. Damit hatte ich den Schaden zunächst ausgebügelt. Angelika freute sich ohnehin, daß der ungeliebte Computer endlich in eine Ecke verbannt wurde.
Nadja brannte darauf, mit uns in die Seenlandschaft hinauszufahren. Bisher hatten wir jeden Tag verhältnismäßig große Entfernungen zurückgelegt. Von nun an wollten wir mit unserem Gast und zur eigenen Freude einige besonders attraktive Orte oder Landschaften gezielt anlaufen, um längere Besichtigungen und Landgänge zu genießen.
Am Morgen schien die Sonne, dem Ablegen stand nichts im Wege. Nadja war sehr aufgeregt, was mich freute. Nichts ist schlimmer, als einen gleichgültigen Gast an Bord zu haben, der so tut, als ob er eine Omnibusreise gebucht hätte. Nadja erlebte jeden Vorgang intensiv, ob sie die Arbeit nun verstand oder nicht. Sie bemühte sich immer zu helfen. Aber Angelika und ich sind so aufeinander eingespielt, daß höchstens der eine oder andere Handgriff hilfreich ist; außerdem waren uns die Hände der Pianistin heilig.
Um 09.30 machte Angelika die Leinen los. Der Wassertank war gefüllt, jede Batterie am Netz geladen. Nur Diesel mußten wir noch bunkern. In der Nähe des Hotels, hinter Bäumen gut versteckt, stand eine Zapfsäule. Wir ließen 293 Liter Diesel für 220 Mark in die beiden Tanks laufen. Wie freundlich war dieses Land zu seinen Wassersportlern! In Deutschland werden Versuche einer Erleichterung für Sportschiffer oft schon in der Planungsphase erstickt. Mißgunst ist das Motiv und Unverständnis dafür, daß mehr Wassersport weniger Autoverkehr bedeutet und mehr Arbeitsplätze in der Umgebung.
Der Himmel meinte es nicht gut mit uns. Mittags setzte wieder Regen ein, die Luft wurde grau. Viel lieber hätte ich Nadja die Seen bei Sonne gezeigt. In der Kajüte wurde es so kühl, daß wir schon wieder an Heizung dachten, aber der Motor schaffte bald die nötige Wärme. Wir steuerten zuerst südwärts, dann nach Osten. Das Ziel für diesen Tag hieß Punkaharju, eine schmale Landbrücke zwischen zwei Seen, über die eine Bahnstrecke und eine Straße führen. Punkaharju wurde in allen Prospekten und im Reiseführer als landschaftliche Sensation aus der Eiszeit beschrieben, deshalb hatten wir uns diesen Höhepunkt für den Anfang unserer Rundfahrt mit Nadja aufgehoben.
Um 15.30 Uhr hinderte uns eine zu niedrige Straßenbrücke, die nicht in der Seekarte verzeichnet war, an der Weiterfahrt. Vielleicht war sie zu neu. Wir befanden uns in einem ausgewiesenen Fahrwasser, da mußte doch jemand in der Nähe sein, der die Brücke bedienen konnte! Ich ließ die Sirene ertönen, erst kurz und vorsichtig, dann länger und schließlich ärgerlich lange. Nichts geschah. Die Skandinavier und speziell die Finnen sind so zurückhaltend, daß sich niemand ungefragt in die Angelegenheiten anderer mischt. Das war immer sehr angenehm gewesen und hatte uns zu vielen ruhigen Stunden in den Gasthäfen verholfen. Doch diesmal mußte ich einen Fußgänger alarmieren: Selbstbedienung hieß das Zauberwort! Das „Wie“ hatten wir nicht entziffern können, denn der Vorgang war nur in Finnisch auf einer Tafel beschrieben. Der freundliche Herr half uns sehr liebenswürdig, und die Brücke ging auf. Es war

mir absolut neu, daß Bootsfahrer eine Straßenbrücke, über die doch einiger Verkehr lief, selbst bedienen durften. Möglich ist das nur in einem so dünn besiedelten Land mit sehr disziplinierten Skippern.
Gegen 17.00 Uhr machten wir bei Punkaharju fest, konnten aber nicht erkennen, was dem Ort zu solcher Berühmtheit verholfen hatte. Verwirrt nahm ich den Prospekt zur Hand. „Eine Landschaft wie im Bilderbuch", stand darin und: „Punkaharju ist die Nationallandschaft der Finnen." Was es tatsächlich dort gibt, ist ein sieben Kilometer langer, sehr schmaler Kiesrücken, der sich durch die Seen zieht wie ein gewundener Bahndamm - und ein solcher ist es auch, denn auf dem Rücken und den dazwischenliegenden Brücken verlaufen Bahngleise und Straße. Ob die Tatsache, daß Reisende vom Bus oder vom Bahnwaggon aus während der Fahrt auf die Seen blicken können, der Gegend zu derartigem Ruhm verholfen hatte? Ein großer Wasserturm steht auf einem Hügel, von dem man, so hieß es, einen märchenhaften Blick auf die Landschaft hätte. Also machten wir uns auf den Weg und stiegen nach einer halben Stunde über unzählige Stufen auf den Turm. Trübe Scheiben ließen gute Sicht nicht zu, auch stand der Turm vom See so weit entfernt, daß der Eindruck der Inseln und des Wassers bis zur Undeutlichkeit verwischt wurde. Enttäuscht kehrten wir an Bord zurück. Aber vielleicht taten wir dem berühmten Ort unrecht? Schließlich kommen die meisten Touristen nicht mit dem Boot, sondern mit Auto, Bus oder Bahn. Sie haben nicht wie wir die Seenlandschaft den ganzen Tag vor Augen.
Ein Blick auf die Karte zeigte, daß in geringer Entfernung von Punkaharju einige spektakuläre Felsen zu finden waren. Bald steuerten wir in so einen romantischen Winkel, der Nadja begeisterte. Noch größer wurde die Freude, als wir eine dahinter liegende Bucht entdeckten, in der eine erstklassige Landungsbrücke auf Besucher wartete. Wir unternahmen einen gemeinsamen Spaziergang am Wasser entlang, und Nadja fand zu ihrer Freude einen Birkenpilz. Erinnerungen kamen bei ihr auf: an die Urlaubswochen in der Kindheit, die sie mit ihren Eltern im russischen Teil von Karelien verbracht hatte. Bei uns hatte sie sich rasch eingelebt. Ihre Ausstrahlung und Vitalität, ihre Hilfsbereitschaft waren so stark, daß ihre seemännische Unerfahrenheit kaum ins Gewicht fiel. Wir waren glücklich, eine so interessante Künstlerin und Freundin bei uns an Bord zu haben.
Aus Nadjas Tagebuch vom 12. Juli: „Ich sitze im nördlichen Teil des Garten Eden. Die Herrlichkeit der Schöpfung gewinnt hier wieder ihre unbedingte Kraft. Die Nacht hat keine Rechte mehr, und das ewige Licht breitet sich versöhnlich und widerspruchslos über den Spiegel des stillen Wassers. Das Wiedersehen mit Kiefern, Birken, stillen Gewässern, Pilzen, finnischen Holzhäuschen und hellen Nächten hat mich in einen Zustand übertriebenster Entzückung gebracht, so daß es mir schon peinlich wird. Sogar die Mückenstiche rufen nur neue Nostalgieschübe hervor. Kurz: Ich bin in die Umgebung meiner glücklichen Kindheit versetzt und kann mich nochmals überzeugen, wie überaus lieb mir manche Pflanze oder Luftbewegung geblieben ist."

Kunst unter Tage

Das Wetter blieb unverändert schlecht, deshalb beschlossen wir, das Kunstzentrum Retretti zu besuchen. Für Nadja war interessant, daß dort auch Konzerte stattfanden, und das offenbar in ganz außergewöhnlichen Räumen, in einer Höhle tief unter der Erde. Zusätzlich wurde eine Ausstellung mit Goldschätzen der Zaren angekündigt.
Wir hatten lediglich die sieben Kilometer des eiszeitlichen Dammes entlangzufahren und kamen an seinem anderen Ende zu einer Ortschaft mit dem merkwürdigen Namen Tuunaansaari. Vom Gästehafen waren es nur ein paar

hundert Meter zum unterirdischen Kunstzentrum. In Wirklichkeit handelte es sich um ein natürliches Höhlensystem, durch das wir, treppauf und treppab, eine Stunde lang wandern konnten, mit gelegentlicher Aussicht auf unterirdische Wasserläufe und Teiche, die, von Scheinwerfern angestrahlt, eine fast magische Wirkung ausübten. Glanzstück der wirklich einmaligen Anlage war der große Konzertsaal in einem gewaltigen Gewölbe, den man mit dem berühmten finnischen Sinn für modernes Design ausgestattet hatte. Auch dieser Saal wurde von farbigen Scheinwerfern in ein märchenhaftes Licht getaucht. Am Schluß schoben wir uns noch durch die hoffnungslos überfüllte Ausstellung der russischen Goldschätze.

Als wir zum Boot zurückkehrten, nahm der Wind zu, wieder wurde das Wetter zum Unwetter, bis der Sturm schließlich mehr als acht Windstärken erreichte. Wir hatten in einer sehr schmalen Fahrrinne zwischen dem berühmten Damm und dem Anleger festgemacht, waren also gegen Wellen geschützt wie auf einem Gartenteich. Drei andere Yachten aber, die nur locker zwischen Anker und Brücke lagen, brachte der Sturm in arge Bedrängnis. Ihr Anker hielt dem Winddruck nicht stand, sie wurden gegen die Pfeiler des Anlegers gedrückt. Selbst ein Passagierschiff, das an der nahen großen Brücke angelegt hatte, konnte sich dort nicht mehr halten und mußte für die Dauer des Sturms, etwa zwei Stunden, auf den See hinaus fahren.

Wir hatten einen Nachbarn, dessen Anker ebenfalls nicht hielt und der deshalb in aller Seelenruhe seinen Festmacher zu unserer Bugklampe ausbrachte. Das wiederum war für unseren Anker zuviel, und wir gerieten selbst in Bedrängnis. Nur durch das Ausbringen eines zweiten Ankers und durch Fieren und Dichtholen von Festmachern konnten wir eine Havarie vermeiden.

Unsere Hoffnung, daß sich das Wetter am nächsten Tag bessern würde, erfüllte sich nicht. Bei Windstärke vier bis fünf schlugen uns auf einem größeren See die Wellen kräftig entgegen. Ich wich deshalb in einen Seitenarm aus, wo wir auf schmalem Wasser ruhig durch die Wälder gleiten konnten. Dennoch fand ich die schmalen Fahrwasser mit ihren scharfen Biegungen und urigen Felsen dramatischer als die großen leeren Flächen. Die Insellandschaft hätte uns eigentlich auf die Dauer langweilig werden müssen, aber der Natur gelingt das Wunder, jede Durchfahrt, jedes Uferstück anders zu gestalten und uns immer wieder in Staunen zu versetzen.

Nadja: „Obwohl meine Gastgeber über das Wetter nicht glücklich sind und so manches foto- oder filmgünstige Licht vermissen, bin ich persönlich unendlich fasziniert - von der Düsternis, der nordischen Kargheit, der bedrohlichen Herrschaftlichkeit der Felsen, von den unzähligen Inseln und der schweren, undurchsichtigen Wassermasse. Erstaunlich ist, wie unbewohnt die dicht bewachsenen Ufer aussehen - die Finnen sorgen gesetzlich dafür, daß direkt am Ufer nicht gebaut wird. So sieht das Ganze unheimlich archaisch aus, in stille Schweigsamkeit gehüllt, die seit Jahrtausenden über den felsigen Inseln zu schweben scheint. Wenn man am Bug liegt und konzentriert - nicht zu weit - nach vorne schaut, empfindet man sich sehr bald als Teil des Bootes. Ich muß dann an diese Sage vom Fischweib aus Haithabu denken. Die Möwen setzen sich immer wieder auf rote und grüne Säulen, die uns den Weg zeigen.

Der Raum bewegt sich eindrucksvoll - nach Kleininseln kommt ein unendlicher Korridor, wie eine Zimmerflucht im Schloß, die sich so unerwartet wie eine Umarmung öffnet. Ich glaube, ich könnte monatelang durch so eine Gegend vor mich hinsegeln, ohne überhaupt etwas zu vermissen. Ich denke an den nächsten Ankerplatz mit Widerwillen, möchte gern, daß die Reise unendlich lange dauert.

Nach siebenstündiger Fahrt doch einen Anker-

platz aufgesucht, der zunächst etwas undeutlich aussah, sich später aber als Wunderschauplatz erwies: Ein Regenbogen, unverschämt perfekt in Form und Farbe, stieg vom Wasser zum Himmel auf. Danach folgte ein unbeschreibliches, zweistündiges Lichtspiel. Ich konnte nur schwer wilden Freudenschrei unveröffentlicht behalten und bin fast durchgedreht vor lauter Begeisterung.
Die Crew arbeitet wie ein Uhrwerk - ich tue nichts, esse immer mehr und lasse über mich stolpern. Hoffentlich fällt es nicht zu ärgerlich auf. Außerdem: Der Vorrat an Wodka, Rum, Gin und dergleichen schmilzt wie der Schnee im Frühling. Peinliche Situation. Schlafen kann man gar nicht, es ist so hell und schön draußen.
15. Juli: Noch ein herrlicher Tag hat mich verlassen. Großer Einsatz wegen des vermutlich geeigneten Lichts: Porträtaufnahmen. Schrecksekunden bei der Einstellung der Kamera: Nach mir vertrauten irdischen Gravitationsgesetzen hätte Rollo zweifellos ins Wasser fliegen müssen, tat es aber nicht. Nach kurzer Fahrt, die als Nebenwirkung Filterkaffee gebracht hat, sind wir in Sulkava angekommen. Der erste Blick hat einen etwas bescheidenen und charakterlosen Eindruck gebracht, aber bald habe ich mich in die verträumte Stille einfühlen können.
Verträumte Ufer des Seeärmels mit Hunderten von verwunschenen Badeplätzen - überall Boote, schöne Brücken, Holzhäuser wie aus meiner Kindheit, Birken, Weiden, Hagebutten und weitere Bestandteile meines Urbilds von der Natur. Auch eine bedrückend schlichte Holzkirche, die mich doch sehr gerührt hat in ihrer blau-grauen Kargheit. Die Finnen faszinieren mich immer mehr mit ihrer auffallend liebevollen Ordnung, Sauberkeit, Rücksicht auf die Natur und den Nächsten. Die Birkenpilze, über die ich bis zum Umfallen gestolpert bin, sind in der Küche gelandet. Es folgte ein Sauna-Abend mit Angelika und ein interessantes Gespräch am Tisch. Ich hoffe, ich bin nicht beleidigend frech oder respektlos gewesen, da zuviel Gin getrunken und zu geradlinige Fragen gestellt. Sollte weniger trinken, mehr abwaschen, mehr zurückhalten, weniger Maul aufreißen und weniger fressen."
So unbedeutend Sulkava schien, die Ausstattung des Gästehafens war vorbildlich: Sauna, WC, Dusche, Abfallbehälter, Waschmaschine, Wasserleitung und dahinter am Park ein nettes Restaurant. Hier hatte vor wenigen Tagen eine Regatta mit traditionellen hölzernen Ruderbooten stattgefunden, und an den Ufern lagen noch einige dieser außergewöhnlich schönen und eleganten Boote. Wie harmonisch doch die Linien ihrer Kiefernplanken waren und welche Schönheit sich darin verbarg! Heute wird die Schale dieser klassischen Boote aus Kunststoff nachgebaut, doch geht dabei viel Eleganz verloren, denn Holz lebt und hat Charisma.

„Fast zu Tode gefilmt"

Bei Sulkava, und deshalb hatte ich diesen Kurs gewählt, sollte ein besonders grandioses Naturschutzgebiet liegen. Unsere Erkundigungen ergaben, daß wir mit dem Boot hingelangen konnten. Wie es im Prospekt hieß, sollten die Felsen dort 55 Meter über den Wasserspiegel emporragen. Diese Ankündigung allein weckte soviel Neugierde, daß ich schon am Vormittag den Motor startete und Kurs auf das Naturschutzgebiet Linnavuori nahm. Nach einer Stunde hatten wir die Insel, auf der Sulkava liegt, gerundet und die in der Karte verzeichnete Stelle gefunden. Alle unsere Erwartungen wurden weit übertroffen.
Nadja: „16. Juli. O-ho-ho, der Tag war lang! Unvergleichliches Vergnügen, während der Fahrt am Bug zu sitzen. Sehr windiger Platz allerdings. Bald angekommen am geplanten Felsen Linnavuori. Mein Gott, ist das ein Ort! Mächtige Steine aufeinandergetürmt mit allerlei Moos, grau bis grünlich-gelb bewachsen. Dichter Wald, Heidelbeeren und Pilze.

Unheimliche Steinlabyrinthe, hundert Waldwege und klares Wasser rundum. Hier werde ich mich morgen ganz schwer zur Weiterfahrt losreißen. Angelika hat sich fast zu Tode gefilmt - ausgerutscht und hingefallen. Aber alles war sehr gründlich organisiert, Angelika hat über Funkgerät den Kapitän kommandiert, und das Boot hat daraufhin gehorsam einen bizarren Tanz auf dem Wasser ausgeführt. Sieht von oben ganz schmuck aus - die breitstirnige Schnauze hat einen gutmütigen und treuen Ausdruck, und die übrige Statur wirkt trotz einer gewissen unaufdringlichen Eleganz sehr heimelig und überhaupt nicht eitel. Und wie es nach Befehl der Herrin mit dem Kapitän im Bauch gekreist und geglitten hat!
Ich bin in eine geduldige Sammlerin aus der Steinzeit verwandelt worden, und ein Eimer Heidelbeeren war das Ergebnis. Beinahe vergessenes Glück: die Heidelbeersträucher mit den Fingern zu kämmen wie die Haare eines Geliebten. Der Sonnenuntergang war zuerst ein Brand, dann ein Farbenspiel von Lila bis ins Blutrote. Es nieselt. Meine Seebären machen gerade einen Selbstmordversuch - der Schlafraum ist voll mückenfeindlichem Rauch in überdimensionalen Mengen, von Rollo veranstaltet. Mutige Angelika ist zugestiegen, wie eine treue Frau dem Mann auch auf den Scheiterhaufen folgt..."

Auch ich war überwältigt von diesem spektakulären Ankerplatz. Steil ansteigend, verlief der Pfad zunächst zu einem Felsplateau oberhalb des Landestegs. Hinter dem Plateau befand sich ein Grillplatz und eine offene Hütte. Über einen schmalen Steig im Fels und über eine lange Holztreppe gelangte ich an einer Felswand in die Höhe, bis zu den Ruinen einer alten Befestigungsanlage, die älter als tausend Jahre war. Von dort führte ein Waldweg mit etwas weniger Steigung hinauf zum höchsten Punkt des Felsmassivs, von wo ich einen absolut traumhaften Rundblick über die Gewässer tief unten und die Wälder ringsum hatte. Die Felsen fielen nach drei Seiten hin senkrecht ab.
Die Region hatte noch andere Reize aufzuweisen. Von der Landungsbrücke aus konnte man auch parallel zum Wasser durch die Felsen klettern und kam dann durch einen Höhlengang auf der anderen Seite zu einer zweiten Brücke. Statt einer glatten Wand waren dort die Felsen gebrochen, riesige Trümmer mit einzelnen Bäumen darauf hatten sich in den Spalten festgeklemmt und bildeten ein unheimliches Gewirr: wie die Trümmer einer mächtigen Burg. Diese Seite war eher beklemmend und düster, mit ihren Schluchten und Spalten in der Dämmerung sogar unheimlich. Tatsächlich blieb uns Angst nicht erspart, Angst um Nadja, die sich „in die Pilze" abgemeldet hatte und zwei Stunden verspätet zum Essen kam. Sie hatte sich regelrecht verlaufen.
Obwohl der Platz von der Straße aus in halbstündiger Wanderung erreicht werden konnte, lag keine Gaststätte in der Nähe. Abgesehen von der Treppe waren auch keinerlei Sicherungen wie Geländer oder Haken angebracht. Nur so konnte der natürliche Zustand der Landschaft erhalten bleiben. Deshalb ist Linnavuori für Omnibusse nicht besonders interessant und trotz seiner überwältigenden Schönheit ein Geheimtip geblieben.

Der pünktliche Wasserfall

Das Wetter war sehr wechselhaft; minutenweise riß die Wolkendecke auf, gleißende Sonne ließ die Konturen von Bäumen und Steinen scharf hervortreten, der See leuchtete blau. Doch wenig später zog sich der Himmel wieder zu, düsteres Licht und der kalte Atem des Windes ließen mich erschauern. Es rauschte in den Ästen der mächtigen Kiefern, und die Steine wurden naß und glitschig vom Regen. Vielleicht aber ließ uns gerade die rauhe Witterung die Natur noch intensiver erleben, als es viele Tage mit Sonnenschein vermocht hätten. Ich habe Angelika selten so glücklich gesehen wie

an diesem Platz und habe mich selbst kaum anderswo so sehr mit der Natur verbunden gefühlt.
Doch um 11.00 Uhr nahmen wir im Zeitlupentempo die Leinen von den Pollern und steuerten noch einmal ganz dicht an den Felsen entlang. Das Wasser war an dieser Wand ziemlich tief, und ich konnte bis auf zwei Meter herangehen. Dabei gelangen Fotos von besonderem Reiz, mit dem Blick auf Bäume, die sich mit ihren Wurzeln auf dem scheinbar nackten Fels festgekrallt hatten. „Trinkt, ihr Augen, was die Wimper hält, von dem gold'nen Überfluß der Welt..." schrieb ich in mein Heft.
Endlich war es wieder sonnig und die Fahrt ausgesprochen gemütlich. Angelika lag auf dem vorderen Deck, Nadja putzte die Pilze, die sie gesammelt hatte. Unsere Entsalzungsanlage ließ ich den ganzen Tag über laufen, damit die Tanks sich nach der Liegezeit wieder füllten. Nadja hatte keine rechte Vorstellung, daß Wasser knapp werden könnte, und seit sie das Geschirr spülte, war der Verbrauch sprunghaft gestiegen. Ich war stolz, daß ich genügend Nachschub liefern konnte.
Am Nachmittag verschwand die Sonne völlig, die Wasserfläche des Saimaa-Sees lag bleiern vor uns, die Wälder in der Ferne bildeten einen schwarzen Streifen. Melancholische Gedanken zogen mir durch den Kopf, weil die wunderbare Zeit in Finnland zu Ende ging. Ich hatte das Tempo verschärft, wollte wegen des Termins für den Saimaa-Kanal, dem wir uns wieder näherten, kein Risiko eingehen. Um 20.00 Uhr lief ich in den Gästehafen von Imatra ein, eine Stadt an der Grenze zu Karelien und für Nadja der Ort mit der größten Nähe zu ihrem Ferienort in Russisch-Karelien. Auch ich war als Schüler hier gewesen, konnte mich aber nur noch an den berühmten Wasserfall erinnern, der damals zu meiner großen Enttäuschung kein Wasser führte.
Auch in unserer letzten finnischen Stadt hatten wir nochmals richtiges Mistwetter. Es goß so stark, daß wir uns ernsthaft überlegten, ob es überhaupt Sinn machte, den sehr weitläufigen Ort zu besuchen. Wir holten aber doch die Fahrräder heraus und strampelten auf langen Wegen an einem breiten Fluß entlang, der jetzt, mit soviel Wasser, eher aussah wie ein Strom. Es war der Vuoksi, der Grenzfluß zu Rußland. Aus eigenem Interesse, aber auch um Nadjas Karelien-Erinnerungen aufzufrischen, gingen wir ins Freilichtmuseum. Es erinnerte an das traurige Schicksal Kareliens, das 1918 an die Sowjetunion fiel, 1941 wieder zu Finnland kam und 1944 abermals der Sowjetunion einverleibt wurde. Viele der Ausstellungsstücke wie Ziehbrunnen, Rauchsauna, landwirtschaftliche Geräte und Wagen standen im Freien, und es machte wenig Spaß, sie bei Regen zu betrachten. Der Bauernhof mit allen dazugehörigen Nebengebäuden war sehr liebevoll angelegt, eine Spende des Kraftwerks, und zeigte viele Einzelheiten des bäuerlichen Lebens von 1850 bis 1900. Man spürte die Trauer der Finnen um ihr Land, und auch Nadja war etwas bedrückt, denn sie fand es nicht gut, daß „ihr" Rußland den Finnen diesen Teil Kareliens genommen hatte. Vielleicht wäre unsere Stimmung bei Sonnenschein besser gewesen.
Jedenfalls war ich am Spätnachmittag so müde, daß ich mit Angelika zum Boot zurückfuhr und somit auch diesmal die berühmten Stromschnellen versäumte. Der Wasserfall läuft nämlich nur einmal am Tag, um 19.00 Uhr. Auf diese Weise werden die Touristen genötigt, in Imatra zu übernachten. Nadja blieb im Ort, um das Schauspiel aus nächster Nähe zu sehen.
Keine geringere als Katharina die Große war 1772 nach Imatra gereist, um das Naturwunder der Stromschnellen zu erleben. Damals schäumte das Wasser natürlich den ganzen Tag durch die kaum 20 Meter breite und damals noch 1300 Meter lange Schlucht. Was das Schauspiel so aufregend macht, ist die ungeheure Wassermenge, die aus den Seen über die Kante in eine 18 Meter tiefe Schlucht donnert.

Manchmal begegnen uns historische Passagierdampfer, eine Erinnerung an die Tage meiner Kindheit.

Und eben diese Wassermenge ist schuld daran, daß sich inzwischen nur noch einmal am Tag die stählernen Tore für das Wasser öffnen. 1929 nämlich wurde hier ein riesiges Kraftwerk gebaut, welches das gesamte Wasser in Strom verwandelt und erst am tiefsten Punkt des Tals wieder ausspuckt. Ein Schaden für die Natur? Wohl kaum, wenn man bedenkt, daß heutzutage alle Bahnen in Finnland elektrifiziert sind. Die inzwischen durch das Kraftwerk zu großem Wohlstand gelangte Stadt Imatra hat allein sieben Museen und acht große Hotels, von denen das vornehmste, das 1903 auf Wunsch des Zaren erbaute Staatshotel Valtion, selbst schon musealen Charakter besitzt.

Nadja schrieb: „18. Juli: sehr langes Frühstück, da draußen unverschämte Kälte und Regen. Zu dritt in die Stadt geradelt. Einkäufe, Filmen, arme Angelika mit abfrierenden Fingern, Regen, Wind und Verstimmung. Zum Schluß bin ich allein geblieben und habe mir die berühmten Schnellen in der Schlucht angesehen. Gewaltige Sache! Gierige weiße Zungen, Schaum, Dröhnen, Wasserstaubwolke, die mich mit kaltem Atem einhüllt - riesige Wassermenge, die das Flußbett und die Schlucht füllt. Ich bin froh, das gesehen zu haben. Auf dem Rückweg verirrt. Bei Sonnenuntergang wieder glücklich.“

Unglaublich stark waren die Eindrücke, die wir von unserer Kreuzfahrt durch die Finnische Seenplatte mitnahmen. Meine Erwartungen an diesen Teil der Reise wurden weit übertroffen. Die Traumlandschaft der Seen und Inseln dicht am Polarkreis hat wohl auf der Welt nicht ihresgleichen. Gelegentlich erinnerte sie mich an die Landschaft auf der Halbinsel Nova Scotia in Kanada, aber dort fehlten die vielfältige Gliederung der Küste und die unzähligen Inseln mit ihren endlosen Stränden und Felsufern. Vor allem aber fehlten die malerischen Städte und Dörfer, die Ankerplätze und Felsformationen, die das finnische Binnenmeer so bereichern.

Von Paris bis St.Petersburg sollte unsere Reise führen, um den Bogen so weit wie möglich von West nach Ost zu spannen. Trotz gewisser Risiken und einer Menge offener Fragen reizte uns dieser letzte Sprung in die Stadt der Zaren, in den für mich noch unbekannten Teil Osteuropas. Welche Abenteuer dort auf uns warten würden?

Mit Nadja nach Rußland 11

Mit Lappeenranta hatten wir den Absprunghafen zum Saimaakanal und damit auch nach Rußland erreicht. Vor der Weiterfahrt begleitete uns Nadja bei einem Besuch der alten Festung, denn dort befindet sich ein Museum über Vyborg, das uns interessierte. Schließlich wollten wir das heutige, russische Vyborg einen Tag später mit dem Boot ansteuern und besichtigen. Liebevoll haben die Finnen in diesem Museum das alte Vyborg nicht nur als Modell wieder aufgebaut, sondern alles, aber auch alles zusammengetragen, was sich an Erinnerungsstücken an den bedeutenden Hafen und die schöne Stadt noch finden ließ. Der Schmerz über den Verlust sprang einem mit jedem Stück ins Auge, ob es verbeulte Straßenschilder waren, Fotos, Werkzeuge, Urkunden oder das große Modell der gesamten Stadt, das in einer breiten Glasvitrine die Mitte der Räume einnahm. Hier war jede Straßenbahn, jede Brücke, fast jedes einzelne Haus im Kleinen nachgebaut und sorgfältig bemalt. Wahrzeichen Vyborgs war und ist das mächtige Schloß, das Torgil Knudson im 13. Jahrhundert erbauen ließ. Vyborg hatte immer zu Finnland gehört, auch dann, als ganz Finnland ein eigenständiges Großfürstentum im Zarenreich war. Selbst nach 1918, als große Teile Kareliens an die Sowjetunion fielen, blieb Vyborg finnisch. Erst im Winterkrieg 1940 nahm sich Stalin die zweitgrößte Stadt und den wichtigsten Holzhafen des Landes. Nach kurzer Rückeroberung durch Finnland wurde Vyborg 1944 endgültig Teil der Sowjetunion.

Viele tausend Holzstämme werden zu Wasser durch den Kanal transportiert.

Nadja hatte sich inzwischen hervorragend auf SOLVEIG eingelebt. Gerade weil sie ihre Meinung deutlich auszudrücken verstand, wurden unsere abendlichen Gespräche über Rußland und St.Petersburg, über Krieg und Frieden, Politik und Wirtschaft zur echten Bereicherung. Dabei entstand bei mir ein Gefühl der Verbundenheit mit den Menschen im heutigen Rußland. Ich entdeckte Ähnlichkeiten der Situation, wie wir sie in Deutschland nach dem Ende des Zweiten Weltkriegs erlebt hatten.
Nadjas Vater hatte in Estland unter dem sowjetischen System zu leiden gehabt, der Stalinismus drohte seine Familie zu zerstören. Sobald es ihr möglich war, hatte Nadja Heimat und Familie verlassen, lebte heute aber nicht ohne Schuldgefühle gegenüber ihren Angehörigen, obwohl sie alles nur Denkbare tat, um ihnen mit ihren bescheidenen Mitteln

zu helfen. Daher war auch sie aufs höchste erregt und verunsichert bei der Vorstellung, in wenigen Tagen nach St.Petersburg zurückzukehren. Welche Schwierigkeiten mochten auf uns warten? Weder auf See noch im Hafen waren wir vor Überraschungen sicher. Täglich mochten neue Vorschriften oder Einrichtungen auftauchen. Alle Hinweise, die wir erhalten hatten, waren mit einem dicken Fragezeichen und dem Zusatz „das kann sich natürlich jeden Tag ändern" versehen.
Noch einmal sah ich den Motor gründlich durch. Nicht nur normaler Ölwechsel war angesagt, sondern auch der Wechsel aller Filter für Luft und Kraftstoff. Daß der Tank bis zum Rand mit Diesel gefüllt wurde, versteht sich von selbst. Ich wollte möglichst nach St.Petersburg hinein und wieder hinaus kommen, ohne bunkern zu müssen. Zu gut erinnerte ich mich an das schwarze Dieselöl, mit dem die Russen ihre Motoren im Krieg angetrieben hatten.
Am Tag vor der Durchfahrt erledigte ich den vorgeschriebenen Anruf bei der Kanalgesellschaft und erhielt das freundliche Angebot, uns per Telefax den Lotsen nach Vyborg zu bestellen. Auf dem Rückweg sah ich an der Uferpromenade ein gutes neues Fahrrad im Wasser liegen. Typisch finnisch: Niemand machte Anstalten, es herauszuholen, obwohl es nur einen Meter tief lag. Fremdes Eigentum ist absolut tabu, auch wenn sich die Jungen, die es nachts wohl im Suff hineingeworfen hatten, noch nicht darum kümmerten.

Der freundliche Lotse

Am 21. Juli früh um 07.00 Uhr war es dann soweit. Mit klopfendem Herzen und einer gewissen Wehmut nahmen wir die Leinen an Deck und verließen den eleganten und gemütlichen Hafen von Lappeenranta. Das Wetter hatte sich endlich besonnen, die Sonne schien vom blauen Himmel, was uns den Abschied nicht leichter machte. Alles lief wie am Schnürchen, wir hatten keine Probleme im Kanal. Das Frachtschiff FREYA aus Leer begegnete uns, aber niemand bemerkte dort den Nachbarn aus Papenburg; schließlich galt die Aufmerksamkeit im Kanal anderen Dingen.
Um 14.00 Uhr hatten wir die letzte Schleuse bei Brusnitchnoe hinter uns gebracht. Dank Nadja verlief die russische Einklarierung nicht nur ohne Probleme, sondern mit jeder Menge Spaß. Mit dem sympathischen russischen Lotsen, der anschließend an Bord kam, entwickelten sich intensive Gespräche. Er war etwa Mitte vierzig, ein gut aussehender Mann mit einer sehr positiven Ausstrahlung. Da er auch englisch sprach, ließ er sich während der zweistündigen Fahrt meine halbe Lebensgeschichte erzählen und sich nicht nehmen, die SOLVEIG selbst zu steuern. Das hatte noch kein Fremder gedurft, und anfangs fürchtete ich, daß er die

Sorgfältig angebrachte Seezeichen machen in der Seenplatte das Navigieren leicht.

Maschine überlasten könnte. Aber er verhielt sich vorsichtig und nahm meine Korrekturen sofort an, wenn er gelegentlich „russisch“ mit Gashebel oder Kupplung hantierte.
Mein Herz wurde schwer, als er in den Hafen von Vyborg mit seinen verfallenen Gebäuden und Ladeanlagen steuerte. Was hatten 50 Jahre sowjetischer Verwaltung hier angerichtet oder unterlassen! Der Anleger für Segelboote, sicherlich noch aus der finnischen Zeit, lag vor einem Park, in dem ein kleines Haus stand, offenbar die Clubanlagen. Wir machten fest, und da der Lotse den Umstehenden sofort unsere „Geschichte“ erzählte, hatte sich schnell ein Kreis andächtig staunender Zuschauer gebildet. Es stellte sich heraus, daß wir anscheinend die erste westdeutsche Yacht waren, die Vyborg nach 1945 besuchte, denn Vyborg lag ja vor der Wende als wichtige Grenzbefestigung in einem streng geschützten Sperrgebiet. Der Lotse machte mich mit dem Sekretär des Segelclubs bekannt, verständigte später sogar die Zeitung wegen eines Interviews und bot seine Hilfe an, falls sich Fragen ergaben.
Ich bat ihn sogleich, für mich mit dem Lotsenamt zu telefonieren, wegen der Weiterfahrt am nächsten Morgen. Bevor er sich verabschiedete und versprach, noch einmal wiederzukommen, schenkte er mir ein Foto von sich - nackt auf

Freundin Nadja Rubanenko aus St. Petersburg

Für Finnen ist das Sommerhäuschen eine Selbstverständlichkeit.

Linnavuori: Anlegebrücke vor den Felsen, die mehr als 55 Meter über den Wasserspiegel ragen.

dem Eis. Sein Hobby war es nämlich, im Winter das dicke Eis aufzusägen und in dem Loch zu baden. Diese Abhärtung ist ja auch bei uns bekannt, aber sie scheint unter den besonders widerstandsfähigen Russen weiter verbreitet zu sein.

„In den öden Fensterhöhlen..."

Im Club sahen wir nur wenige Segelboote, und aus der einzigen größeren Yacht stieg ein Segler heraus, der dort zufällig gearbeitet hatte. Er erbot sich, uns bei einem Rundgang zu den Sehenswürdigkeiten der Stadt mitzunehmen, was wir gern annahmen. Unser Freund, er mochte Ende sechzig sein, hatte offensichtlich noch die besseren Zeiten der Stadt erlebt und wies immer wieder fast entschuldigend darauf hin, wie es hier oder dort früher ausgesehen hatte. Er war sichtlich bemüht, uns nur die einigermaßen erhaltenen Viertel zu zeigen oder Reste der alten Stadtmauer. Was ich aber sah, wirkte auf mich dennoch wie ein Schock. Am liebsten wäre ich wieder zum Boot zurückgegangen, denn dagegen war der bauliche Zustand der Städte in der früheren DDR vergleichsweise hervorragend gewesen. Ganze Straßenzüge mit Altbauten, die den einstigen Wohlstand ahnen ließen, waren unbewohnbar geworden. Allenfalls in den Kellern konnten noch Menschen hausen, die ihre Fenster mit Plastikbahnen verklebt hatten. Wir sahen eine Kirche, die hoffnungslos dem Verfall preisgegeben war. Viele der großen Mietshäuser waren völlig verlassen, ganze Fassaden eingestürzt; hinter den Fenstern gähnte die Leere wie seinerzeit bei unseren Kriegsruinen. Das Schillerzitat eines aus dem Heimaturlaub zur Truppe

zurückgekehrten Kameraden fiel mir ein: „In den öden Fensterhöhlen wohnt das Grauen..." Er bezog sich damals auf die von Bomben zerstörten Häuser, in denen er seine Familie gesucht hatte. Die Stimmung bei uns war jetzt ähnlich. Hier schien mir die Zeit seither stehengeblieben zu sein. Die Zerstörung hatte um sich gegriffen, auch ohne Krieg.
Erfreulicher zeigte sich endlich wieder ein Park, in dessen Mitte, auf einem Hügel, das Monument von Peter dem Großen stand. Es war unversehrt. Frei blickte er in die Weite und über das Land, das er für Rußland erobert hatte. Es war meine erste „Begegnung" mit diesem außergewöhnlichen Mann.
Nadja war gelöst und fröhlich, als wir an Bord zurückkehrten, auch ihre Anspannung war gewichen. Abends erhielten wir mehrere Einladungen zum Wodka, die zumindest Nadja teilweise annahm. Ich lehnte bedauernd ab, wegen der langen Fahrt, die uns am nächsten Tag bevorstand. Wir mußten einen großen Umweg in Richtung St.Petersburg auf uns nehmen, obwohl das Seegebiet nicht offiziell gesperrt war. Unser netter Lotsen sagte ganz klar, daß ich den für internationalen Verkehr im Finnischen Meerbusen vorgeschriebenen Wasserweg nehmen müsse. Das bedeutete drei bis vier Fahrstunden mehr und Ankunft in Kronstadt erst um Mitternacht. Polizei und Zoll machten dort 24 Stunden lang Dienst, versicherte er uns.
Als wir startklar waren, kam ein Reporter und bat um ein längeres Interview, das ich nicht ablehnen wollte. Auch mein Lotse erschien noch einmal und brachte ein sehr liebes Geschenk, eine ganz mit kräftigem Garn umflochtene Flasche, das echte Fancywork eines erfahrenen Seemanns, wie es früher auf langen Reisen angefertigt wurde. Mir standen für einen Augenblick die Tränen in den Augen. Diese Flasche sollte mich auf allen künftigen Fahrten begleiten. Ich habe die Russen immer für gefühlvoll und gastfreundlich gehalten, aber soviel Herzlichkeit hatte ich nicht erwartet.

Nachts im Kriegshafen Kronstadt

Der neue Lotse hatte lange warten müssen und wurde jetzt ungeduldig. Mit einer Stunde Verspätung verließen wir endlich den Hafen von Vyborg. In der schmalen Durchfahrt bei Vysotsk ging der Lotse von Bord. Hier fand auch eine Ausreise-Paßkontrolle statt, und ich war froh, daß unsere Visa für St.Petersburg gültig blieben. Von nun an waren wir wieder auf uns selbst gestellt. Dies wog um so schwerer, als ich eine Entscheidung zu treffen hatte.
Die kürzeste Route, die hinter den drei großen Inseln entlangführte und uns bei Seegang Schutz geboten hätte, durften wir keinesfalls nehmen. Aber wenn ich mich an die internationalen Zwangswege gehalten hätte, wäre ein weiterer Umweg von 25 Seemeilen nach Westen nötig gewesen, um ins Hauptfahrwasser nach Osten, nach St.Petersburg, zu gelangen. Dazu war ich nicht bereit. Ich riskierte vielmehr einen Kurs, der mich von der Insel Rondo, etwa zwölf Seemeilen südlich von Vysotsk, direkt nach Süden ins Fahrwasser nach Kronstadt bringen würde.
Ohne Nadja an Bord, die notfalls Auskunft geben konnte, hätte ich diese Umgehung der Vorschrift vielleicht nicht gewagt. So aber waren wir alle zusammen bester Stimmung, fühlten uns sehr stark und fuhren mit dreiviertel Kraft in den Finnischen Meerbusen ein. Eine Insel und ein Leuchtturm nach dem anderen konnten abgehakt werden, und um 13.30 Uhr hatten wir die letzte Landmarke, die Insel Rondo, achteraus gelassen. Fern am östlichen Horizont sahen wir zwei Stunden lang die Küste der drei Inseln, dann waren wir ohne Landsicht und steuerten nach Südsüdost, bis wir um 17.30 Uhr bei Tonne 10 das Hauptfahrwasser erreichten. Alle vier bis fünf Seemeilen passierten wir eine weitere der großen Tonnen, bis wir um 21.00 Uhr bei der letzten Tonne „St.Petersburgskij" angekommen waren, wo das Lotsenboot für die Großschiffahrt lag.

Solveig vor der Felswand im Reich der Trolle

Rechte Seite: Unendliche Licht- und Farbenspiele faszinieren immer wieder aufs neue.

Aus Nadjas Tagebuch: „Angelika hat sich fast zu Tode gefilmt …"

Unsere Spannung war von Stunde zu Stunde gestiegen, denn ich hatte nirgends erfahren können, wo in Kronstadt die Einklarierung stattfand. Erst bei Nacht würden wir dort ankommen. In Vyborg hatte man mir geraten, bei den Lotsen zu fragen, die es wissen mußten. Ausländische Yachten liefen St.Petersburg nur selten an, deshalb waren die Behörden kaum darauf eingerichtet. Die Berufsschiffahrt empfangen ein Lotse, die Behördenvertreter und vor allem der Agent, der alle Formalitäten bereits im Vorfeld geregelt hat. Diese Arbeit muß natürlich bezahlt werden, und das kann man sich auf einem Sportboot meist nicht leisten. Nicht nur deshalb sind Sportboote in großen Häfen wenig beliebt. Über Funk hatte Nadja für uns Kontakt aufgenommen, doch bis jetzt keine Antwort erhalten. Schon seit einer Stunde dümpelten wir in der Dämmerung neben dem Lotsenschiff, ohne daß man von uns Notiz nahm. Wir überlegten hin und her, denn wir wollten den Lotsen auf keinen Fall durch Ungeduld verärgern.
„Vielleicht hat er meine Frage nicht ernstgenommen, sondern erwartet, daß der Kapitän selbst mit ihm spricht?" gab Nadja zu bedenken. „Ich habe bestimmt nicht wie ein Fachmann gesprochen."
Also versuchte ich auf englisch mein Glück über Funk. Und siehe da, der Lotse meldete sich, allerdings in schnellem Russisch. Darauf war ich nun überhaupt nicht gefaßt, verstand natürlich kein Wort und gab entnervt auf. Und ich machte meinem Ärger Luft: „Was denken die sich eigentlich? Soll man hier auf jedem fremden Schiff Russisch verstehen? Nadja, versuch's noch mal. Frag' ihn, wo wir einklarieren können."
Das Gespräch dauerte lange, ich verstand nichts davon und wurde nervös. Es kamen Zwischenfragen an mich. Endlich die erlösende Antwort: Die Lotsen wollten eine Karte für uns zeichnen, damit wir in Kronstadt den richtigen Hafen fanden. Wir sollten warten, auf ein Zeichen zum Lotsenschiff kommen und die Karte abnehmen. Wieder war ich überwältigt von der Hilfsbereitschaft, der schlichten Güte der Russen. Von uns wurde Geduld erwartet, aber warum auch nicht? Wir hatten eine leichte Überfahrt bei ruhigem Wetter gehabt, und jetzt war es immer noch lange vor Mitternacht. Eine weitere Stunde drehten wir Kreise und erregten das Mißtrauen eines großen Wachboots, das auf uns zukam, dann aber wieder abdrehte. Schließlich winkte man uns von der Brücke des Lotsenschiffs, ich ging nahe heran, und an einer langen Stange mit Greifer wurde uns die Skizze herübergereicht. Handgezeichnet! So vorsichtig wie ein rohes Ei behandelte ich das wertvolle Papier, das uns hoffentlich den richtigen Weg weisen würde. Dankbar winkten wir den hilfsbereiten Lotsen zu und machten wieder „Dampf auf": noch 15 Seemeilen bis Kronstadt. Es wurde spät.
Trotz der Skizze suchte ich eine Weile, sah im Dunkel die Umrisse vieler Kriegsschiffe, Zerstörer und Fregatten. Endlich fand ich die Einfahrt in ein kleineres Hafenbecken, das ziemlich verfallen aussah. Nirgends Licht. Hier sollte die Einklarierung sein mit Polizei und Zoll? Ich steuerte innen an der Mole entlang und sah eine hölzerne Anlegebrücke, ein Bollwerk, dahinter ein Haus. Ich schob das Boot näher heran. Balken hingen herunter, verbogene Eisenteile stachen hervor. Das war gefährlich. Dennoch machten wir fest. Wütendes Hundegebell empfing uns, zwei wilde Bestien sprangen auf der Brücke herum. Ich betätigte die Sirene. Aus dem Dunkel trat eine alte Frau, schrie den Hunden etwas zu und wandte sich dann an uns. Wenn wir jetzt Nadja nicht gehabt hätten! Sie übersetzte: „Wir müssen wieder weg. Hier wurde bis vor kurzem abgefertigt, aber jetzt ist die Einklarierung für Yachten woanders: Um die nächste Insel herum und dort beim Leuchtturm in einem Yachthafen!"
Also Leinen los und weiter! Ich war sehr müde, hatte Mühe, noch vernünftig zu steuern und in

der schwarzen Nacht Tonnen oder Inseln auszumachen. Alle Gebäude und Hafenmauern verschoben sich so merkwürdig in der Perspektive. Gab es hier Strömung? Schiffe und Wachboote begegneten uns. Ich war in ständiger Angst, zwischen so vielen Kriegsschiffen, deren Umrisse durch Scheinwerfer oder Seezeichen schemenhaft beleuchtet wurden, in eine Sperrzone zu geraten. Einen Hafenplan von Kronstadt besaß ich nicht. Fast eine Stunde suchte ich herum, kreuzte hin und her. Schließlich hatte ich das richtige Hafenbecken gefunden. Doch von der Mole riefen uns zwei Angler etwas zu.

„Sie warnen uns vor Untiefen“, rief Nadja aufgeregt. „Es wird hier zu flach!“ Wir sollten umkehren. Tatsächlich zeigte das Echolot nur noch einen Meter. Ich sah voraus ein großes Minensuchboot an einer Brücke liegen. Dorthin steuerte ich, denn dort mußte genügend Wassertiefe sein. Ich ging längsseit heran, und Angelika machte an der Reling und an Klampen des Kriegsschiffes fest. Mir war klar geworden, daß wir in der äußersten Ecke des Finnischen Meerbusens mit einer gewissen Tide zu rechnen hatten. Es mußte wohl der Tidenstrom gewesen sein, der mir das Steuern so erschwert hatte.

Ein Zollbeamter kam auf den Minensucher und erklärte Nadja, wir sollten zurückfahren zur Mole, wo die Angler uns gewarnt hatten; dort sei der Anleger für die Abfertigung. „Nein“, sagte ich, am Ende meiner Kräfte. Weitere Manöver in der Dunkelheit wären zu gefährlich geworden, außerdem konnte an der Mole das Wasser tatsächlich zu niedrig werden, dann würden wir im Schlamm oder auf Eisenteilen aufsitzen.

Trotz unserer Müdigkeit waren wir begeistert, daß auch diese Beamten freundlich und nett reagierten. Sie bestanden nicht auf ihrer Routine und gaben meinem Wunsch nach. Wir durften am Minensucher bleiben, und sie kamen tatsächlich noch - es war inzwischen Mitternacht - zur Einklarierung an Bord. Nadja dolmetschte perfekt, welche Unterlagen benötigt wurden. Neben dem üblichen Papierkram wie Pässen, Crewlisten, Zoll-Liste und anderen Formularen, die wir auszufüllen hatten, mußte ich eine längere Erklärung auf englisch verfassen, daß wir das Boot zu rein privaten Zwecken einführten und innerhalb einer bestimmten Frist wieder auslaufen würden. Alle Maße und technischen Angaben über die SOLVEIG V hatte ich ebenfalls anzugeben. „Diese Erklärung“, übersetzte mir Nadja dann wörtlich, „ist von entscheidender Bedeutung und muß gut aufbewahrt werden.“ Ohne sie vorzuweisen, könne ich Rußland nicht wieder verlassen.

Es wurde spät - oder besser gesagt, früh, denn Mitternacht war längst vorüber. Nadja hatte den Beamten auch von unserer Irrfahrt durch den Hafen von Kronstadt berichtet und Auskunft erhalten. Wegen der „Sail 96“, dem großen Treffen der Windjammer, das vergangene Woche in St.Petersburg stattgefunden hatte, sei die Abfertigung hierher verlegt worden. Deshalb hatte uns der Lotse, der davon nichts wußte, an den falschen Platz gewiesen. Aber, so sagten die Zöllner, die Änderung sei nur vorübergehend, vor der Ausreise sollten wir uns deshalb erneut erkundigen.

„Wieviel muß man stehlen?“

Ich war fix und fertig, allein das gute menschliche Klima hielt mich aufrecht. Alle Dokumente wurden mit Stempeln geschmückt und abgezeichnet, und damit waren wir endgültig in Rußland eingereist. Auf mich wirkte das alles irgendwie irreal: Wir lagen in einem russischen Kriegshafen, einen grauen Minensucher mit Kanone und Torpedorohren neben uns - war ich denn wirklich in Rußland? Es herrschte doch kein Krieg mehr? Meine Gedanken verwirrten sich, ich fiel in schwere Träume.

Über den Minensucher kletternd, ging Nadja

Vyborg mit seinem alten Schloß – unser erster russischer Hafen

nochmals an Land, ins Büro zu den Beamten, und brachte ihnen ein ganzes Bündel Dokumente, die sie bei uns vergessen hatten. Sie rief im Yachtclub der Baltic Shipping Company an, bei dem wir seit Wochen angemeldet waren, um mitzuteilen, daß die SOLVEIG in Kronstadt angekommen war. Außerdem erkundigte sie sich, auf welchem Kurs wir uns St.Petersburg nähern sollten und wo der Club seine Liegeplätze hatte. Von Tatjana, der Lebensgefährtin des Clubsekretärs erhielt sie genaue Beschreibungen und Positionsangaben, aber ohne nautische Kenntnisse konnte sie diese nur notieren, nicht richtig verstehen. Nur soviel war sicher: Auf dem letzten Stück des Fahrwassers zum Club würde uns Alexander, der Manager, in einer Barkasse entgegenkommen.

Die Nacht war kurz und für Nadja noch kürzer, denn auch hier blieb eine Einladung zum Wodka nicht aus. Wir wurden zeitig geweckt von einer russischen Yacht, die gegen 05.00 Uhr ankam und bei uns längsseits ging. Ich nahm allerdings nur die Geräusche wahr, Angelika kümmerte sich um den Nachbarn und sah nach, ob alles in Ordnung war. Danach hatten wir die nächsten Stunden Ruhe und gönnten uns etwas zusätzlichen Schlaf.

Als wir morgens an Deck kamen, fragte der russische Skipper: „Wieviel muß man stehlen, um so ein Boot zu kaufen?" Auf unsere ausweichende Antwort meinte er: „Aus Deutschland seid ihr, na ja, da kann man das viele Geld dafür auch verdienen."

„Geht ihr auf Weltumsegelung?" wollte Angelika wissen.

„O nein - soviel Wodka könnten wir nicht mitnehmen", lachte er.

Während des Frühstücks besprach ich mit

Nadja den Kurs nach St.Petersburg. Die Entfernung bis zum Clubhafen betrug noch 15 Seemeilen, aber etwa auf halber Distanz sollte ich aus dem Hauptfahrwasser der Berufsschiffahrt in ein Nebenfahrwasser abbiegen und danach nochmals eine Kursänderung vornehmen. Das Hauptfahrwasser, auch St.Petersburger Seekanal genannt, war auf meiner deutschen Karte eingezeichnet. Aber nur dieses. Die internationale Karte zeigte keine Nebenkanäle zum Ansteuern der verschiedenen Flußmündungen und keine Angaben über die sehr geringen Wassertiefen zu beiden Seiten des Hauptkanals. Nur russische Karten enthalten diese Werte, dürfen aber nicht verkauft werden.
Wir waren deshalb auf die telefonischen Angaben von Tatjana angewiesen. Nadja hatte brav die Positionen für die Kursänderungen aufgeschrieben, und die übertrug ich nun in meine Seekarte. Der Meeresarm, an dem St.Petersburg liegt, heißt Nevskaja Guba, und in diese Bucht, früher alles Sümpfe, mündet die Newa mit mehreren Armen. An einem dieser Nebenarme, weit nördlich des Haupthafens, lag der Yachtclub, bei dem wir angemeldet waren. Was die Ansteuerung so schwierig machte, war einmal das flache Wasser, das uns zwang, bestimmte ausgebaggerte Zufahrten einzuhalten, und der Umstand, daß man die Einmündungen der Flußarme, von See kommend, nicht erkennen konnte. Nadja bat deshalb um einen Stadtplan, weil sie hoffte, sich anhand prominenter Gebäude zurechtzufinden.
Als wir uns der Stadt näherten, zeigte sich bald, daß St.Petersburg eine sehr breite und tief gegliederte Wasserfront besitzt. Als Landmarke tauchte ein großes Fußballstadion auf, und Nadja meinte, hier müßten wir in den Flußarm einfahren. Dort fanden wir tatsächlich ein Clubgelände mit Sportbooten und machten hoffnungsvoll fest. Als aber Nadja von ihrem kurzen Landgang zurückkam, mußte sie gestehen, daß dies nicht der richtige Club war.
Nach einem kurzen Imbiß steuerte ich wieder hinaus in die Bucht und in weitem Bogen nach Norden. Tatsächlich sahen wir bald darauf ein kleines Motorboot, auf dem uns ein Mann heftig zuwinkte. Das konnte nur Alexander sein, der Manager des richtigen Clubs! Er wies uns an, ihm zu folgen, und lotste uns zum Hafen des B.S.C. Yachtclubs, ein Stück landeinwärts in einer Flußmündung. Inmitten grüner Parkanlagen stach das Clubhaus mit seinem hohen Flaggenmast prominent hervor. Die Gegend ringsum machte einen freundlichen Eindruck, und wir erhielten einen sehr guten Liegeplatz zugewiesen.

Begegnung auf See vor St. Petersburg nach dem Ende der Windjammerparade

St. Petersburg 12

Tor zu Europa

Vortreffliche Stadt,
Begründet von Peter, unserem Zaren,
Erbaut zum Nutzen aller und zu Rußlands Zierde,
Gleich groß bereits den Städten, die da waren...

Wassilij Trediakowskij

Stolz schaukelte die Solveig an einem gewichtigen Ponton, der sonst nur der Berufsschiffahrt vorbehalten war. Meine Gefühle überschlugen sich: Wir waren wirklich angekommen, hatten den östlichsten Hafen unserer Europareise erreicht. Zusammen mit Alexander stießen wir mit Wodka an und bedankten uns für seine Lotsendienste, ohne die wir den Club kaum gefunden hätten. Alexander war ein drahtiger, dunkelhaariger Mann mit schmalem Gesicht und glich vom Typ her eher einem Italiener als einem Russen. Auch die Lebendigkeit und Wendigkeit des Südländers waren ihm eigen.

Er zeigte uns sein Büro mit Balkon und Blick auf den kanalisierten Fluß und erzählte, daß der Club anläßlich der Olympiade als Ruderzentrum erbaut worden und jetzt eigentlich viel zu groß war. Das ansehnliche, repräsentative Gebäude könne mit den gegenwärtig zur Verfügung stehenden Mitteln nicht erhalten werden. Anschließend unternahm er mit uns einen Rundgang durch die weitläufigen Anlagen mit schönen alten Bäumen und zeigte uns seine selbst eingebaute Dusche und Sauna.

Orthodoxe Pracht in der Zarenstadt

Das gesamte Gelände, einschließlich Hafen, war eingezäunt, und am Tor befand sich ein kleines Wachhaus, das Tag und Nacht besetzt war. Von der Stadt selbst waren wir etwa zehn Kilometer entfernt, dafür aber ringsum von großzügigen Parkanlagen und Wiesen umgeben, die alle zusammen Teile der olympischen Sportstätten gewesen waren.

Die „Sail 96“, das große Windjammertreffen, war eben zu Ende gegangen. Es hatte Schwierigkeiten gegeben, weil die Schiffe wegen der Stürme, die auch wir erlebt hatten, später eingetroffen waren als geplant. Für das kommende Wochenende stand noch ein anderes einmaliges Ereignis bevor, die 300-Jahr-Feier der russischen Flotte. „In der Newa liegen schon viele Kriegsschiffe“, erzählte Alexander, „und am Sonntag findet die große Parade statt.“

Das war eine freudige Überraschung für mich, denn seit meiner Kindheit hatte ich mich für die Kriegsflotten der großen Nationen stark interessiert. Nun würde sich Gelegenheit bieten, Einheiten der bisher ziemlich geheimen russischen Flotte zu sehen und vielleicht auch zu fotografieren.

Alexander erbot sich, uns gelegentlich im Auto mitzunehmen, wenn er tagsüber in die Stadt fuhr. Dankbar ergriff Nadja diese Möglichkeit,

Die Liegeplätze im B.S.C. Yachtclub

weil sie natürlich darauf brannte, noch am selben Tag ihre Familie und speziell ihren jüngeren Bruder wiederzusehen, der ebenfalls Pianist war. Er sollte uns mit ihr an Bord besuchen. Dabei kam mir der Gedanke, mit den beiden eine Fahrt auf der Newa zu unternehmen, um das Herz der Metropole vom Wasser aus zu erleben.

Ohne Flagge auf der Newa

Leider dürfen die Binnengewässer Rußlands von Ausländern nicht befahren werden. Ähnliche Regeln gelten auch in anderen östlichen Staaten. Ich fragte deshalb Alexander, ob man eine Genehmigung erhalten könne. Er meinte grinsend: „Fahrt doch einfach durch die Kanäle hinten herum in die Newa, aber setzt nicht die deutsche Flagge."
Mit dem eigenen Boot ins Herz von St.Petersburg zu steuern, den Winterpalast und andere Prachtgebäude vom großen Strom aus zu sehen - dieses Erlebnis war mir das Risiko wert. So wurde jeder Tag zu einem neuen Abenteuer. Jede Gelegenheit ergriffen wir, um einen kleinen Bereich der riesigen Metropole des einstigen Zarenreichs zu erkunden. Dabei nahmen Angelika und ich die Eindrücke durchaus verschieden auf, deshalb sollen sich auch die Sichtweisen in meiner Schilderung ergänzen.
Angelikas Tagebuch: „24. Juli. Rollo und ich schliefen heute nacht wie die Weltmeister, bis 09.45 Uhr. Um 10.00 Uhr stand Nadja samt ihrem 'Brüderchen' - so nennt sie ihn, obwohl er über 20 Jahre alt ist - am Kai. Ob wir bei dem schönen Wetter nicht Lust hätten, schon heute mit dem Boot...? Also ging es nach ausgiebigem gemeinsamem Frühstück im Cockpit mit Alexanders Karte in die Kanäle von St.Petersburg. Nach halbstündiger Fahrt über mehrere Abzweigungen öffnete sich plötzlich die Sicht auf den breiten Strom. In langer Reihe lagen die Kriegsschiffe, an Tonnen festgemacht, vor den Ufern. Ansonsten waren wir das einzige Boot weit und breit. Das heißt: St.Petersburg gehörte uns in dieser Stunde allein, und das im schönsten Sonnenlicht. Nadja genoß die Perspektive auf ihre Stadt in vollen Zügen. Daß

Zwei Schiffs-schnäbel ragen aus beiden Säulen der Admiralität.

Die Peter- und Paul-Festung

Rollo und ich ebenso begeistert waren, tat ihr wohl. Die Armut und der Verfall vieler Häuser und Anlagen, darunter einige einst noble Hausboote, schmerzten sie jedoch zutiefst."

Mit Nadja erlebten wir St.Petersburg in zweifacher Weise: Durch sie fühlten wir einerseits die Freude und den Stolz des Wiedersehens mit ihrer Heimatstadt, andererseits war es für uns überwältigend, mitten in dieser ungeheuren Pracht der Paläste, der wunderbaren Brücken und berühmten Bauwerke zu kreuzen. Dabei wurde meine Aufregung noch gesteigert durch das Bewußtsein, daß wir heimlich eingedrungen waren, obwohl die russische Flotte hier versammelt lag.

Ein U-Boot ankerte vor uns, nachdem wir dicht an dem berühmten Panzerkreuzer AURORA entlanggefahren waren, dessen Kanonenschuß damals das Signal zum Beginn der Revolution gegeben hatte. Langsam glitten wir vorbei an der Peter-und-Paul-Festung mit ihrer spitzen goldenen Kuppel der gleichnamigen Kathdrale, die an diesem sonnigen Tag hell vor dem blauen Himmel leuchtete. Am Strand vor den Festungsmauern herrschte fröhliches Treiben, junge Leute lagen in der Sonne oder kühlten sich im Fluß ab. Gegenüber glänzte die kolossale Front des Winterpalastes, und auf der Wassilewskij-Insel, an der sich die Newa teilt, ragten die beiden gewaltigen roten Säulen der Admiralität auf. Von fern grüßte die berühmte „Nadel", die goldene Spitze auf dem Turm der Admiralität. Wir kreuzten mehrmals hin und her, konnten uns nicht satt sehen an diesem Panorama mit einigen der prächtigsten Bauten der alten Zarenhauptstadt. Ein Stück stromaufwärts bot sich dann ein ganz anderes Bild: Die rötlichen Ziegelbauten des Staatsgefängnisses fielen uns auf, und Nadja erklärte uns, daß in den schlimmen Zeiten der

Rechts:
Mit Solveig vor dem Winterpalast – ein unvergeßlicher Augenblick

Dixieland am Newsky-Prospekt, vor wenigen Jahren noch undenkbar

Dreihundert Jahre russische Flotte – die festlich geschmückte Börse

Sowjetdiktatur die Newa oft rot gefärbt war vom Blut ihrer Opfer.

Kein Polizeiboot stoppte uns, niemand kümmerte sich darum, daß die SOLVEIG ihre Runden auf der Newa drehte. Träumten wir? Ich hatte Hemmungen, die Kriegsschiffe zu fotografieren, wagte aber dann doch ein paar Aufnahmen. Als wir schließlich am Nachmittag mit Nadja - ihren Bruder hatten wir, seinem Wunsch entsprechend, mitten in der Stadt abgesetzt - wieder im Club waren, fühlten wir uns wie Kinder, die heimlich einen Ausflug unternommen hatten und glücklich waren, dabei nicht erwischt worden zu sein. Angelika brauchte noch Nachschub für die Pantry. Sie schrieb darüber: „Erkunde mit Nadja und Fahrrad die Einkaufsmöglichkeiten in der Nähe des Clubs. Die zwei kleinen, ganz einfachen Geschäfte haben durchaus die Atmosphäre eines Insel-Lädchens in der Südsee. Die Verkäuferin hinter der einfachen Holztheke lackiert sich gerade die Nägel und läßt sich dabei nur ungern unterbrechen, als Nadja meine Wünsche dolmetscht. Das Einkaufen funktioniert übrigens so:

1. Sehen, was es gibt.
2. Entscheiden, was man braucht.
3. An der Kasse sagen, was man kaufen will.
4. Bezahlen.
5. Bon entgegennehmen.
6. Bon der Verkäuferin geben.
7. Ware entgegennehmen.

Das ist die leichtere Version. Komplizierter

Panzerkreuzer AURORA. Sein Kanonenschuß gab damals das Signal zum Beginn der Revolution.

wird es, wenn man Lebensmittel aus verschiedenen Abteilungen kaufen will. Dann muß man für die jeweiligen Bereiche die entsprechenden Bons immer wieder neu an der Kasse holen. So bleibt man jedenfalls in Bewegung... Nadja stellte mich schon mal als Freundin aus Deutschland vor, die kein Russisch kann - so habe ich später auch ohne sie eine gewisse Chance, an Brot und Wodka zu kommen. Apropos Wodka: Alexander warnte uns dringend davor, dieses herrliche Getränk an den zahlreichen kleinen Kiosken zu kaufen, denn der Inhalt der Flaschen sei von Gift meist nicht zu unterscheiden.
Für Nadja war es heute nicht einfach, an Bord zurück zu kommen. Die öffentlichen Verkehrsmittel - also Bus und Tram - sind nicht sehr zuverlässig. Die meiste Zeit verbringt man mit Warten. Für uns stellt sich natürlich das gleiche Problem, wenn wir unabhängig von Alexanders Auto ins Zentrum wollen.
25. Juli: Bei Alex im Büro mit Nadja telefoniert, die für ihren Bruder Hemden bügelt, sind für 14.00 Uhr an der Alexandersäule vor dem Winterpalast verabredet. Sie glaubte natürlich, daß wir es niemals schaffen würden, den Treffpunkt zu erreichen. Aber so ganz unerfahren in fremden Städten sind wir nun doch nicht, und auch ein bißchen Glück half mit. Jedenfalls erwischten wir den Bus Nr.71 nach nur zehn Minuten Warten. Mit den Tickets, die uns Nadja vorher besorgt hatte, und ihrem museumsreifen Entwerten wurde unsere erste Busfahrt in Rußland ein voller Erfolg, und wir gelangten ziemlich nahe ans Zentrum. In einem Buchladen erstanden wir pantomimisch einen Stadtplan mit kyrillischer Beschriftung, so daß wir die Straßennamen leichter mit den Schildern vergleichen konnten. Offenbar waren wir unschwer als Ausländer zu erkennen, denn nach kurzer Zeit fragte uns eine Dame auf englisch, ob wir Hilfe benötigten. Lydia - so hieß sie - gab uns den Tip, einen weiteren Bus zu nehmen, der direkt zum Newski-Prospekt fuhr, dem eigentlichen Zentrum, und half uns mit zwei Bustickets aus, denn wir hatten noch keine Möglichkeit gefunden,

Das berüchtigte Staatsgefängnis. Zu Zeiten der Diktatur war die Newa oft rot gefärbt vom Blut der Opfer.

Geld zu wechseln. So erschienen wir überpünktlich an der Alexandersäule, und Nadja konnte ihre Verwunderung ob unseres Eintreffens kaum verbergen."

Blumen für Peter den Großen

Der Platz war autofrei, eine organisatorische Glanzleistung der Stadtverwaltung. Aber die Geschichte des Schloßplatzes war nicht so still. Welch schreckliche Szenen hatten sich hier abgespielt! Im Januar 1905 wurden aus Anlaß einer Demonstration vor dem Winterpalast 4500 Menschen erschossen, eine Brutalität der zaristischen Regierung, die den Keim legte zur späteren Revolution. Und der bekannte Sturm auf den Winterpalast am 7. November 1917 fand ebenfalls von diesem Platz aus statt.
Zur Geschichte St.Petersburgs gehört vor allem ihr Anfang, die Stadtgründung durch Peter den Großen. Mit einer gewissen Ehrfurcht standen wir und Nadja vor seinem Reiterstandbild, das Zarin Katharina die Große ihrem noch größeren Vorgänger errichten ließ. Zu unserem Erstaunen fanden wir unter dem gewaltigen Granitblock, auf dem das Pferd des Zaren zum Sprung ansetzt, ein Dutzend Blumensträuße. Waren es alte Menschen, die dem Monarchen auf diese Weise ihre Ergebenheit bekundeten? Aber nein! Bald stieg ein Brautpaar aus dem Auto, legte feierlich einen Strauß auf den Sockel und ließ sich davor fotografieren.
1703 gilt als das offizielle Jahr der Stadtgründung. Vorher wurden Zehntausende von Zwangsarbeitern, Handwerkern und Soldaten zusammengezogen, um die Sümpfe des Newa-Deltas trockenzulegen, Kanäle zu bauen und Dämme zu errichten. Ein zweites Amsterdam sollte entstehen. Dabei verloren Tausende ihr Leben, starben elend an Seuchen und Hunger. Mit unglaublicher Härte und Brutalität wurden die Arbeiten vorangetrieben. Der Herrscher hatte eine große Vision für die Zukunft seines Reichs und der Erfolg, die Geschichte, haben ihm recht gegeben. Schon sieben Jahre vor dem Beginn der Stadtgründung hatte er den Bau einer Kriegsflotte befohlen. Die Newa-Sümpfe gehörten damals wie ganz Finnland noch zu Schweden. Nur mit einer schlagkräftigen Flotte, das wußte er, konnte er die Seemacht Schweden in die Knie zwingen und den für Rußlands Wirtschaft notwendigen Zugang zur Ostsee erzwingen.
Schon als kleiner Junge hatte sich der künftige Zar Peter für Boote begeistert. Die Barke, auf der er siebenjährig zum ersten Mal bei Moskau segelte, wird heute noch im Museum gezeigt. Um seine Kenntnisse im Schiffbau zu vervollkommnen, hatte er dann als junger Fürst die berühmte Idee, als Bootsbauer inkognito nach Holland zu reisen, um dort das Handwerk von Grund auf zu lernen. Albert Lortzings Oper *Zar und Zimmermann* erzählt davon.
Nadja war zur Zeit in keiner guten Verfassung, was uns nicht wunderte. Zum ersten Mal erlebte sie hautnah die zwei Welten, zwischen denen sie hin und her gerissen wurde. Da waren wir, die mit Westwährung Dinge kaufen konnten, von denen ihre Familie nicht einmal zu träumen wagte. Und da war vor allem das Boot mit vielerlei Luxus und Annehmlichkeiten. Dagegen lebte ihre Familie wie fast die gesamte Bevölkerung der Stadt nach westlichem Maßstab weit unter dem Existenzminimum.

Die „neuen" und die armen Russen

Zusammen mit ihr besuchten wir am Nachmittag den Newski-Prospekt. Nadjas Führung verlief nach der Methode „Trial and Error", was zur Folge hatte, daß wir eine Menge Unbekanntes zu sehen bekamen. Der Newski-Prospekt ist die Prachtstraße von St.Petersburg, und zur Zarenzeit mußte hier unvorstellbarer Glanz geherrscht haben. Aber auch heute sehen die meisten Gebäude wieder gepflegt aus, weshalb dieser mehrere Kilometer lange Boulevard imponierend wirkt. Allerdings stehen die

großartigen Gebäude, die reich verzierten Balkone und Portale in krassem Gegensatz zum allgemein herrschenden Mangel.
Doch es gab auch schon die sogenannten „neuen Russen", die meist unehrlich zu großem Wohlstand gekommen waren. Vielleicht unterscheidet sich ihr Reichtum gar nicht so sehr von dem der einstigen Fürstenhäuser? In St.Petersburg erzählte man sich damals einen bekannten Witz: Ein neuer Russe erscheint beim Mercedeshändler in Moskau, kauft eine Luxuskarosse und bezahlt in bar aus der Aktentasche. Nach drei Tagen kommt er zurück und verlangt einen neuen Wagen. Erschrocken fragt der Händler: „War etwas nicht in Ordnung?" - „Nein, nein", antwortet der Kunde gelangweilt, „alles in Ordnung, aber der Aschenbecher ist voll!"
Der Witz spielte gewiß nicht zufällig in Moskau, denn die Petersburger waren sehr unglücklich darüber, daß fast alle staatlichen Mittel für den Wiederaufbau und die Erhaltung von Kunstschätzen zum Regierungssitz Moskau flossen und St.Petersburg stark benachteiligt wurde. Der Gegensatz zwischen Reich und Arm wurde für uns nochmals offensichtlich, als uns Nadja in ein prächtiges Delikatessengeschäft am Newski-Prospekt führte. Die palastähnlichen Räume waren mit den exklusivsten Waren gefüllt, allen voran natürlich Kaviar und ausländische Weine. Dieser Luxusladen war keineswegs leer, vielmehr drängten sich die Kunden an der Kasse. Nach einem kurzen Rundgang mußten wir Nadja gestehen, daß die Preise nicht unseren Vorstellungen entsprachen und daß wir auf einen Einkauf lieber verzichteten.
Mitten auf dem Newski-Prospekt, vor einem der Prunkgebäude, leuchteten mir plötzlich Stalinbilder in Übergröße entgegen. Stände waren aufgebaut, an denen grell aufgemachte kommunistische Propaganda verkauft und Handzettel verteilt wurden. Eine kleine Menschenmenge hatte sich zu erregten Diskussionen versammelt. Auch wenn das kommunistische System in Rußland abgeschafft wurde, ist es dennoch nicht untersagt, heftig dafür zu werben. Es kann tatsächlich frei diskutiert werden, und ich glaube und hoffe, daß auf diese Weise die Vergangenheit langsam überwunden wird - auch ohne Verbote.
Für die Rückfahrt zum Club nahmen wir ein Taxi. Das mochte durchaus normal sein, wäre uns aber ohne Nadja nicht möglich gewesen. Nur sie konnte mit dem Fahrer einen Preis aushandeln und unser Ziel anhand des Stadtplans beschreiben. Die Taxis waren oft in bedenklichem Zustand, dafür aber sehr mäßig im Preis. Auch bemerkten wir bald, daß fast jeder Privatwagen, in dem nur der Fahrer saß, auf Handzeichen anhielt und mit Freuden einen Umweg fuhr, um ein paar Rubel zu verdienen. Aber diese Amateurfahrer wußten erst recht nicht, wie sie in unsere Vorstadt gelangen sollten, und brauchten eingehende Anweisungen von Nadja, die bis zum Club mitfuhr und dann im selben Wagen zurückkehrte. Oft erzählten die Fahrer unterwegs von ihrem Leben, und so hörten wir, daß einige von ihnen eine hohe Stellung einnahmen, etwa als Direktoren größerer Betriebe, aber monatelang keinen Gehalt erhalten hatten und froh waren, auf diese Weise etwas Bargeld in die Hand zu bekommen.
Angelika notierte ihre Eindrücke: „26. Juli: Der Weg in die Stadt war heute ein wenig beschwerlich, oder anders gesagt: Alle möglichen Varianten der Busse fuhren uns buchstäblich vor der Nase weg. Da es keine Fahrpläne gab, blieb uns nur die Hoffnung. Aber was macht schon eine Stunde Warten, wenn die Sonne scheint?
Das Entziffern der kyrillischen Buchstaben ist nach wie vor spannend, und die Glücksgefühle, wenn ich ein Wort richtig gelesen habe, sind unbeschreiblich. Immerhin bin ich jetzt in der Lage, ohne fremde Hilfe öffentliche Verkehrsmittel zu benutzen. Apropos Verkehrsmittel: Die Metro hier gehört für mich zu den impo-

santesten U-Bahn-Anlagen, die ich kenne, Paris, London und Singapur eingeschlossen. Die Rolltreppen, alle mit wunderschönen alten Lampen geschmückt, führen in schier unendliche Tiefen, sie nehmen einfach kein Ende, obwohl sie unglaublich schnell sind. Auch die Stationen sind von einzigartiger Pracht. Die Jetons, mit denen man durch die Sperre gelangt, eignen sich übrigens auch zum Telefonieren. Eine Münze reicht für drei Minuten und kostet umgerechnet 30 Pfennig. Nun kann man sich überlegen, ob man U-Bahn fährt oder telefoniert.

Ich habe mich heute für letzteres entschieden und nach unendlichen Versuchen Nadja schließlich auch erreicht. Ich glaubte schon, daß ich etwas falsch machte, weil ich zwei Stunden lang immer nur das Besetztzeichen hörte. Doch Nadja erklärte mir trocken: 'In Rußland telefoniert man immer lange, denn es dauert noch viel länger, von einem Stadtteil zum anderen zu fahren; da ist Telefonieren doch praktischer. Außerdem kosten Ortsgespräche nichts'.

Wegen des Sonnenscheins gingen wir weiter auf Film- und Fotosafari. Vom Turm der Isaak-Kathedrale (127 Stufen) wollten wir den Blick über die Stadt aufnehmen. Das Anstehen in endloser Schlange ersparte uns eine clevere Russin, die offenbar mit der Kassiererin zusammenarbeitete. Jedenfalls schleuste sie uns für drei Dollar an der Kasse vorbei und löste sich anschließend in Luft auf. Oben angekommen, wollte eine andere Dame unsere Tickets sehen, die wir natürlich nicht besaßen. Als ich ihr erzählte, auf welch wundersame Weise wir hierher gelangt waren, siegte offenbar ihr Mitleid mit den 'geleimten' Touristen, und wir durften auch ohne Tickets unsere Aufnahmen machen. Und ich habe mal wieder dazugelernt.

Anschließend einen Blick ins *Hotel Astoria* geworfen. Trotz nicht hotelgerechter Kleidung ließ man uns hinein. Als wir allerdings die ungeheure Pracht und den Luxus sahen - das *Vier Jahreszeiten* in München ist im Vergleich dazu fast schäbig -, kauften wir am Empfang nur schnell eine deutsche Zeitung vom Vortag und verschwanden wieder diskret. Ich hatte ein Gefühl, als ob sie uns mit Seidenhandschuhen gereicht würde. In einem laut Nadja wirklich alten russischen Restaurant stärkten wir uns mit Huhn nach Art des Hauses und Wein. Anschließend ging es wieder zum Winterpalast und zur Newa, wo für die Feier der Marine schon eifrig mit Salutschüssen geprobt wurde."

„Nadja freut sich schon riesig auf eine Schlauchbootfahrt morgen durch die engen Kanäle der Stadt, und auch ich bin voll gespannter Erwartung. Es ist schier unfaßbar für uns, daß wir mit einem privaten Boot hier einfach durch die Kanäle tuckern können. Noch gilt wohl die Devise: Was nicht verboten ist, ist erlaubt."

Die große Flottenparade

Trotz aller Freude und Neugier war mir bei dem Gedanken an die geplante Fahrt nicht recht wohl. Mit dem kleinen Schlauchboot zwischen der Berufschiffahrt durch die Stadt und über die Newa zu fahren, auf der wegen der be-vorstehenden Flottenparade eine Menge los war, konnte schwierig werden. Aber letztlich taten wir vielleicht etwas Gutes für die Stadt, indem wir sie fotografierten und diese Aufnahmen später veröffentlichten. St.Petersburg braucht Besucher aus dem Ausland, um den weiteren Aufbau finanzieren zu können. Wir pumpten das Boot auf, setzten den Außenborder ein, und ich bat Alex noch, mir einen zweiten Kanister Benzin zu besorgen. Dann brausten wir los.

Auf der Karte fand ich eine Abkürzung durch kleine Kanäle, die schneller zur Newa führten. Von den Spaziergängern und Anglern wurden wir bestaunt wie eine Fata Morgana. Das Wasser allerdings war voller Unrat und Kraut, das mir auch prompt in die Schraube geriet. So mußten wir schließlich an einer der prunkvol-

Ein Zerstörer auf der Newa anläßlich der Flottenparade

len Treppen, die von der Straße zum Wasser führen, „notlanden", den Motor an Land nehmen und Kraut und Plastik Stück für Stück herausschneiden. Etwas ernüchtert setzten wir die Fahrt fort. Vorbei am Kreuzer AURORA hielten wir in die Newa hinein.

Doch jetzt näherte sich mit Höchstfahrt ein Wachboot und befahl uns zu stoppen. Nadja verhandelte mit den Polizisten - ergebnislos. „Wir dürfen hier nicht mit einem Schlauchboot fahren", erklärte sie mir. „Das ist innerhalb der Stadt nicht erlaubt. Wir müssen sofort umkehren, dürfen keinesfalls in die Newa hinein."

Sie war erschrocken und tieftraurig, daß sich ihr Plan nicht verwirklichen ließ, und fürchtete wohl meinen ärgerlichen Widerspruch. Doch ich hatte so etwas schon erwartet und fand es ausgesprochen großzügig von den jungen Beamten, daß sie auf eine Bestrafung verzichteten, ja nicht einmal verlangten, daß wir das Boot sofort aus dem Wasser nahmen. In vielen anderen Ländern wäre eine solche Gelegenheit genutzt worden, um dem Fremden ein nettes Sümmchen in harten Devisen abzupressen.

In gedämpfter Stimmung kamen wir zwei Stunden später wieder im Club an und legten das Schlauchboot auf den Ponton. Zum Trost fuhren wir per Taxi ins Viertel der schönen Künste und besuchten das berühmte Konservatorium, in dem Nadja studiert hatte. Stolz zeigte sie uns den Saal, in dem weltbekannte russische Komponisten einst gespielt hatten, unter ihnen auch Rimski-Korssakow. Spontan setzte sie sich selbst an den Flügel, und mir lief eine Gänsehaut über den Rücken, als der geschichtsträchtige Raum mit einem Mal zu klingen begann. Nadja war plötzlich wie ausgewechselt, sie strahlte vor Glück. In der gediegenen Kellerbar des Künstlerverbandes - Holztäfelung, Spiegeldecke, roter Teppich und Kristallgläser -, die Nadja in ihrer Studienzeit nach einem erfolgreichen Konzert oft aufgesucht hatte, tranken wir zusammen einen Schluck Rotwein auf ihre „alte Zeiten".

Für den Sonntag war die große Flottenparade angesagt, und wir machten uns rechtzeitig auf den Weg. Als besten Platz wählten wir die

Strelka, jene Landspitze, an der sich die Newa teilt und auf der die beiden großartigen roten Säulen der Admiralität stehen, auch Rostral-Säulen genannt, nach dem lateinischen rostrum für Schiffsschnabel. Tatsächlich ragen zwei Schiffsschnäbel zu beiden Seiten aus den Säulen heraus, und Statuen stehen an ihren Fundamenten, Symbole für die vier großen russischen Ströme Wolga, Dnjepr, Wolchow und Newa. Diese Säulen hatten früher als Leuchttürme gedient.

Alles ist riesig in St.Petersburg, und man erkennt deutlich den Wunsch der einstigen Herrscher, alles an Größe und Schönheit zu überbieten, was es damals im übrigen Europa gab. Die Uferanlagen der Halbinsel sind denn auch so weitläufig, daß wir fürchten mußten, von den herbeiströmenden Menschenmassen erdrückt zu werden. Wir gingen deshalb einige Schritte weiter auf die große Brücke, die zum Winterpalast führt. Dort traten wir vor das Geländer und warteten der Ereignisse, die da kommen sollten. Ans Geländer selbst durften wir uns nicht stellen, Posten der Marine, des Heeres und der Polizei hielten die Zuschauer zurück. In den Vortagen waren Gerüchte von einem geplanten Anschlag oder gar einer neuen Revolution verbreitet worden. Auch Jelzin sollte angeblich kommen, doch er kam nicht.

Für uns und alle Zuschauer begann ein lähmendes Warten, weil sich der Beginn der Veranstaltung immer mehr verschob, von 10 auf 12 Uhr, dann auf 13 Uhr. Für uns war es interessant, die Menschen zu beobachten, die in ganzen Rudeln und Familien gekommen waren, um das Fest mitzuerleben. Sehr ruhig lief alles ab, und sehr locker verhielten sich auch die Wachtposten. Für meine Begriffe zu locker, denn sie befanden sich im Dienst. Sie rauchten, tranken Bier und aßen, wenn ihnen etwas angeboten wurde. Sie hatten auch keine Einwände, fotografiert zu werden. Eine gewisse Gleichgültigkeit bestimmte ihr Verhalten, während die Bevölkerung begeistert auf jede kleine Barkasse reagierte, die unter der Brücke durch und auf eines der Kriegsschiffe zulief, die vor der Admiralität und dem Winterpalast festgemacht hatten. Es waren übrigens modernste Zerstörer, mit umfangreichen Raketen-Abschußrampen und sehr viel Elektronik. Daneben sahen wir noch Fregatten und Spezialschiffe. Die Parade selbst fand dann schließlich in Form einer Besichtigung durch Vorbeifahrt hoher Offiziere und Politiker statt, während die Besatzungen an Deck angetreten waren.

Nach drei Stunden hatten wir genug gesehen und schlugen uns zur Straße durch, hatten aber ein ganzes Stück zu gehen, bis wir dem Stau der Menschenmassen entkamen. Etwas verloren liefen wir von Straße zu Straße und suchten ein Taxi. Diesmal wagte ich die Rückfahrt auch ohne Nadja, denn ich fühlte mich inzwischen sicher und zählte auf die Hilfsbereitschaft und Liebenswürdigkeit der Petersburger.

Mit Pharao bei der Admiralität

Im Lauf des Nachmittags erwarteten wir einen guten Freund, den weltbekannten russischen Pantomimen Alexander Andreev. Wir hatten ihn auf einer früheren Reise kennengelernt und ihn auf die SOLVEIG nach St.Petersburg eingeladen. Er ist in Sibirien geboren und aufgewachsen, lebte aber später in St.Petersburg. Es gab ein fröhliches Wiedersehen. Am Abend kamen auch Tatjana und ihr Freund Alex zum Boot und luden uns alle ein, den Höhepunkt der Flottenparade mit ihrer Clubbarkasse auf der Newa zu erleben. „Mit einer Flasche Wodka seid ihr dabei“, riefen sie übermütig.

Angelika hatte die Flasche schnell zur Hand und schrieb später begeistert: „Höhepunkt des Tages war die Nacht, das spektakuläre Feuerwerk auf der Newa. Dies sind Bilder und Augenblicke, die ich nie mehr vergessen werde. Vor der Peter-und-Paul-Festung wurden aus sechs Kanonenrohren nebeneinander und gleichzeitig die Feuerwerkskörper in die Luft

geschossen. Binnen Minuten wurden die Türme der Festung von Rauchwolken eingehüllt. Der immer noch blaue Himmel ließ weiße Strahlen aufleuchten. An den Ufern Tausende und Abertausende jubelnder Menschen. 'Wir gratulieren euch!' riefen sie bei jedem Schuß. Damit waren die Matrosen der Flotte gemeint.
Auch auf den beiden roten Säulen der Admiralität waren Feuer entzündet worden. Und um die Filmkulisse perfekt zu machen, stand ein geradezu irrealer Vollmond über dem Winterpalast. Um uns wimmelte es von kleinen Booten, die zwischen den grauen, mit Signalflaggen geschmückten Schiffen der Marine hin- und herflitzten. Bunte Luftballons schwebten über uns und landeten schließlich in der Newa: Grund genug für Tatjanas zwölfjährigen Sohn, sich blitzschnell auszuziehen und mit einem Satz ins kalte Wasser zu springen. Tatjana blieb völlig ruhig, obwohl der Junge in der Strömung schnell abtrieb. Sein kleiner Kopf war kaum mehr zu sehen, bewegte sich aber in Richtung Luftballon.
Ein Motorboot preschte mit voller Geschwindigkeit auf ihn zu. Wir schrien aus Leibeskräften und gaben Handzeichen, bis der Fahrer in letzter Minute endlich abdrehte. Durch den Schwell schluckte der Junge Wasser, versuchte aber, den Ballon zu greifen, der ihm immer wieder entglitt. 'Laß den Luftballon, wir holen dich', rief Tatjana mit fester Stimme. Keine Erregung war ihr anzumerken. Als wir mit der Barkasse endlich bei dem Jungen waren, kletterte er zurück ins Boot und wollte sich nicht einmal helfen lassen. Schlotternd und mit blauen Lippen saß er da, ohne Luftballon. Schnell wärmten wir ihn mit ein paar Jacken. In Tatjanas Gesicht las ich nicht nur Erleichterung, sondern auch ein wenig Stolz und Freude darüber, keinen Feigling zum Sohn zu haben."
Am nächsten Morgen waren unsere Köpfe zwar etwas schwerer als sonst, doch unsere Unternehmungslust war keineswegs gebremst. Pantomime Alexander wußte, daß wir neben den Fotos auch einen Film über die Reise und vor allem über St.Petersburg drehen wollten, und hatte deshalb ein Pharaokostüm und eine Menge Ideen im Gepäck: Der Pharao geht, steht und blickt auf die Zeugen der Vergangenheit aus Marmor und Stein. Sein Weg führt ihn aber auch in die Metro und ins geschäftige Treiben des Newski-Prospekts. Am Ende findet er schließlich, was er sucht: die Sphinx, die Peter der Große damals aus Ägypten nach St.Petersburg bringen ließ. Soweit die Idee. Mit Film- und Fotoausrüstung und dem Pharaokostüm fuhren wir zusammen in die Stadt. Doch wo sollte sich Alexander umziehen und schminken?"
„Gib mir eines von deinen Bildheften über die Weltumsegelung und warte hier. Ich versuche, einen Raum zu bekommen", schlug er vor und war im nächsten Augenblick verschwunden. Nach kurzer Zeit kam er zurück und marschierte mit uns zur seitlichen Front der Admiralität, auf ein Portal zu, dessen Holztür er resolut öffnete. Wir betraten ein Büro, in dem zwei Sekretärinnen und ein Amtschef an ihren Schreibtischen und Computern saßen. Offenbar hatte er die Wichtigkeit unserer Dreharbeiten ins rechte Licht gerückt, denn wir wurden ausgesprochen zuvorkommend begrüßt. Der Chef, ein ehemaliger U-Boot-Kommandant, zeigte Alexander einen Nebenraum zum Umziehen und bot uns sogar Kaffee an.
Ich war platt vor Staunen. Das sollte man mal bei uns in einem Ministerium versuchen! Alexander verschwand mit seinem Kostüm, und ich durfte der charmanten Sekretärin einige Erläuterungen geben und eine Erinnerung auf mein Bildheft kritzeln. Dann erhob sich der Chef und nahm sich Zeit für ein längeres Gespräch. Er interessierte sich für die von mir gesegelten Routen und fragte nach Meeren und Schiffen. Er war Kommandant eines der übergroßen Atom-U-Boote gewesen, mehr als 200 Meter lang und mit einer Wasserverdrängung von

Pantomime Alexander Andreev als Pharao

Dramatik und Ausdrucksstärke: Alexanders Kunst fasziniert im Theater des Yussopow-Palastes.

40 000 Tonnen, der Stolz der sowjetischen Flotte. Er sprach tadelloses Englisch, und ich spürte die menschliche Sympathie, die Herzlichkeit, die er mir als völlig Fremdem entgegenbrachte. Durch diese und viele andere Begegnungen wuchsen in mir Verständnis und Zuneigung für die Menschen in Rußland.

St.Petersburg offenbarte ein Wunder nach dem anderen; ich glaube, man wird das Leben dort erst begreifen können, wenn man sich ständig auf Unerwartetes einstellt. Die erste Voraussetzung dazu ist, daß man in dieser Metropole der Paläste und der Überlebenskünstler das Unwahrscheinliche als das Alltägliche akzeptiert.

Angelika beobachtete uns: „Nach einiger Zeit trat Alexander, als Pharao geschminkt, in den Raum. Ganz in Gold, auch das Gesicht. Starr blickten die Augen ins Leere. Als sich die 'Statue' langsam zu bewegen begann, wichen die Sekretärinnen erschrocken zurück. Mit hocherhobenem Haupt schritt der wiederauferstandene Tut-Ench-Amun hinaus auf die Straße."

Unsere Filmaufnahmen erregten einiges Aufsehen. Immer wieder wollten sich Touristen mit dem „Pharao" fotografieren lassen. Zwei amerikanische Marinesoldaten konnten es nicht fassen, daß er nicht bereit war, für sie in die Kamera zu lächeln. Als sich der „Pharao" später in einem Restaurant stärken wollte, ließ der Koch vor Schreck beinahe seinen Topf fallen. Stumm schritt die „Statue" durch das Lokal und blieb vor dem größten Tisch stehen. Nach einer Weile näherte sich schüchtern die Bedienung und zog den Stuhl heraus, auf dem der „Pharao" schließlich in aller Würde Platz nahm. Der eigentliche Clou bestand darin, daß der Künstler kein Fremder war, sondern einer der Ihren, ein Russe. Daß der weitere Service entsprechend handverlesen war, verstand sich von selbst. Als wir abends nach den Dreharbeiten zum Boot zurückwollten, hielt gleich das erste Auto, das wir stoppten.

In Rasputins Sterbekeller

Doch wir hatten noch ehrgeizigere Pläne. Alexander selbst wollte Szenen aus seiner Pantomime *Michelangelo* als Film dokumentieren, und dazu brauchten wir einen Theaterraum mit Bühne und Beleuchtung. Ich hatte gelesen, daß sich in dem berühmten Palast des Fürsten Yussupow ein kleines Privattheater befand und fragte mich, ob wir es nicht für ein paar Stunden mieten konnten. So marschierten wir am folgenden Tag mit Kameras beladen zum Yussupow-Palast.

Alexander ging zuerst zum Direktor des Palastmuseums und trug unser Anliegen vor. Selten ist mir ein Fremder mit soviel Liebenswürdigkeit begegnet wie dieser Mann. Er zeigte uns den Palast persönlich. Wir sahen Räume von so üppiger, aber geschmackvoller Ausstattung, daß ich zu träumen glaubte, als er uns in das noch prächtigere Barocktheater führte, das uns ab 17 Uhr zur Verfügung stand. Während des Rundgangs erfuhr ich zudem, daß dies der Ort war, an dem Rasputin, der geheimnisumwitterte Wunderheiler und Freund der Zarenfamilie, vom jungen Fürsten Yussupow ermordet worden war.

Auf einmal spannte sich für mich der Bogen zurück in meine Jugend, weil sich mein Vater ausführlich mit der Persönlichkeit des Wunderheilers beschäftigt hatte und der Name Rasputin oft in unseren Gesprächen auftauchte. In meiner Kindheit war Rasputin für mich eine Mischung aus Jesus und Rübezahl gewesen. Daß ich jemals die Stätte seines Wirkens betreten würde, die Räume, in denen er seine letzten Stunden erlebte, hätte ich nie gedacht. Die Geschichte Rasputins war durch seine bedeutende Stellung am Zarenhof und seine Ermordung zu einem Teil der großen Weltgeschichte geworden, die sich 1917 in St.Petersburg abspielte. „Heiliger oder Teufel?" das war die Frage, die man sich stellte, zumal die meisten Informationen damals noch nicht veröffentlicht waren. Heute ergibt sich daraus ein einigermaßen klares Bild der Vorgänge.

Rasputin, dessen vollständiger Name Grigorij Jefimowitsch Rasputin lautete, war ein sibirischer Wandermönch mit außerordentlichen Fähigkeiten gewesen. In Sibirien gab es damals eine ganze Reihe mehr oder weniger christlicher Sekten, die ein erstaunliches Eigenleben

Im Sterbekeller: Wachsfiguren in Lebensgröße lassen erahnen, was sich damals abgespielt haben muß. Unter ihnen sitzt Rasputin allein an einem Tisch.

Phantasievolle Ornamente schmücken die unzähligen Brücken.

Blumensträuße der Hochzeitspaare vor dem Denkmal Peters des Großen

Die „Straßen" von St. Petersburg sind seine Kanäle.

führten. Sibirien war so etwas wie das Tibet Rußlands, wo die Klöster Eremiten und Mystiker heranzogen, die dann als Wunderheiler und religiöse Gurus durch die Lande wanderten. Einer von Rasputins Lehrern war sogar ein echter Lama aus der Mongolei gewesen. Sicherlich hatte Rasputin damals unerklärliche, magische Kräfte gezeigt, hatte durch Ausschweifungen einerseits und Bußgänge andererseits Berühmtheit erreicht und wurde von Tausenden als Heiliger verehrt.

In St.Petersburg wuchs der einzige Sohn des Zaren - alle übrigen Kinder waren Töchter - als schwerkranker Bluter heran. Der vor allem von seiner Mutter, der Kaise-

rin Alexandra, heiß geliebte Zarewitsch Alexej befand sich in ständiger Lebensgefahr, weil kein Arzt in der Lage war, ihm bei Verletzungen oder fiebrigen Erkrankungen Erleichterung zu verschaffen. In ihrer Not bat die Zarenfamilie um Rasputins Beistand, der die Leiden des Thronfolgers tatsächlich weitgehend heilen konnte. Über Nacht war er damit auch in der Hauptstadt zum Heiligen und Propheten geworden. Seine Gegner und Neider andererseits sahen in ihm einen Teufel, dem es gelungen war, Zar und Zarin von sich abhängig zu machen.
Der einfache, ungebildete und oft grobe Mönch aus Sibirien, der noch dazu ein ausschweifendes Leben führte, erhielt durch die Freundschaft der Zarenfamilie Einfluß auf die Politik. Hemmungslos huldigten ihm seine Anhänger, besonders die Frauen, während seine Feinde darüber nachdachten, wie man den „Teufel" wieder loswerden könnte. Immerhin hatte er die Entlassung mächtiger Generäle und Würdenträger durchgesetzt.
Der Erste Weltkrieg brach aus, worüber Rasputin verzweifelt war. Er prophezeite, daß er zu einer schrecklichen Katastrophe führen würde, und unterließ nichts, um den Zaren zu beeinflussen, damit er den Krieg so schnell wie möglich beenden sollte. Doch der oberste Befehlshaber, umgeben von seinen Generälen und selbst ein schwacher Mann, war zu einem solchen Schritt nicht zu bewegen, und so nahmen die Dinge ihren Lauf.
Der Botschafter Frankreichs, Paléologue, berichtete später von einem leidenschaftlichen Gespräch mit Rasputin, in dem dieser gesagt haben soll: „Wenn das Volk allzusehr leidet, dann wird es schlecht, dann kann es fürchterlich werden. Es geht sogar manchmal so weit, daß es von Republik spricht. Du solltest das alles dem Kaiser erzählen." Diese in den Augen der Kriegführenden gefährliche Einstellung stärkte die Feinde Rasputins, und etliche fanden sich als Verschwörer zusammen. Schließlich war es Felix Yussupow, der junge und extrem reiche Fürst, der zusammen mit dem Neffen des Zaren, Großfürst Dimitrij, und vier weiteren Helfern den Mordplan ausheckte und auf bestialische Weise ausführte. Yussupow hoffte, daß man ihm das als patriotische Tat anrechnen würde, doch die feige Ermordung des wehrlosen Mönchs fand wenig Beifall.
Diese blutige Geschichte ging mir durch den Kopf, als wir die prunkvollen Räume des Palasts besichtigten. Wie hatte Yussupow, der andererseits soviel Sinn für Kunst und Schönheit besaß, eine derart grausame Tat begehen können?
Am späten Nachmittag beendeten wir die Aufnahmen von Alexanders Pantomime, die letzten Besucher hatten schon lange den Palast verlassen. Da bot der Beleuchter flüsternd an, uns in die „geheimen" Kellerräume zu führen, wo Rasputin ermordet worden war. Er stieg mit uns eine Treppe hinunter bis in einen kleinen Raum, von dem ein halbes Dutzend Türen abgingen. „Das sind Geheimtüren. Für einen Flüchtenden ist der Ausgang nicht zu finden", erklärte er.
Mit Angelika, Alexander und mir schritt er durch einen Gang und öffnete eine weitere Tür. „Gehen Sie hinein", sagte er feierlich. Mir stockte der Atem, denn uns bot sich eine unheimliche Szene: In einem gediegen eingerichteten Raum mit allerlei schönen alten Möbeln und einem Sekretär saßen an zwei Tischen drei Gestalten, Wachsfiguren in Lebensgröße. Unter ihnen hockte, leicht zu erkennen, Rasputin allein an einem Tisch. Ein Offizier, wahrscheinlich der junge Yussupow, stand am Fenster. Im Dämmerlicht der alten Lampen wirkte der Schauplatz beklemmend echt, ja dämonisch. Lange blieben wir wie gelähmt stehen, während uns der Beleuchter die schaurige Geschichte der Mordnacht erzählte, in der Rasputin zuerst mit Gift, dann mit mehreren Schüssen und Messerstichen attackiert worden war, bis man den Riesen, immer noch

nicht tot, gefesselt in den eisigen Kanal warf, wo er schließlich ertrank.
In einem Nebenzimmer hingen gerahmte Fotos, Briefe und Urkunden an den Wänden. Fotografieren und Filmen war zwar verboten, aber der Beleuchter verließ den Raum und wartete im Gang, um uns Gelegenheit zu geben, den schaurigen Ort für unsere Chronik festzuhalten. Vor der Figur Rasputins blieb ich noch einmal stehen und überlegte: Der Erste Weltkrieg hatte mit dem Mord in Sarajewo begonnen und, zumindest im Osten, mit der Ermordung dieses Mannes geendet. Er führte zur Abschaffung der Monarchien nicht nur in Rußland, sondern auch in Österreich-Ungarn und im Deutschen Reich. Was wäre wohl aus Europa geworden, wenn Rasputin überlebt hätte?

Gotland - Bornholm - Rügen

Die Dämmerung war hereingebrochen, als wir wieder auf die Straße traten. Die Fronten der Paläste und Bürgerhäuser wirkten zeitlos, Veränderungen und Verfall verwischten sich. Alexander war sehr schweigsam geworden, er hatte von einem Stück Geschichte seiner Heimat erfahren, die in der Sowjetzeit gar nicht oder zumindest anders erzählt wurde.
Träge und schwarz floß das Wasser im Kanal dahin und reflektierte die Umrisse der alten Kandelaber und Geländer. Wir trugen schwer an unseren Geräten und fanden erst vor dem *Astoria* ein Taxi, das uns zum Club zurückbrachte.
Als wir am 5. August nachmittags die Leinen loswarfen, fühlten wir, daß ein Stück von uns in St.Petersburg zurückbleiben würde. Es war nicht nur die Schönheit der Stadt, die Pracht, das Großartige der einstigen Metropole, es waren vor allem die Menschen, die wir ins Herz geschlossen hatten. Ihre Bereitschaft, größte Opfer auf sich zu nehmen, um die Heimat und den Glanz ihrer Stadt zu erhalten, hatte uns beeindruckt. Trotz der wirtschaftlichen Misere herrschte eine Aufbruchsstimmung, wie wir sie nirgends sonst erlebt hatten.
Während die SOLVEIG am Clubgebäude vor-

Im Hafen von Kronstadt

Abschied von Freunden: Tatjana, Alex, Nadja, Alexej (von links)

beiglitt, schoß Alexander, der zusammen mit Tatjana auf der Pier stand, mit einer Signalpistole Salut und holte feierlich die deutsche Flagge nieder. Wir ließen als Antwort unser Schiffshorn kräftig ertönen, nicht ohne uns gegenseitig ein Wiedersehen zu versprechen. Was wir in den vergangenen Wochen erlebt hatten, berührte uns so stark, daß Zwischenstationen in weiteren Häfen und Ländern unsere Eindrücke nur verwässert hätten. Deshalb beschlossen wir, die Überfahrt nach Deutschland wenn möglich ohne größere Unterbrechungen durchzuhalten. Nur Wind und Wetter sollten das Tempo unserer Fahrt bestimmen.

Noch am selben Abend hatten wir die Grenzkontrollen von Kronstadt absolviert und konnten in der ruhigen Nacht die lange Strecke bis zur ersten finnischen Insel, Haapasari, zurücklegen. Auch hier setzten wir die Fahrt nach der Kontrolle fort und machten am Vormittag um 11.00 Uhr in Kotka fest. Obwohl ziemlich müde, legten wir uns nicht schlafen, sondern erledigten Einkäufe und bunkerten Diesel. Weil das gute Wetter zu unserem Erstaunen anhielt, brachen wir schon früh am nächsten Morgen nach Helsinki auf. Das Wetter blieb unverändert schön, und das Glück wollte es, daß wir abends, kurz vor der Hauptstadt, eine Tankstelle entdeckten, die noch offen hatte. Wir füllten nicht nur die Tanks, sondern auch alle Kanister randvoll mit Diesel. Damit waren wir frei, das nächste Fahrtziel nach Belieben zu wählen. Falls das Wetter hielt, konnten wir auf einen zweiten Aufenthalt in Helsinki verzichten und weiter über die Ostsee bis zur Insel Gotland schippern.

Angelika war Feuer und Flamme und schrieb: „Ja, ich gebe es zu, ich bin begeistert. Begeistert von der Freiheit, mit dem Boot spontan alle ursprünglichen Pläne über den Haufen zu werfen und einfach weiterzufahren. Wir klarieren nicht einmal aus - für etwas muß die EU ja gut sein... Auch Rollo überwindet seine anfänglichen Bedenken wegen der Behörden, und so steuern wir im rötlichen Abendlicht an der alten Festung Suomenlinna und am Leuchtturm vorbei auf die freie See, anfangs noch im Kielwasser einer Fähre, doch bald sind wir allein. Rollo holt die Seekarte unter der Koje hervor und macht sich an die Routenplanung. Das Abendessen ist fürstlich mit frischen Tomaten, Schinken, Käse, Brot und Wodka für den Matrosen...

Gegen 24.00 Uhr - ich habe Wache - steht ein irrealer, rötlicher Halbmond am Horizont. Zunächst sah es so aus, als wäre ein großer Seg-

ler mit rotem Spinnaker hinter uns. Ich fragte mich nur, wieso er sein ausgebaumtes Segel beleuchtete. Als der 'Spinnaker' aber dann höher und höher stieg, wurde mir klar, wer uns da heimleuchtete: der Mond.
Es ist 07.00 Uhr morgens, und eine phantastische Nacht liegt hinter uns. Auch die Position kann sich sehen lassen: Wir haben den westlichsten Punkt des finnischen Meerbusens erreicht. Der Sonnenaufgang ist purer, goldener Kitsch - ich muß ihn einfach filmen. Sonst sitze ich an Deck, schaue, staune, denke nach. Nirgendwoanders fließen die Gedanken so leicht und weit wie auf See.
22.00 Uhr - meine Nachtwache ist angebrochen. Habe versucht, mich tagsüber in der Gästekabine auszuruhen. Da liegt man mit Abstand am ruhigsten. Diese Non-stop-Rückfahrt über die Ostsee ist so richtig nach meinem Geschmack. Und was die Seefahrt mit SOLVEIG betrifft: ein absoluter Höhepunkt!
8. August: von 04.00 bis 05.00 Uhr geschlafen. Jetzt sind wir bereits in Lee von Gotland und nur noch 20 Seemeilen vor dem Hafen Visby. Glutroter Sonnenaufgang. Zu rot? Mal sehen, was das Wetter noch bringt. Nach dem Bunkern und Ölwechsel in Visby wollen wir sofort weiter.
Ankunft in Visby auf Gotland um 10.00 Uhr. Haben Glück und können sowohl Seekarten als auch Diesel schnell besorgen. Nach einem Rekordölwechsel - nur eine halbe Stunde - geht's bereits um 12.00 Uhr weiter Richtung Heimat. Nachmittags schlafe ich zwei bis drei Stunden, um für die Nachtwache fit zu sein. Es ist eigenartig, wie durch die lange Seefahrt meine Erinnerungen an St.Petersburg in ein ganz besonderes Licht gerückt werden. Ist es nicht merkwürdig, daß die Jugend von Nadja, Alexander und Rollo wesentlich mehr Parallelen aufweist als zu meiner Kindheit? Mit anderen Worten: Rollo, der ihr Großvater sein könnte, versteht leichter, was ihre Familien während der Diktatur durchgemacht haben, als

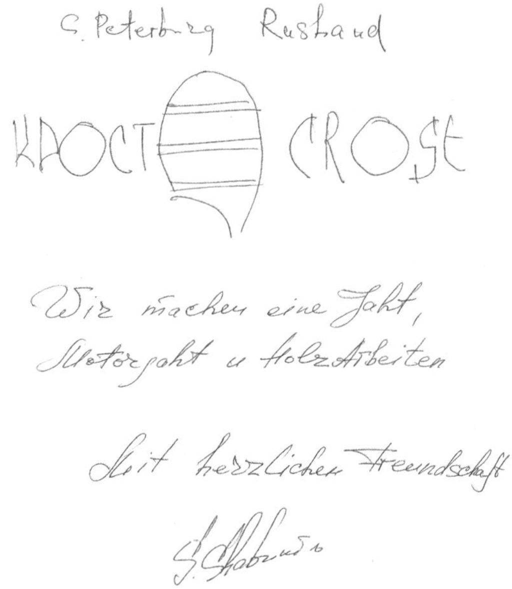

Statt Bezahlung für ihre Arbeit anzunehmen, malten zwei Arbeiter das Logo der Firma auf Papier.

ich, obwohl ich zu ihrer Generation gehöre. Wir haben viele Freunde getroffen, für die Kultur noch einen persönlichen Stellenwert hat. Nirgendwo sonst habe ich so viele Leute in der Metro lesen gesehen - nicht Tageszeitungen, sondern gebundene Bücher. Unvergeßlich auch, wie uns zwei Arbeiter im Club halfen, zwei Stunden lang SOLVEIGS Deck zu schrubben, und sich am Ende strikt weigerten, Geld dafür zu nehmen. Stattdessen malten sie auf ein Stück Papier das Logo ihrer Firma und schrieben in mühsamem Deutsch: 'Wir machen eine Motoryacht und Holzarbeiten - mit herzlicher Freundschaft, St.Petersburg, Rußland'."
Wir hatten uns nun einmal entschieden, die

Rückfahrt möglichst in einem Törn zu schaffen, und da das Wetter zuverlässig schien, sah ich keinen Grund, auf Gotland zu unterbrechen. Als wir später die Südspitze der über 200 Kilometer langen Insel gerundet hatten und aus ihrem Windschatten herauskamen, empfing uns eine harte Brise mit einigem Seegang. Aber dann wollte ich nicht mehr zurück.
Außerdem reizte es mich zu erleben, wie sich der Motorkreuzer bei wirklich hartem Wetter auf offener See verhielt. Ich hatte inzwischen verschiedene Erfahrungen gesammelt und den Eindruck gewonnen, daß das Boot so ziemlich jedem Wetter standhalten konnte, wenn ich die See im richtigen Winkel nahm. Wir wurden ordentlich gebeutelt, aber unsere Begeisterung bei der Vorstellung, die Ostsee der Länge nach in einem Zug zu überqueren, war stark genug, keine Schwäche aufkommen zu lassen. Außerdem hatten wir am 10. August noch die Insel Bornholm als mögliche Zuflucht vor uns.
An der Südspitze von Bornholm, es war inzwischen Spätnachmittag geworden, mußten wir uns abermals entscheiden: Wollten wir eine Nacht im Hafen von Rönne ausruhen oder die 60 Seemeilen bis Saßnitz weitermotoren, bei möglicherweise sehr rauher See? Der Wetterbericht der Deutschen Welle nahm uns die Wahl: Er gab Starkwindwarnung für den nächsten Morgen. Also würden wir in Rönne mit Sicherheit eingeweht werden und nicht mehr auslaufen können. Nur die Weiterfahrt brachte eine annehmbare Lösung, denn Saßnitz konnten wir noch vor Mitternacht erreichen. Also weiter!
Im Logbuch notierte ich an diesem Abend: „Es hat aufgebrist und weht mit etwa Stärke fünf bis sechs, aber da der Wind aus dem achterlichen Quadranten kommt, können wir die Überfahrt wagen." Später setzte ich hinzu: „Rönne verschwindet allmählich. Abgesehen von erheblichem Seegang, sieht es nicht nach einem Unwetter aus. Wir haben alles, aber auch alles, irgendwie fest verzurrt und verstaut, die Kajüte sieht richtig leer aus. Noch 31 Seemeilen".
Angelika dachte schon an Deutschland und war doch noch erfüllt von dem Erlebnis St.Petersburg. Sie schrieb in dieser letzten Nacht auf See: „Wie wohl Deutschland nach vier Monaten Abwesenheit auf mich wirken wird? Bei meiner letzten Nachtwache habe ich in einem alten Hamburger Magazin gelesen. Diese Art zu schreiben und alles, aber auch alles, zu ironisieren und niederzumachen, gehört zum Beispiel zu den Dingen, die mir wehtun und nahegehen. Da gibt es keinen Respekt mehr vor der Persönlichkeit des anderen, vor seiner Leistung, aber auch nicht vor seinen Gefühlen und seiner Verletzbarkeit. Die Art und Weise, wie wir in unserem Heimatland manchmal miteinander und mit Gästen umgehen, ist für mich oft nicht mehr erträglich. Im Radio empfange ich zum ersten Mal den Norddeutschen Rundfunk: Das sind Gefühle! Noch dazu erklingt Lilli Marleen, während SOLVEIG auf den achterlich anrollenden Wellen schaukelt. Manchmal ist das Leben kitschiger als ein Film..."
In dieser Nacht hielten wir einfach nur durch, auf einem Boot, das in der immer steiler werdenden See weit überholte oder zur Seite gedrückt wurde, gelegentlich auch in ein Wellental abstürzte. Es war ein wilder Ritt, aber ich hatte nie den Eindruck ernsthafter Gefahr. Im Gegenteil, ich war sehr zufrieden, wie gut sich die SOLVEIG V in der aufgebrachten See benahm. Ich begann sogar zu träumen: Eine längere Reise über das Mittelmeer war für später durchaus in Betracht zu ziehen.
Zuerst zeigte sich ein heller Schimmer am Himmel, dann kamen die Lichter der Insel Rügen in Sicht, ein Hoffnungsschein bei immer heftiger anstürmenden Seen. Der Hafen von Saßnitz zeichnete sich erst eine Stunde später schemenhaft vor dem Hintergrund der hell beleuchteten Stadt ab. Gegen Mitternacht machten wir den Leuchtturm aus, und ich steuerte die Hafeneinfahrt an. Von der Mauer

zurückgeworfene Wellen verursachten Brecher, die von allen Seiten bei uns einschlugen. Aber wenig später hatten wir einen freien Platz an der langen Mole gefunden und legten unsere Leinen um die Poller.

Zwei Sommer auf europäischen Wasserwegen lagen hinter uns, hatten uns bezaubert und begeistert. Im Nachhinein schien es mir, als hätte das Wasser, das uns umgab, alles Trübe und Unerfreuliche, ja alles Alltägliche weggespült. Die Landschaften und die großen Bauwerke der Natur traten uns rein und unverfälscht entgegen. Selbst die leider noch immer vorhandenen politischen Gegensätze schwanden auf den Wasserwegen dahin, als hätte es sie nie gegeben. Europa ohne Grenzen - für uns war es Wirklichkeit geworden.

Zum Abschluß unserer Europareise geht es non-stop von Rußland nach Deutschland.

SOLVEIG V Fahrtenyacht aus Stahl, Typ Linssen Sturdy 360 OC

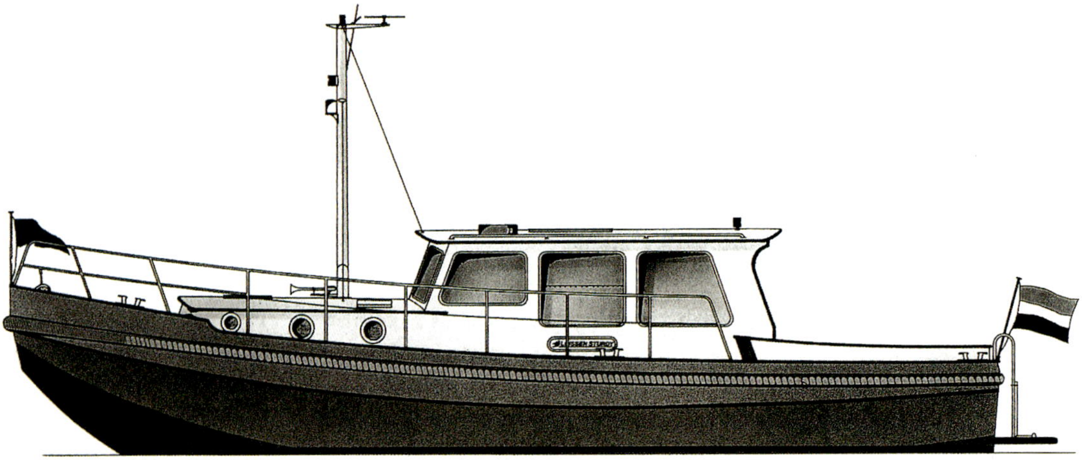

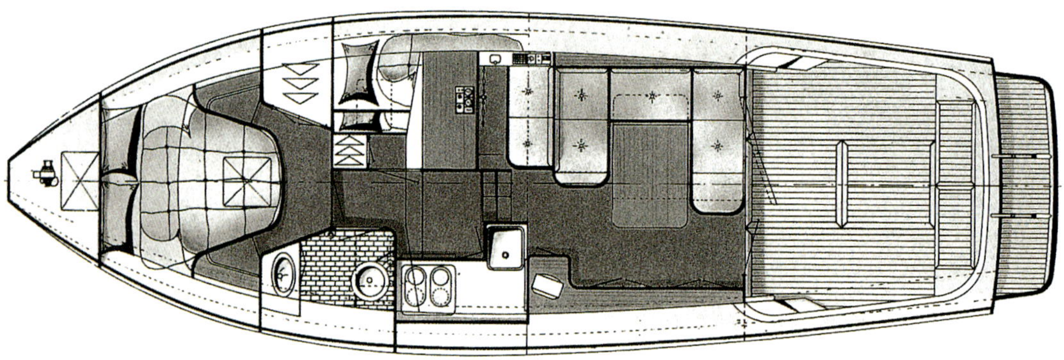

Bauwerft: Linssen Yachts, Maasbracht, NL 6050
Abmessungen: 10,85 m x 3,55 m
Tiefgang: 1,2 m
Durchfahrtshöhe mit gelegtem Mast: 2,50 m
Wasserverdrängung: 9 t
Motor: VOLVO PENTA TMD - 31 B 4 Zylinder
Turbo-Diesel 74 kW (100 PS) AQUA POWER
220 Volt Generator 2 x 220 l Kraftstofftank

Schlauchboot: ZODIAC Cadet C 310
Außenbordmotor: Yamaha 5 PS
Heizung: EBERSPÄCHER D 5 L 5,5 kW
Instrumente: VDO Kompaß, Echolot, Sumlog
Autohelm Autopilot ST 7000
UKW-Funkgerät: Shipmate RS 8100
Vetus-Bugstrahlruder
Elektr.-Ankerwinde, 40 m Kette
Fäkalientank

Anhang

Angaben zu Entfernungen und Wasserwegen

Niederlande – Deutschland – Frankreich

Maas von Maasbracht – Einmündung Rhein	96 km
Rhein von Einmündung Maas – Köln	200 km
Rhein von Köln – Koblenz	101 km
Mosel von Koblenz – Apach (Grenze Frankreich)	242 km
Kanalisierte Mosel von Apach – Nancy	151 km
Rhein-Marne-Kanal von Nancy – Vitry-le-François	136 km
Marne-Seitenkanal von Vitry-le-François – Marne	66 km
Marne von Kanalisierte Marne – Paris	178 km
Seine von Paris – Rouen	242 km
Seine von Rouen – Mündung	114 km
Gesamtstrecke bis zur Kanalküste	1526 km

Englischer Kanal und Nordsee

Le Havre – Brighton	83 sm
Brighton – Dover	67 sm
Dover – Sheerness	52 sm
Sheerness – London	48 sm
London – Sheerness	48 sm
Sheerness – Hoek van Holland	136 sm
Gesamtstrecke Nordsee	434 sm

Holländische und deutsche Kanäle

Hoek van Holland – Rotterdam Fährhafen	30 km
Rotterdam – Amsterdam Handelshafen	102 km
Amsterdam – Zuiderzee	70 km
Zuiderzee – Emden	119 km
Emden – Abzweigung Küstenkanal	80 km
Küstenkanal – Oldenburg	72 km
Oldenburg – Bremerhaven über Elsfleth	69 km
Bremerhaven – über Geeste/Hadelner Kanal nach Otterndorf	55 km
Otterndorf – Hamburg City-Hafen	101 km
Hamburg – Lübeck	90 km
Lübeck – Travemünde	25 km
Gesamtstrecke Hoek van Holland – Travemünde	813 km

Ostsee und Kattegat von Travemünde nach Göteborg

Travemünde – Kopenhagen	142 sm
Kopenhagen – Anholt	86 sm
Anholt – Göteborg	80 sm
Gesamtstrecke	308 sm

Göta-Kanal von Göteborg nach Oxelösund

Trollhättan-Kanal / Göteborg – Vänersee	82 km
Göta-Kanal von Sjötorp bis Mem	190 km
Überquerung von Vänernsee und Vätternsee	115 km
Gesamtstrecke von Göteborg (Kattegat) bis Mem (Ostsee)	387 km
Seefahrt:	
Mem – Arkösund	20 sm
Arkösund – Oxelösund	14 sm
Gesamtstrecke	34 sm

Ende des ersten Reiseabschnitts September 1995 in Oxelösund

Beginn des zweiten Reiseabschnitts April 1996

Von Oxelösund über Stockholm nach Helsinki

Oxelösund – Schloß Gripsholm (Mariefred)	78 sm
Schloß Gripsholm – Stockholm Wasa-Hamn	29 sm
Stockholm – Kapellskär	48 sm
Kapellskär – Mariehamn (Åland-Inseln)	35 sm
Mariehamn – Insel Kökar (Åland-Inseln)	69 sm
Insel Kökar – Insel Birsskär (Åland-Inseln)	44 sm
Insel Birsskär (Åland-Inseln) – Hangö	60 sm
Hangö – Insel Angestö	41 sm
Insel Angestö – Helsinki	28 sm
Gesamtstrecke Oxelösund – Helsinki	432 sm

Von Helsinki zum Saimaa-Kanal

Helsinki – Kotka	65 sm
Kotka – Insel Santio (Grenzstation zu Rußland)	32 sm
Insel Santio – Vyborg (Viipuri)	38 sm
Vyborg – Saimaa-Kanaleinfahrt	10 sm
Saimaa-Kanal – Lappeenranta	35 sm
Gesamtstrecke Helsinki – Lappeenranta (Saimaa-Seenplatte)	180 sm

Über die finnischen Seen

Lappeenranta – Savonlinna	65 sm
Savonlinna – Varkaus	39 sm
Varkaus – Kuopio	37 sm
Kuopio – Heinäversi	41 sm
Heinäversi – Savonlinna	41 sm
Savonlinna – Punkaharju	25 sm
Punkaharju – Sulkava	42 sm
Sulkava – Imatra	59 sm
Imatra – Lappeenranta	17 sm
Gesamtstrecke finnische Seen	366 sm

Saimaa-Kanal – St. Petersburg

Lappeenranta – Saimaa-Kanal – Kronstadt	105 sm
Kronstadt – St. Petersburg	18 sm
Gesamtstrecke	123 sm

St. Petersburg – Insel Rügen – Papenburg

St. Petersburg – Kronstadt	18 sm
Kronstadt – Kotka	95 sm
Kotka – Helsinki	70 sm
Helsinki – Visby (Insel Gotland)	280 sm
Visby (Insel Gotland) – Saßnitz (Insel Rügen)	245 sm
Saßnitz (Insel Rügen) – Travemünde	105 sm
Seestrecke gesamt	813 sm

Travemünde – Hamburg (City-Hafen)	145 km
Hamburg (City-Hafen) – Bremerhaven	155 km
Bremerhaven – Papenburg	167 km
Kanalstrecke gesamt	467 km

Gefahrene Strecke Kanäle und Flüsse insgesamt, 1. und 2. Reiseabschnitt	**2866 km**
Gefahrene Strecke über See insgesamt, 1. und 2. Reiseabschnitt	**1914 sm**